教育部人文社会科学重点研究基地北京外国语大学中国外语与教育研究中心
北京外国语大学国家语言能力发展研究中心

王文斌 徐 浩 主编

2024 中国外语教育年度报告

外语教学与研究出版社
FOREIGN LANGUAGE TEACHING AND RESEARCH PRESS
北京 BEIJING

图书在版编目（CIP）数据

2024中国外语教育年度报告 / 王文斌，徐浩主编．-- 北京：外语教学与研究出版社，2025．7．-- ISBN 978-7-5213-6526-9

Ⅰ．H09

中国国家版本馆CIP数据核字第2025UR0878号

2024中国外语教育年度报告

2024 ZHONGGUO WAIYU JIAOYU NIANDU BAOGAO

出 版 人　王　芳
责任编辑　秦启越
责任校对　赵　倩
封面设计　孙敬沂　彩奇风
出版发行　外语教学与研究出版社
社　　址　北京市西三环北路19号（100089）
网　　址　https://www.fltrp.com
印　　刷　固安县铭成印刷有限公司
开　　本　650×980　1/16
印　　张　19.5
字　　数　308千字
版　　次　2025年7月第1版
印　　次　2025年7月第1次印刷
书　　号　ISBN 978-7-5213-6526-9
定　　价　85.90元

如有图书采购需求，图书内容或印刷装订等问题，侵权、盗版书籍等线索，请拨打以下电话或关注官方服务号：
客服电话：400 898 7008
官方服务号：微信搜索并关注公众号“外研社官方服务号”
外研社购书网址：https://fltrp.tmall.com

物料号：365260001

编委会

目　录

第一章　总报告[1]

本章重点讨论如下四个方面的内容。第一，外语教育学的确立、发展及其重大意义。具体而言，我们将概述外语教育学从理论构想到实践探索，再到官方认可的过程，并阐述其为外语教育界提供的坚实学术支撑和指引作用。第二，基础外语教育的改革与提质。我们将分析全学科视角下基础外语教育的规划与实施策略，以及这些策略在促进学生全面发展方面的重要性。第三，外语教师教育与发展面临的挑战，特别是教师教育标准化的问题。我们将探讨如何建立更加系统、完善的标准，以支持外语教师的专业成长和发展。第四，人工智能与外语教育的互动关系。我们将既关注人工智能技术为外语教学带来的新机遇，也警惕其可能带来的挑战，并探讨如何确保教育公平不受影响。

一、外语教育学的确立及其重大意义

外语教育学作为外国语言文学领域中的一个重要分支，其学科地位的确立经历了一个从理论构想到实践探索，再到官方认可的过程。具体而言，这一过程可概括为三个主要阶段。第一阶段，北京外国语大学王文斌教授及其研究团队在外语教育学领域的开创性贡献不容忽视。他们不仅正式提出了"外语教育学"这一学科名称，而且对其内涵进行了全面且系统的阐释，深入剖析了其学术价值与实践意义，并对外语教育学的未来发展路径进行了富有前瞻性的规划。[1][2][3] 第二阶段，在王文斌教授团队的引领下，国内众多知名学者及其研究团队也纷纷投身于外语教育学的研究。他们从不同角度、不同层面对外语教育学进行了深入的探讨和丰富的补充，进一步拓宽了外语教育学的理论视野和实践应用范畴。[4][5][6] 第三阶段，广大一线外语教师和研究人员也积极参与到外语教育学的建设与推广中。他们结合教学实践，不断探

1　本章作者：王文斌、徐浩，北京外国语大学。

索和创新外语教学方法与策略，同时积极参与到外语教育学专业委员会的筹备与建设中，为外语教育学的学科发展提供了宝贵的实践基础和广泛的群众支持。最终，2024 年 1 月，中国学位与研究生教育学会正式发布了《研究生教育学科专业简介及其学位基本要求（试行版）》，明确将“外语教育学”增列为外国语言文学下设的二级学科。这一官方文件的出台，标志着外语教育学作为独立学科的学术地位得到了正式确立，也为其未来的深入研究和广泛应用提供了坚实的制度保障和学术支撑。

外语教育学的确立意义重大。[7] 在新时代背景下，外语教育亟须采纳具有创新性的发展理念与构建新颖的框架体系。“外语教育学”作为一个学术领域，尽管在国际上尚未形成统一认知，但在我国，基于提升国民外语能力的迫切需求，它已被正式确立为“外国语言文学”下的二级学科，并获得了官方认可。这一学科界定不仅在外语学术界引起了广泛反响，而且为全国范围内近 170 万名大、中、小学外语教育工作者提供了一个具备明确学科归属、地位及身份的坚实平台。当前，如何把握机遇，推动我国外语教育事业跃上新台阶，开辟新局面，并在既有成就上精益求精，面向未来不断进步，成为外语界面临的崭新任务与重大责任。我们必须深入探究其核心理念，自主探索符合我国实际情况、教育特点及学生需求的外语教育学体系，以培养国家所需的外语高端人才。我们应当坚守教育初心，立足当前，着眼未来，秉持“教学精于技艺，教育触及灵魂”的宗旨，为国家构建一套高效培育高素质外语人才的新模式。

二、全学科视角下的基础外语教育规划

基础外语教育的改革与提质，作为基础教育体系的关键一环，其发展与整体基础教育的进步息息相关，构成了一个不可分割、相互依存的整体。这一关联性不仅体现在学生个体发展的全面性上，即外语能力是学生核心素养不可或缺的部分，与思维能力、跨文化交流能力等紧密相连；[8][9][10][11][12][13][14][15][16] 还深刻反映在学校课程实施的一体化设计中，即外语教育须与其他学科

协同融合，共同促进学生知识结构的构建与能力的全面发展。

尽管国家层面在制定课程标准及课程方案时力求从整体教育生态出发，强调跨学科整合与均衡发展，但现实情况中却存在一种倾向，即将基础外语教育视为孤立领域进行规划与推进，由此导致了基础外语教育规划与实施的碎片化现象。此分割状态直接引发了一系列现实问题，尤为突出的是学生在不同教育阶段所面临的学习负担不均等，以及负担来源的多样性。以初中阶段为例，随着学科门类的显著增多和学业要求的相应提升，学生在有限的时间内须平衡各科学习，外语学习时间自然受到挤压。这一现象并非简单通过调整外语课程学时就能有效解决，它涉及教育资源分配、教学方法创新以及学生时间管理与学习策略培养等多个维度。更为深远的是，这种分割式规划不仅即时影响着学生外语学习的深度与广度，还可能对其未来的学术发展、职业竞争力乃至国际视野的拓展造成潜在的不利影响。因此，正视并解决基础外语教育规划中的分割问题，构建全学科视角下的综合规划框架，对于促进学生全面发展、提升基础教育整体质量具有迫切性与重要性。

探究基础外语教育规划中出现割裂问题的根源，涉及多方面因素，但我们在此仅从外语教育自身的独特视角进行剖析。首要的核心原因在于，规划过程中较少全面考量学生总体学习的实际状态。具体而言，这包括对不同地区、学校、教师及学生个体在教学、学习时间分配上的差异性缺乏充分认知。无论是课内学习的安排，还是课外自主学习的状况，都未能通过系统且完善的调查来准确把握。因此，外语教育规划往往基于一种理想化的、应然状态的思维和思路进行设计与构建，忽视了实际学习生态的复杂性与多样性。此外，将外语教育置于基础教育整体系统中加以审视时，虽应强调其作为基础教育组成部分的共性——如立德树人、培养学生核心素养等根本目标，但同样不可忽视的是外语教育的特殊性。在教学实践中，各学科因其内容、方法、目标的独特性而展现出不同的教学风貌，这些特殊性正是实现教育差异化发展、优化基础教育系统结构的关键所在。若忽视外语教育的独特性，盲目追求与其他学科的同质化或“一刀切”的规划方式，将不可避免地导致教育资源的“重复建设”，既浪费教育资源，又不能有效促进学生的全面发展。因此，尊重并凸显外语教育的特殊性，是破解当前分割问题、促进基础教育系统整体优化的重要路径。

为有效应对基础外语教育规划中的分割问题，我们需要从以下几个方面着手。首先，应进一步深化对基础外语教育课程标准的研究，特别是其中涉及全学科的核心概念部分。在把握总体要求和学科共性的基础上，必须实质性地结合我国中小学生外语学习的实际特点，对这些核心概念进行本土化、具体化的理解、表述与解读。这意味着，我们不能仅仅满足于对这些概念的简单翻译和直接迁移，而应深入挖掘它们在我国基础外语教育语境下的特定含义与应用方式，确保对课程标准的理解和把握能真正贴合中国学生的外语学习实际。其次，开展全面而深入的实证调查显得尤为重要。这一调查应覆盖各个学段，旨在摸清学生究竟是如何学习外语课程的，包括他们在课内和课外的投入时间、学习方式、学习效果等多个维度。最后，切实加强对中小学生外语学习规律的认识、研究和学习，特别是针对教师的培训环节。教师应成为外语教育改革的主体力量，他们对外语学习规律的深刻理解和熟练掌握，是提升外语教学质量的关键。因此，我们需要通过系统的教师培训项目，帮助教师深入理解外语学习的本质和规律，掌握科学的教学方法和策略，从而更好地指导学生的外语学习。

三、外语教师教育与发展需要更系统、完善的标准

教师标准对于教师发展具有举足轻重的意义。从广义的角度来看，教师发展关乎教师作为个体的全面成长与自我实现；从狭义层面来看，教师发展的核心在于促进其专业化，从而更有效地履行教书育人的职责。[17] 而教师作为一个专业群体，其成长和发展应当遵循一套科学、系统的专业标准。这样的标准不仅能够为教师提供明确的发展目标和路径，还能够作为教师评价、培训和晋升的重要依据，推动教师队伍质量的整体提升。因此，教师发展的标准化工作尤为重要，它是确保教师教育质量、提升教师专业素养、促进教师个人成长与自我实现的重要保障。

例如，在全球化和信息化快速发展的时代背景下，高校外语教师的专业素养对于提升外语教育质量具有至关重要的作用。然而，以往关于外语教师专业素养的研究和实践往往缺乏标准建构与研制方面的专门探索。为了填补这一空白，北京外国语大学文秋芳教授团队依托学校“双一流”建设重大项目，开展了《高校外语教师专业素养标准》的研制工作。[18][19] 在研制过程中，研究团队首先通过深入的调查研究，广泛收集一线教师和教学管理者的意见与建议，明确了高校外语教师专业素养的实际需求和目前存在的问题；随后，结合国家外语教育政策和外语教师教育的相关理论，构建了标准的结构性框架，包括育人素养、学科素养、教学素养、科研素养、数字素养和学习素养六个一级指标，以及正确价值观、核心知识、关键能力和必备品格四个核心维度。为了确保标准的实用性和可操作性，研究团队还引入了级差性评价量具，为每个二级指标制订了详细的分级描述。此外，研究团队多次召开专家咨询会，广泛听取专家的意见和建议，并在多所高校进行试点应用，收集反馈意见，依此对标准进行修订和完善。

《高校外语教师专业素养标准》的主要特色在于其全面性和系统性。它不仅覆盖了高校外语教师专业素养的各个方面，还通过系统性的框架设计和分级描述，确保了标准的层次性和清晰度。同时，标准还注重将教师发展的理论成果与一线教师的实践需求相融合，引入级差性评价量具，实现了对教师专业素养的精细化和个性化评价。这些特点使得该标准在指导高校外语教师专业发展方面具有显著的优势和实用价值。

综上所述，外语教师教育与发展领域需要更加系统、完善的标准作为指导和支撑。随着教育环境的不断变化和外语教育需求的日益发展，我们期待看到更多的标准研制成果，为外语教师的成长与发展提供更加全面、科学的支持。

四、人工智能与外语教育

2024 年，人工智能与外语教育这一议题的研究日益凸显，成为学术界和教育界共同关注的焦点，显然已构成了一个热门的研究领域。[20][21][22] 然而，纵观当前的相关研究和讨论，不难发现，大多数研究倾向于从人工智能发展的角度来探讨其对外语教育可能的影响和潜在变革，而相对忽视了从外语教育本位出发的深入思考。鉴于此，我们认为，为了更全面地理解人工智能与外语教育的互动关系，更加关注外语教育本身的核心问题和当下突出的挑战，并以此为出发点来进一步加强相关的研究与讨论，便显得尤为重要了。

外语教育的根本目标在于提升学生的语言素养，加强对学生综合语言运用能力的培养。这一目标奠定了外语教育的基础，也为我们审视人工智能在该领域的应用提供了更为明确的方向。从语言素养发展的基本规律出发，人工智能在外语教育中有着广阔的可为空间。具体而言，人工智能可以提供丰富的互动资源，如智能对话系统、在线语言交流平台等，这些工具能够极大地增强学生的语言实践机会，帮助他们在更为真实甚至是接近真实的语言环境中锻炼语言技能。同时，人工智能还可以作为评价工具，通过自然语言处理等技术，对学生的语言表现进行客观、准确的评估，为教师提供教学反馈，也为学生自我提升提供参考。然而，人工智能也有其不可为之处。例如，我们不应该由它来代替学生完成语言学习的核心任务，尤其是涉及理解文化内涵、形成语言思维等方面的任务。这些任务需要学生通过大量的阅读、思考和实践来逐步完成，是人工智能无法替代的。人工智能能够替代完成的是学习成果的表象，而非促使学习成果产生的学生学习过程。此外，人工智能也不能完全取代教师的角色，教师在引导学生学习、激发学生兴趣、促进学习过程等方面发挥着不可替代的作用。因此，在利用人工智能辅助外语教育时，我们应明确其可为与不可为的界限，充分发挥其优势，同时避免不当使用和过度依赖。

外语教育的公平问题是当前我国教育领域面临的最突出问题之一，而人工智能在这一问题上同样扮演着双刃剑的角色。从促进公平的角度出发，人工智能有着显著的可为之处。人工智能可以通过提供个性化的学习资源和路径，帮助不同地区、不同背景的学生获得更加均等的教育机会。例如，智能教学系统可以根据学生的学习进度和能力，动态调整教学内容和难度，确保每个学生都能在自己的水平上得到适当的挑战和支持。同时，人工智能还可以利用大数据和机器学习技术，分析学生的学习数据，发现潜在的学习障碍和差距，为教师提供针对性的教学建议，从而缩小城乡、区域间的教育质量差异。然而，人工智能也可能加剧外语教育的公平问题。一方面，技术资源的分配不均可能导致“数字鸿沟”的扩大，即拥有更多技术资源的学生和地区将获得更多的教育优势，而资源匮乏的学生和地区则可能更加落后。另一方面，人工智能系统的算法偏见也可能影响教育公平，如果算法设计不合理或数据样本不全面，可能导致某些学生群体被忽视或误判，从而影响他们的学习机会和成果。因此，在利用人工智能促进外语教育公平的同时，我们必须警惕其可能带来的负面影响，采取有效措施确保技术资源的均衡分配，加强算法监管和评估，确保人工智能系统能够真正服务于外语教育的公平与发展。

---

[1] 王文斌、李民，2017，论外语教育学的学科建构 [J]，《外语教学与研究》（5）：732-742。

[2] 李民、王文斌，2019，试论外语教育学学科体系 [J]，《中国外语》（5）：23-30。

[3] 王文斌，2024，外语教育学的建构历程、意义与学科特点 [J]，《外语界》（5）：2-8。

[4] 查明建，2024，外语教育学：问题背景、教育理念与专业人才培养 [J]，《外语界》（5）：9-15。

[5] 徐锦芬、杨嘉琪，2024，外语教育学视域下教师语言综合素养的多维度探析 [J]，《外语教学》（6）：42-47。

[6] 李会钦、张虹，2024，社会物质主义视角下外语教材与外语教育学其他维度关系研究 [J]，《外语学刊》（3）：71-77。

[7] 王文斌，2024，外语教育学的新理念和新格局 [J]，《中国外语》（5）：4-10。

[8] 中华人民共和国教育部，2022，《义务教育英语课程标准（2022 年版）》[S]。北京：北京师范大学出版社。

[9] 中华人民共和国教育部，2022，《义务教育日语课程标准（2022 年版）》[S]。北京：北京师范大学出版社。

[10] 中华人民共和国教育部，2022，《义务教育俄语课程标准（2022 年版）》[S]。北京：北京师范大学出版社。

[11] 中华人民共和国教育部，2020，《普通高中英语课程标准（2017 年版 2020 年修订）》[S]。北京：人民教育出版社。

[12] 中华人民共和国教育部，2020，《普通高中日语课程标准（2017 年版 2020 年修订）》[S]。北京：人民教育出版社。

[13] 中华人民共和国教育部，2020，《普通高中俄语课程标准（2017 年版 2020 年修订）》[S]。北京：人民教育出版社。

[14] 中华人民共和国教育部，2020，《普通高中德语课程标准（2017 年版 2020 年修订）》[S]。北京：人民教育出版社。

[15] 中华人民共和国教育部，2020，《普通高中法语课程标准（2017 年版 2020 年修订）》[S]。北京：人民教育出版社。

[16] 中华人民共和国教育部，2020，《普通高中西班牙语课程标准（2017 年版 2020 年修订）》[S]。北京：人民教育出版社。

[17] 教育部师范教育司，2003，《教师专业化的理论与实践》（修订版）[M]。北京：人民教育出版社。

[18] 徐浩、张虹，2024，《高校外语教师专业素养标准》阐释——研制背景、过程与特色 [J]，《外语教育研究前沿》（2）：11-19。

[19] 张虹、徐浩，2024，《高校外语教师专业素养标准》的确立依据及其内涵解读 [J]，《外语教育研究前沿》（2）：20-28。

[20] 文秋芳、梁茂成，2024，人机互动协商能力：ChatGPT 与外语教育 [J]，《外语教学与研究》（2）：286-296。

[21] 郑咏滟，2024，生成式人工智能在外语教育中的应用：关键争议与理论构建 [J]，《外语教学》（6）：48-53。

[22] 文秋芳，2024，人工智能时代的外语教育会产生颠覆性革命吗？[J]，《现代外语》（5）：722-731。

第二章　高等外语教育教学

第一节　英语

一、大学英语[1]

1. 学术会议

2024 年，大学外语学术团体、院校、教育部高等学校大学外语教学指导委员会（简称“大外教指委”）以及国内各大外语类出版社或高校、学术团体等组织主办了多个大学英语相关的学术会议。详情见表 2.1（以举办时间为序）。

表 2.1　大学英语相关学术会议

时间	会议名称	主题	主办、承办单位
2024 年 2 月 1 日	教师数字素养诊断测评命题研讨会		北京外研在线数字科技有限公司
2024 年 3 月 15 日	第十三届全国大学英语院长 / 系主任高级论坛	开辟新赛道，塑造新优势	大外教指委、浙江大学、上海外国语大学、上海外语教育出版社
2024 年 3 月 23—24 日	第八届全国高等学校外语教育改革与发展高端论坛	强国建设 外语何为	北京外国语大学、教育部高等学校外国语言文学类专业教学指导委员会（简称“教育部外指委”）、大外教指委、外语教学与研究出版社、北京外研在线数字科技有限公司等

（待续）

1　本部分作者：王海啸、王文宇，南京大学。

（续表）

时间	会议名称	主题	主办、承办单位
2024 年 4 月 13 日	2024 高校外语教学与国际传播能力建设会议	外语教学与国际传播能力建设	中国外文局文化传播中心、华语教学出版社、浙江省高校大学外语教学指导委员会
2024 年 4 月 13—14 日	2024年高校外语教学改革与发展研讨会	AI 赋能，教研相融，厚植育人	复旦大学出版社、海南医学院等
2024 年 4 月 18—19 日	2024 年全国高校大学英语教学改革与发展研讨会	数智赋能 融合创新	外语教学与研究出版社、贵州大学、贵州师范大学
2024 年 4 月 20 日	新时代大学英语教学改革与人才培养交流会（2024）	大学英语全环境立德树人布局，学科交叉支撑创新人才培养，服务强国建设的课程体系重构，教育信息化变革与虚拟教研转型，高质量发展与评价等	大外教指委、高等教育出版社、哈尔滨工业大学
2024 年 4 月 26 日	2024 年全国高校大学英语教研室主任高级论坛	开辟新赛道，塑造新优势	上海外国语大学中国外语教材与教法研究中心、上海外语教育出版社
2024 年 6 月 21 日	智能技术赋能高校教师数字素养评价、发展与研究学术研讨会		北京外研在线数字科技有限公司、文华学院
2024 年 6 月 28—30 日	第二届外语教育学学术论坛		南开大学、北京外国语大学中国外语与教育研究中心、外语教育学专业委员会（筹）、外语教学与研究出版社

（待续）

（续表）

时间	会议名称	主题	主办、承办单位
2024 年 7 月 5 日	第六届中国外语教材研究高端论坛	数字赋能外语教材建设，创新实施国家课程标准	北京外国语大学中国外语教材研究中心、外语教学与研究出版社
2024 年 7 月 6 日	教育部虚拟教研室外语类学科协作组 2024 年全体会议	人工智能赋能外语教育	教育部虚拟教研室外语类学科协作组、上海交通大学外国语学院、高等教育出版社
2024 年 7—8 月	2024 年外教社暑期卓越外语教师发展论坛	数智时代的外语教育与教师发展	中国高校外语教师发展研究院主办、上海外语教育出版社
2024 年 7 月 9 日	第七届英语教学与测评学术研讨会	教—学—评：创新评价，合作提质	北京师范大学外国语言文学学院、外语教学与研究出版社、成都市教育学会外语教学专业委员会、成都东部新区教育发展研究院、成都七中东部学校
2024 年 7 月 26—28 日	2024 国际英语教育中国大会	文化交流 文明互鉴——推动人工智能时代全球外语教育高质量发展	中国日报社、北京师范大学、上海外国语大学
2024 年 8 月 13 日	外语教学与国际传播能力提升研讨会	外语教学与国际传播能力建设	北京大学外国语学院、华语教学出版社
2024 年 8 月 17—19 日	生成式人工智能赋能外语学科发展高端论坛暨大模型辅助教学科研应用示范工作坊		华北电力大学（保定）、外语教学与研究出版社、北京外研在线数字科技有限公司
2024 年 9 月 28 日	第二届高校教师数字素养提升与数字化转型论坛	创新应用 智联未来	中国教育发展战略学会未来教育专业委员会、新疆师范大学、北京外研在线数字科技有限公司

（待续）

（续表）

时间	会议名称	主题	主办、承办单位
2024 年 10 月 18—20 日	2024 中国英语教学研讨会	交叉融合、协同创新：全面提高人才自主培养质量	中国英汉语比较研究会英语教学研究分会、大连外国语大学、外语教学与研究出版社等
2024 年 11 月 1—3 日	全国第十一届专门用途英语研讨会	数字化转型背景下的 ESP 教学与研究	西安交通大学外国语学院、外语教学与研究出版社、《中国 ESP 研究》编辑部、《外语教学》编辑部
2024 年 11 月 23—24 日	第五届全国高校教师教学元宇宙数字化技术创新大赛暨 2024 新质生产力赋能教育教学创新与实践高峰论坛	推进面向未来的教育技能发展	北京师范大学珠海校区、北京外研在线数字科技有限公司等
2024 年 12 月 7—8 日	第十届创新外语教育在中国学术论坛暨教育部多语种教学改革虚拟教研室 2024 线下见面会	虚拟教研室建设与产出导向法创新应用	北京外国语大学中国外语与教育研究中心、外语教学与研究出版社、《外语教育研究前沿》编辑部
2024 年 12 月 20—22 日	第二届全国外语教材研究学术研讨会暨中外语言文化比较学会外语教材研究专业委员会成立大会	外语教材研究：新理念、新方法、新形态	北京外国语大学大中小学外语国家教材建设重点研究基地、海南大学外国语学院、外语教学与研究出版社

2. 重要赛事

2024 年度国内举办的大型大学英语相关赛事见表 2.2（以举办时间为序）。

表 2.2　大学英语相关赛事

时间	赛事名称	主办、承办单位
2023 年 10 月—2024 年 6 月	第 25 届“外研社·国才杯”全国大学生英语辩论赛	北京外国语大学、外语教学与研究出版社、北京外国语大学中国外语测评中心、北京外研在线数字科技有限公司
2023 年 12 月—2024 年 8 月	2024 年全国大学生英语竞赛	国际英语外语教师协会中国英语外语教师协会（TEFL China）、全国高等学校大学外语教学研究会（简称“大研会”）
2024 年 1 月—8 月	第七届中国大学生 5 分钟科研英语演讲大赛	中国学术英语教学研究会
2024 年 1 月—9 月	2024 年“高教社杯”大学生“用外语讲好中国故事”优秀短视频全国交流活动	南京大学、湖南大学、高等教育出版社
2024 年 1 月—10 月	第 29 届“21 世纪杯”全国英语演讲比赛	21 世纪报社
2024 年 3 月—6 月	第四届“外教社·词达人杯”全国大学生英语词汇能力大赛省赛、国赛	各省普通高校大学外语教学指导委员会、大学外语教育研究会、省高教学会大学外语专业委员会、上海外语教育出版社
2024 年 3 月—9 月	第三届大学生模拟国际学术会议英语汇报大赛	南京大学大学外语部、江苏省高等学校外国语教学研究会
2024 年 3 月—10 月	2024 年外语课程思政优秀教学案例征集与交流活动	高等教育出版社、全国高校教师网络培训中心、《中国外语》编辑部
2024 年 4 月—6 月	2024 百万同题英文写作	大研会、中国高校英语写作教学联盟、批改网
2024 年 4 月—12 月	2024“外研社·国才杯”“理解当代中国”全国大学生外语能力大赛	北京外国语大学、外语教学与研究出版社

（待续）

（续表）

时间	赛事名称	主办、承办单位
2024 年 4 月—12 月	2024 年外研社“教学之星”大赛	北京外国语大学中国外语与教育研究中心、北京外国语大学中国外语教材研究中心、北京外国语大学中国外语测评中心、外语教学与研究出版社、北京外研在线数字科技有限公司
2024 年 5 月—10 月	第七届“外教社杯”全国高校学生跨文化能力大赛省赛、国赛	各省普通高校大学外语教学指导委员会、大学外语教育研究会、省高教学会大学外语专业委员会、上海外语教育出版社
2024 年 5 月、10 月	2024“外研 U 词杯”全国大学生英语词汇智慧学习大赛	外语教学与研究出版社
2024 年 5 月、6 月	第九届“复旦社杯”大学生学术英语词汇赛	复旦大学出版社、学术英语教学研究会
2024 年 7 月—9 月	2024 年全国高校外语课程思政教学案例大赛	外语教学与研究出版社

3. 重要学科信息

2024 年 3 月 24 日，大外教指委在“第八届全国高等学校外语教育改革与发展高端论坛”期间举办了“大学外语教指委论坛”，论坛以“服务国家战略的大学外语教育”为主题，多位委员从外语教育服务强国建设与区域建设、外语教育数字化转型、大学英语课程思政建设等角度与参会代表分享了他们的教育理念与教改实践。

2024 年 7 月 6 日，教育部虚拟教研室外语类学科协作组在上海交通大学召开年度全体会议，会议以“人工智能赋能外语教育”为主题，围绕典型建设经验交流、“人工智能 +”行动背景下的能力图谱构建、教研成果宣传及推广等展开交流与讨论。2024 年也是教育部虚拟教研室试点建设的第三年，为进一步加强虚拟教研室建设，教育部组织了本年度典型虚拟教研室、典型教研方法和典型教研成果的评选工作，多个与大学英语相关的虚拟教研室获评三类典型，其中“多语种教学改革虚拟教研室”（负责人文秋芳）、“大学英语课程群虚拟教研室”（负责人赵雯）获评典型虚拟教研室，“AI 赋能大学英语教学改革”（负责人王海啸）、“新形态教材建设促进教研成果转化”（负责人胡杰辉）获评典型教研方法，“大学英语智慧学习平台”（负责人闵尚超、何莲珍等）获评典型教研成果。

本年度外语教学与研究出版社以线上与线下相结合的方式，在全国 27 个省、自治区、直辖市召开了 15 场由省教育厅、教指委主办的“三进”工作推进会或教学研讨会，参与教师达 29 万人次；连续 3 年举办全国高等学校《理解当代中国》系列教材任课教师培训班，吸引了 9.6 万余人次；“2024 年暑期全国高校外语教学研究与教师发展系列研修班”以“敢为 善为 有为”为主题，包含 37 期活动，吸引了 20 余万教师参研；举办全国高校外语教研室主任系列研修班，以“创新教研组织 提升数字素养”为主题，包含两期研修，吸引了近 3,000 名教研室主任参会；举办 3 期“2024 年全国高校‘外语 + 行业’学科交叉融合‘双师双能型’系列师资培训”，聚焦“外语 + 能源行业”“外语 + 数字技术”“外语 + 数智经济”三大热门领域，近 500 名高校教师参加。

2024 年 3 月，上海外国语大学外语教材研究院发布“2024 年外语教材研究项目申报指南”，项目课题聚焦外语教材的内容价值导向、基础理论建设、与现代信息技术的融合以及实践应用等，并针对大学公共英语教材及数字课程应用设立定向课题。经评审，共有 11 项关于大学英语教材的项目获得立项。

4. 重要考试

1）全国大学英语四、六级考试[1]

1987 年起实施的全国大学英语四、六级考试是教育部主管的一项全国性

1　感谢全国大学英语四、六级考试委员会金艳教授等为本部分内容提供相关信息。

的教学考试，其目的是对大学生的实际英语能力进行客观、准确的测量，为大学英语教学提供服务。2024 年 6 月，全国大学英语四级考试的总人数为 690 万，全国大学英语六级考试的总人数为 501 万。2024 年 12 月，全国大学英语四级考试的总人数为 766 万，全国大学英语六级考试的总人数为 485 万。考生群体包括研究生、本科生和专科生，本科生为考生主体。2024 年 5 月进行的全国大学英语四、六级口语考试总人数为 12.5 万；11 月进行的全国大学英语四、六级口语考试总人数为 24.8 万。表 2.3 和表 2.4 为参加 2024 年 6 月和 12 月全国大学英语四、六级考试（笔试）的本科生人数及各分项平均分和总分平均分。

表 2.3　2024 年 6 月全国大学英语四、六级考试概况（本科生）

考次	级别	人数	各分项平均分			总分平均分
			听力	阅读	翻译和写作	
2024 年 6 月	四级	4,958,421	126	142	126	396
2024 年 6 月	六级	3,615,649	123	151	113	388

表 2.4　2024 年 12 月全国大学英语四、六级考试概况（本科生）

考次	级别	人数	各分项平均分			总分平均分
			听力	阅读	翻译和写作	
2024 年 12 月	四级	5,762,590	128	148	126	405
2024 年 12 月	六级	3,548,949	124	152	113	391

表 2.5 和表 2.6 为参加 2024 年 5 月和 11 月全国大学英语四、六级口语考试的考点数、考生人数及得分情况。

表 2.5　2024 年 5 月全国大学英语四、六级口语考试概况

考次	级别	考点	人数	成绩			
				优秀	良好	合格	不合格
2024 年 5 月	四级	726	73,160	5,954	38,436	25,885	2,885
2024 年 5 月	六级	709	52,445	3,872	25,016	23,091	466

表 2.6　2024 年 11 月全国大学英语四、六级口语考试概况

考次	级别	考点	人数	成绩			
				优秀	良好	合格	不合格
2024 年 11 月	四级	724	208,130	16,039	130,608	58,706	2,777
2024 年 11 月	六级	707	39,383	5,732	23,150	10,255	246

2）国际人才英语考试

由北京外国语大学中国外语测评中心研发的国际人才英语考试（简称“国才考试”）于 2016 年首次举行，之后一般每年举行两次，分别在 5 月和 11 月的第二个周末。2024 年上半年考试于 6 月 1—2 日以集中机考和居家网考相结合的形式举行，其中以集中机考形式参考的考生分布在全国 25 个省、自治区、直辖市的 113 个考点；下半年考试于 11 月 30 日以集中机考和居家网考相结合的形式举行，其中以集中机考形式参考的考生分布在全国 24 个省、自治区、直辖市的 111 个考点。此外，2024 年 8 月增加了一场国才考试，考试形式为居家网考。2024 年的考试时间与科目见表 2.7。

表 2.7　2024 年国才考试时间与科目

日期	考试时间	科目
2024 年 6 月 1 日（周六）	09:00—10:30	国才初级
	09:00—10:40	国才高级
	14:00—15:50	国才中级
	14:00—16:50	国才高端
2024 年 6 月 2 日（周日）	09:00—12:00	国才高翻（笔译）
	14:00—14:30	国才高翻（交传）
	15:00—15:30	国才高翻（同传）
2024 年 8 月 17 日（周六）	09:00—10:30	国才初级
	09:00—10:40	国才高级
	14:00—15:50	国才中级

（待续）

（续表）

日期	考试时间	科目
2024 年 11 月 30 日（周六）	09:00—10:30	国才初级
	09:00—10:40	国才高级
	14:00—15:50	国才中级

5. 教材、专著出版及软件应用开发

2024 年，外语教学与研究出版社持续构建优质大学英语教材体系，落实课程思政，实现语言与育人有机融合，引入人工智能等数智技术，创新教材出版形态，实现纸数深度融合，出版了《新视野大学英语（第四版）视听说教程》《新标准大学英语（第三版）视听说教程》《新标准大学英语文化中国》等 AI 外语教材，推出了《新境界大学英语综合教程 3》《数字时代职场英语教程 问题解决篇》等新形态教材，为教、学、评、管、研提供全流程支持；出版了《新丝路大学英语智慧阅读教程 1》《深圳故事：大学英语阅读教程》《金融英语综合教程》等服务院校特色需求的校本定制数字教材；相继推出了《大学英语文化翻译教程》（第二版）、《大学英语翻译与写作指导》（第二版）等语言技能类教材，《“一带一路”国家跨文化商务交际教程》（第二版）、《商务英语翻译》（第二版）等专门用途教材；面向高校非英语专业研究生推出了《卓越研究生英语》（理工篇、人文篇）。上海外语教育出版社出版了《领航大学英语综合教程》、《全新版大学进阶英语：视听说教程》（第 2 版）、《全新版大学进阶英语视听阅读》（第 2 版）、《新目标大学英语系列教材（第二版）阅读教程》、《新目标大学英语系列教材（第二版）长篇阅读》、《新目标大学英语系列教材（第二版）中国文化英语教程》、《新世纪大学英语系列教材：综合教程（第 3 版）》；该社还出版了基于国家哲学社会科学规划项目的《中国理工科大学生学术英语泛在学习模式有效性研究》。高等教育出版社推出了《新时代明德大学英语阅读教程》（1—4 册），在阅读教材中有机融入中华优秀传统文化教育，将中国式现代化等新的话语体系和

叙事体系纳入教材；此外，全面对标新时代大学英语视听说教学改革核心使命，基于中国范式的项目式学习法（PBLL-C），推出了《新大学英语视听说教程（第二版）》（1—4册）。华语教学出版社积极响应教育强国建设，打造生成式AI赋能的“三进”+“四新”+“文化”大学英语创新教材体系，出版了《新时代大学英语综合教程基础篇第1册》、《新时代大学英语综合教程提高篇第1册》、《岭南文化英语教程（下册）》、《新聚焦大学英语文化口语教程》、《新时代大学英语视听教程基础篇》（1—2册）、《新时代大学英语视听教程提高篇》（1—2册）、《新时代大湾区文化景观》。复旦大学出版社出版了《新思维大学英语（思政版）学术英语写作教程》、《21世纪大学英语应用型长篇阅读》（第2版）（1—4册）、《21世纪大学英语应用型思政阅读教程》（第2版）（1—4册）、《21世纪大学理工英语》（第2版）（1—3册）、《21世纪大学英语读写教程A版》（第5版）（1—3册）、《21世纪大学英语口语初级教程》（第二版）（1—2册）、《21世纪大学英语读写教程（S版）》（1—4册）、《思政版阶梯大学英语听说教程》（1—4册）、《学术英语综合教程》（人文社科、理工、能源）（第二版）、《向未来大学英语综合教程》（1—4册）、《新时代医学英语文献阅读教程（上册）》、《新时代医学英语综合教程》上册、《听说中国——大学英语视听说智慧教程》（1—4册）、《中国文化英语阅读教程》、《读懂广西：大学生英语阅读智慧教程》等。

在数字化教学平台和应用方面，2024年北京外研在线数字科技有限公司联合外语教学与研究出版社推出了一系列新形态教材，依托U校园智慧教学云平台AI版，借助数字课程、课堂手册、助教课件等资源，为院校提供全方位、立体化的外语教学解决方案；上线了iPublish数字教材出版平台，服务院校定制化数字教材出版需求；为解决传统线下录课和剪辑制作中存在的流程复杂、效率低、脚本撰写困难等常见问题，研发了iVatar智课平台，为教师提供集数字人形象定制、音色克隆、脚本撰写等功能于一体的数智化建课服务；联合北京外国语大学打造“理解当代中国”虚拟仿真沉浸式实践解决方案；推出了集资源、硬件、平台、服务为一体的学科型智慧教室解决方案，以智慧云盒为核心，有机结合核心数字资源、专业教学平台、智能技术硬件与教学增值服务。上海外语教育出版社“WE 外语智慧教育平台”教学资源内容持续更新，新增各类教学资源 1,800 余条；WE Learn 平台 2024 年新增注册用户 177 万人；全新推出了 WE Publish 数字出版平台，为高校提供数字教材出版的全流程服务，已有数门数字教材上线并投入教学使用。此外，基于词达人平台的第四届“外教社 · 词达人杯”全国大学生英语词汇能力大赛共有 1,069 所高校的 98 万学生报名参赛。

2024 年，多类大学英语教材获评省级“十四五”规划教材或各类优秀教材。外语教学与研究出版社出版的《新编大学英语（第四版）综合教程》（智慧版）（1—3 册）、《新编大学英语（第四版）视听说教程》（智慧版）（1—3 册）、《新编大学英语文化阅读教程》（1—3 册）、《商务英语谈判》、《新一代大学英语（基础篇）综合教程 1》（智慧版）、《E 英语视听说教程 3》（智慧版）、《新起航警务英语综合教程》、《中国文化概况》（修订版）、《新标准大学英语文化中国 1》、《E 英语教程（第二版）》（智慧版）（1—4 册）、《新标准大学英语（第三版）长篇阅读 4》、《实用航海英语情景教程》、《新视野大学英语（第三版）阅读实训教程》（1—4 册）等多部 / 套教材获评省级“十四五”规划教材；《考研英语：综合能力提升教程》、《跨文化国际传播英语教程》等获评北京高校“优质本科教材”；《数字时代职场英语教程》系列数字教材入选“高等教育数字教材创新发展会议 2024 年数字教材典型案例”；“UNIPUS 虚拟仿真沉浸式外语智慧教学基地建设解决方案”获评第七届中国数字出版创新发展论坛创新案例；“iPublish 数字教材出版解决方案”获评第八届数字出版创新发展论坛创新案例；iTEST 智能测评云平台入选中国互联网协会智慧教育工作委员会、中国信息通信研究院、人民日报《平安校园》杂志联合评选的 2024 年度“人工智能 + 教育”典型案例。

上海外语教育出版社出版的《全新版大学高阶英语：听说教程（第三版）学生用书（数字教材）》入选数字教材联盟“高等教育数字教材创新发展会议 2024 年数字教材典型案例”，《新世纪大学英语系列教材（第二版）写作教程》《新起点大学英语视听说教程》等教材获评省级“十四五”普通高等教育本科省级规划教材；《大学跨文化英语视听说教程》获评 2024 年北京高校优质本科教材，《大学英语四级测试试题集》获评2023–2024年度高效能助学品牌图书TOP榜复习考试类银牌。

高等教育出版社出版的《新时代明德大学英语综合教程》（1—3册）、《新大学视听说教程（第二版）》（1—4册）、《新大学综合教程（第二版）》（1—4册）、《大学体验英语（第四版）听说教程》（1—4册）等多套教材获评省级“十四五”规划教材。

复旦大学出版社出版的《新思维大学英语（思政版）视听说教程》（3—4册）、《21世纪大学艺术英语综合教程》（第2版）（1—4册）、《21世纪大学英语长篇阅读（思政版）》（第2版）（1—4册）等获评省级“十四五”规划教材。

6. 主要动态

1）主动对接强国建设

大外教指委将2024年3月“第八届全国高等学校外语教育改革与发展高端论坛”期间举办的大外教指委论坛的主题设定为“服务国家战略的大学英语课程与教学”，论坛立足国家和民族发展大计，深入探讨大学外语教育深化课程思政、服务“四新”建设、推动数字化转型等核心议题，系统规划改革路径，推动大学外语教育真正服务国家战略、培育拔尖创新人才。2024年，大外教指委和相关出版社积极组织开展以“理解当代中国”为主题的大学英语教材建设，以及“四新”教材建设，编写出版对接国家“一带一路”建设的特色教材，组织举办各类课程思政教学案例比赛。各高校大学英语教学更加注重跨学科融合和全球化视野的培养，积极推动中国高等教育的国际化进程。

2）人工智能应用及智慧课程建设

随着人工智能技术的迅猛发展，大学英语教学正经历着以智慧化、个性化和思政融合为特色的新轮转型。

首先，各大外语教学领域的出版社和教育技术公司均在加速推进智慧教学平台、数字教材系统和AI助教的应用，实现教学全流程智能化。智能评测、学情分析、动态资源推送等功能优化了教学管理，而数字人技术和智慧教室的引入则增强了课堂互动与数据驱动决策能力。

另外，AI 技术的广泛应用也在推动包括大学英语在内的数字教材向动态化、交互式方向发展，支持多模态内容呈现和智能适配学习需求。部分教材结合大语言模型优化内容编排，强化文化传播功能，形成“教材 + 智能平台”的立体化学习体系。

越来越多的学校已经开始探索智慧课程建设，以数据驱动和个性化学习为核心，整合知识图谱、AI 辅助工具和虚拟仿真技术，构建线上、线下融合的学习生态。大学英语课程设计从传统知识传授转向能力培养，强调精准学习路径和智能化资源管理。

7. 部分论文文献信息[1]

何莲珍，2024a，在强国建设中彰显大外作为 [J]，《外语教育研究前沿》（2）：6-10+91。

何莲珍，2024b，大语言模型在语言测评中的应用 [J]，《外语教学与研究》（6））：903-912+960。

王海啸，2024，生成式人工智能在大学英语教学改革中的应用探究——以“通用学术英语写作”课程教学改革实践为例 [J]，《外语教育研究前沿》（4）：41-50+95。

文秋芳，2024，人工智能时代的英语教育：四要素新课程模式解析 [J]，《中国外语》（3）：1+11-18。

张敬源、赵红艳，2024，数字化转型背景下的大学英语教学创新路径 [J]，《外语学刊》（2）：84-91。

1　请于本书附录查看相关文献的详细摘要。

二、英语专业[1]

本部分概述2024年我国高校英语专业发展情况，剖析学科内热点问题，摘录相关重要论文信息。年度情况概述包括与英语专业发展相关的国家政策和学术活动。热点问题包括：1）外语学科建设；2）智能技术在外语教学与研究中的应用；3）外语课程思政研究；4）外语教材研究；5）外语教学与情绪研究。部分论文来源于外国语言文学类CSSCI期刊和北大核心期刊。

1. 年度情况概述

1）英语专业相关政策

（1）教育部2024年通过普通高等学校师范类专业认证及认证中期审核专业名单公布

根据教育部《普通高等学校师范类专业认证实施办法（暂行）》[1]，经高校申请、教育评估机构组织专家考查、普通高等学校师范类专业认证专家委员会审定，教育部于2024年10月公布2024年通过普通高等学校师范类专业认证及认证中期审核专业名单，其中北京师范大学、陕西师范大学英语专业通过第三级专业认证；河北科技师范学院、唐山师范学院等49所高等院校英语专业通过第二级专业认证。此外，天津师范大学等16所高校的英语专业通过师范类专业认证中期审核。[2]

（2）教育部2024年普通高等学校部分特殊类型招生工作通知

2024年高校特殊类型考试招生工作要深入贯彻党的二十大精神，加快建设高质量教育体系，明确高校招收外国语中学推荐保送生应继续加大向国家“一带一路”建设发展所需语种专业及国家急需紧缺语种专业倾斜力度。2024年起，北京外国语大学、上海外国语大学、外交学院可继续招收少量的外国语中学推荐保送生，安排在英语语种相关专业，单独编班，单独制定培养方案，选拔英语类拔尖人才；其他高校招收的外国语中学推荐保送生均安排

1　本部分作者：陈泽航、冯志鑫，北京师范大学。

在除英语以外的小语种相关专业，鼓励高校培养“小语种 +”复合型人才。[3]

（3）国务院学位委员会关于开展新增博士硕士学位授权审核工作的通知

遵循《国务院学位委员会关于开展新增博士硕士学位授权审核工作的通知》（学位〔2024〕2 号）文件精神，由国务院学位委员会发布并指导实施，经过审核专家核查及评议，2024 年 9 月 30 日，国务院学位委员会公布正式名单，北京外国语大学等八所高校（不含自助审核增列学位点高校）获批成为第一批获得翻译专业博士学位点的高校。[4]

（4）外语教育学正式列为外国语言文学二级学科

2024 年 1 月，《研究生教育学科专业简介及其学位基本要求（试行版）》于“中国学位与研究生教育学会”官网发布。[5] 此次修订中，“外语教育学”被正式列为“外国语言文学”下设的二级学科。“外语教育学”旨在系统探究外语教育全过程以及影响这一过程的诸种相关因素，揭示外语教育的规律和本质，提升外语教育整体能力，以此增强国家外语能力。[6]

2）学术活动

（1）第十七届全国英语类专业院长 / 系主任高级论坛

2024 年 4 月 11—14 日，由教育部外指委、云南大学、上海外国语大学共同主办的“第十七届全国英语类专业院长 / 系主任高级论坛”在昆明举行。论坛以“构建 AI 时代外语教育高质量发展新生态”为主题，设 6 场主旨演讲、3 场专题报告、5 个平行论坛。500 余位来自全国各地的英语类专业院长及系主任线下参会，围绕英语专业建设与课程改革、外语教育与教师专业发展、跨文化教育与国际传播能力建设、高质量英专教材与教学、产教融合与高质量人才培养等英语类专业发展的核心议题进行深入探讨，共同探索 AI 时代外语教育发展新路径。[7]

（2）西部高等院校外语教育教学联盟第四届年会暨新时代 · 新西部 · 新文科高等外语教育改革研讨会

2024 年 4 月 26 日，由西部高等院校外语教育教学联盟主办，四川外国语大学 / 重庆市普通本科高校外语教育创新发展研究中心、重庆市普通本科高校外国语言文学专业类教学指导委员会承办的“西部高等院校外语教育教学联盟第四届年会暨新时代·新西部·新文科高等外语教育改革研讨会”在重庆举行。西部 12 个省区市高校的专家学者齐聚，互享新文科建设新经验，共话新时期高等外语教育新使命，共创西部地区外语教育发展新格局。

（3）第七届全国应用型本科院校英语类专业教学改革与发展论坛

2024 年 5 月 11—12 日，由教育部外指委和全国应用型本科院校英语类专业教学联盟主办，外语教学与研究出版社协办，武汉商学院承办的“第七届全国应用型本科院校英语类专业教学改革与发展论坛”在武汉召开。本次论坛围绕“应用型本科院校英语类专业教学改革与发展”这一主题，设置了主旨报告、教学展示、分论坛等环节，充分展示了应用型本科院校英语类专业教学改革的最新成果和发展趋势。来自全国近 60 所高校的 160 多位专家学者齐聚一堂，共同探讨新时代背景下英语类专业建设和人才培养的机遇与挑战。

（4）全国翻译专业学位研究生教育 2024 年年会

2024 年 6 月 17 日，由全国翻译专业学位研究生教育指导委员会、中国学位与研究生教育学会翻译专业学位工作委员会主办，南通大学承办的“全国翻译专业学位研究生教育 2024 年年会”在江苏省南通市召开。本次会议主题为“数智时代的高端翻译人才培养”，大会设有主旨发言和 7 个分论坛，全国翻译专业学位研究生教育指导委员会委员和全国开设翻译专业的院校代表共计 600 余人参会，共同探讨新时代、新形势下如何做好高端翻译人才培养工作。

（5）第六届全国外语教师教育与发展专题研讨会

2024 年 7 月 12—14 日，由中国英汉语比较研究会外语教师教育与发展专业委员会主办、吉林大学公共外语教育学院承办的“第六届全国外语教师教育与发展专题研讨会”在吉林召开。大会设有 10 场主旨报告和 4 场特色报告，此外还组织了主编论坛以及 8 场专题研讨、3 场团队展示、12 场分组发言和 5 场研究生论坛。来自国内外的近 400 名专家学者、一线教师、教育工作者和研究生参加会议，围绕会议主题“教育数字化赋能外语教师教学与发展”进行深入的交流和探讨。[8]

（6）2024 国际英语教育中国大会

2024 年 7 月 26—28 日，由中国日报社、北京师范大学和上海外国语大学联合主办，中报二十一世纪和澳门城市大学联合承办，中国英汉语比较研究会、中国教育学会外语教学专业委员会、国际英语教育研究基金会、ETS 中国和英国文化教育协会担任学术指导单位的“2024 国际英语教育中国大会”在北京师范大学珠海校区召开。本届大会以“文化交流 文明互鉴——推动人工智能时代全球外语教育高质量发展”为主题，共设有 8 场主旨报告和 35 场平行会议，来自 20 多个国家和地区的教育专家、学者和一线教师围绕 16 个分议题交流分享。[9]

（7）2024 年全国师范院校外语学院（系）院长（主任）联席会议

2024 年 9 月 14 日，由教育部外指委英语专业教学指导分委员会主办、重庆师范大学承办的“2024 年全国师范院校外语学院（系）院长（主任）联席会议”在重庆师范大学召开。本次会议的主题为“创新与适应：师范院校外语学科教育的未来之路”，来自全国各地的 100 多位外国语学院院长、系主任及骨干教师齐聚一堂，探讨新时代外语教育的创新发展路径。

（8）中国外国文学学会第十一届理事会暨“文明互鉴与外国文学研究”学术研讨会

2024 年 9 月 20—22 日，由中国外国文学学会主办、电子科技大学外国语学院承办的“中国外国文学学会第十一届理事会暨‘文明互鉴与外国文学研究’学术研讨会”在成都召开。本届研讨会开设 3 场大会主旨报告、8 个专题论坛、4 个硕博论坛。来自中国社会科学院外国文学研究所、北京大学、清华大学等 90 余所高校和科研机构的专家学者齐聚蓉城，围绕“文明互鉴与外国文学研究”展开讨论。本次会议对于开启文学文化与科学文化之间的交流具有重要意义，通过新思想、新理论和新方法的交流与碰撞，助力中国外国文学研究的发展。[10]

（9）2024 中国英语教学研讨会

2024 年 10 月 18—20 日，由中国英汉语比较研究会英语教学研究分会主办、大连外国语大学承办的“2024 中国英语教学研讨会”在辽宁大连召开。

大会以“交叉融合、协同创新：全面提高人才自主培养质量”为主题，共设5场主旨发言、11场专题研讨、16场分组发言、1场工作坊和1场主编论坛。国内外200余位外语教育界专家学者、大中小学教师和硕博士研究生线下参会，3万余人次线上观看。[11]

（10）中国高等教育学会外语教学研究分会2024年学术年会

2024年11月8—10日，由中国高等教育学会外语教学研究分会主办、四川外国语大学承办的“中国高等教育学会外语教学研究分会2024年学术年会”在重庆召开。来自全国近200所高校的400余名代表参加了本次大会。大会主题为“数智时代外语教育变革与创新”，涵盖7场主旨报告、7场专题发言、7场论文宣读交流与2场工作坊，旨在探索在数智时代如何革新教育理念，合理应用技术，创新教学方法，提升外语教育质量与成效，培养新时代高素养外语人才。[12]

（11）第六届中国高校外语学科发展联盟年会

2024年12月13—15日，由中国高校外语学科发展联盟发起并主办、北京师范大学承办的“第六届中国高校外语学科发展联盟年会”在北京师范大学召开。会议以“积极推进外语学科创新发展，加快建设高质量外语教育体系”为核心议题，探讨新时代背景下高校外语学科的创新发展新篇章。会议共设12场主旨发言，4个分论坛。近百所联盟院校的125位外语学科专家学者参会，相互交流，共同助力开创新时代外语学科高质量内涵式发展新局面。[13]

（12）第二届全国外语教材研究学术研讨会暨中外语言文化比较学会外语教材研究专业委员会成立大会

2024年12月20—22日，由北京外国语大学大中小学外语国家教材建设重点研究基地主办、海南大学外国语学院承办的“第二届全国外语教材研究学术研讨会暨中外语言文化比较学会外语教材研究专业委员会成立大会”在海南召开。大会设有6场主旨发言、12场专题论坛和17组分组发言等环节。来自国内外的外语教材研究专家学者、教材编写者与教材使用教师300余人参会，以“外语教材研究：新理念、新方法、新形态”为主题，共同探讨外语教材和外语教育的创新发展。同时，中外语言文化比较学会外语教材研究专业委员会成立，会议宣布了委员会名单。[14]

（13）英语类专业创新发展新探索研讨会暨2024年北京高校英语类专业群两委会联席会

2025年1月4日，由北京市高校英语类专业群主办、外交学院英语系承办、外语教学与研究出版社协办的“英语类专业创新发展新探索研讨会暨2024年北京高校英语类专业群两委会联席会”成功举行。会议以“英语类专业创新发展新探索：三进、复合、数智赋能”为主题，线上、线下同步进行，北京市高校英语类专业群两委会委员以及来自北京市30余所高校的近70名院长、系主任和骨干教师现场参会，万余名教师线上参会，共同探讨新时期英语类专业高质量发展新方略。

2. 热点问题剖析

1）外语学科建设

外语能力是大国影响力的重要基础和国家软实力的关键象征。外语学科致力于国家外语发展建设，研究者从不同视角、不同背景关注外语学科发展。[15][16]

2024年，“外语教育学”的建立与“区域国别学”的持续探究是核心主题。

2024年1月，“外语教育学”正式列为“外国语言文学”下设的二级学科。《外语教学与研究》《外语教学理论与实践》《外语界》《山东外语教学》《当代外语研究》《北京第二外国语学院学报》等期刊设专题对外语教育学这门学科进行探究，研究者梳理其建构历程、意义与学科特点，[17]分析学科属性、培养目标及其社会需求。学者对该新兴学科属性和目标进行厘清和界定，展开学术对话，并已初步展开学科内研究，如教材研究。[18][19][20]区域国别学研究聚焦于学科的研究方向和发展定位探索，讨论学科的研究主体与客体，[21]以及学科研究方法。[22]

同时，研究者提出未来外语学科建设中要树立新质外语教育理念、发展

外语专业研究型教学，并呼吁加强外语传播能力建设。[23][24][25]

2）智能技术在外语教学与研究中的应用

2019年中共中央、国务院发布的《中国教育现代化2035》指出，“加快信息化时代教育变革”是十大战略任务之一，特别强调“利用现代技术加快推动人才培养模式改革，实现规模化教育与个性化培养的有机结合”。[26]《现代外语》《外语界》《外语电化教学》《外语教学与研究》《外语教学理论与实践》等期刊设“外语智慧研究”等专题讨论智能技术在外语学科研究与教学中的应用，以及未来的语言学研究与外语教学研究发展方向与面临的问题。[27][28][29][30][31] 外语教学与研究离不开技术的使用，研究者将技术作为方法赋能研究与教学。

研究者使用EPR技术、[32] 社会网络分析工具、[33] G*Power等可视化工具来处理数据，用NCA、fsQCA等方法分析复杂的因果关系。[34] Wmatrix等语料分析技术广泛用于语篇分析、[35] 话语分析、[36] 翻译研究。[37] [38]ELAN等软件用来进行多模态分析。[39] 眼动等技术用于语言认知、产出过程中的研究。[40][41] 语料库技术、神经机器翻译、生成式人工智能为翻译研究注入新的活力，这些技术辅助研究者开展知识图谱建立、[42] 句法研究、[43][44] 多模态研究、[45] 译者行为以及译者风格方面的研究。[46] [47]

云共同体、数据驱动学习（DLL）、Peerceptiv匿名互评技术等辅助外语教学模式建立，[48][49][50] 推动课程的数字化转型。[51][52] 虚拟教研室与云教研用于建立外语教师共同体，助力协同发展。[53][54] 人工智能作为最前沿现代技术，也被广泛运用在外语教学与研究中，研究者关注着生成式人工智能在学习过程中的使用，如在语法纠错、语言翻译、智能写作评分、充当智能语伴以及辅助翻译教学、语用教学等重要领域的应用，[55][56][57][58][59] 充分发挥大语言模型在提供实时反馈、个性化学习体验、多语言支持等方面的优势。[60] 人工智能的另一个重要发展方向在外语智能测评方面。研究者使用ChatGPT等生成式人工智能，对学生表现、能力进行评价并对测试效度进行验证。[61][62][63] 研究者也考虑了自动评估技术在外语智能测评中的现实问题和应用前景。[64] 未来研究要关注智能技术带来的伦理问题与潜在风险。[65] [66]

3）外语课程思政研究

2024 年 5 月，习近平总书记作出重要指示，强调各级各类学校要自觉担起主体责任，不断开创新时代思政教育新局面。[67] 外语界学者从宏观、中观和微观层面对课程思政建设做出了积极探索。[68]

外语学科聚焦课程思政的研究在经历了理论建构，即宏观层面对其内涵、价值、原则、体系与发展方向的探究之后，开始深入探讨课程思政的理念落地与实践。《中国外语》《外语电化教学》《外语研究》等期刊均设课程思政专题，研究主题多集中在微观层面课程思政的实施路径及有效性，即课程思政融入不同课程中，如英语专业课程、文学课程、通识课程、翻译教学中的教学目标、实施方法和评价方式探究。[69][70][71][72][73] 中观层面课程建设以及思政理念教材改革与开发，强调课程思政中教材的重要作用，例如如何借用教材讲好中国故事、[74] 教师课程思政教学能力，[75] 以及在课程建设相对成熟后，对思政课程体系的评价、[76] 外语教师课程思政教学评价理念与实践策略等问题。[77] 同时，学者们也关注外语思政教育中的话语实践探究，以及数智背景下课程思政的未来发展。[78][79][80]

4）外语教材研究

外语教材是外语教育的重要载体。在以往的研究对外语教材编写与开发做了大量基础工作后，外语教材的使用与评价研究逐渐增加。外语教材研究蓬勃发展，呈现出专业化、学科化、多元化的发展态势，逐渐形成体系，有学者提议设立以教材为主要研究对象的外语教材学。[81]

2024 年，《中国外语》《当代外语研究》《外语学刊》等期刊设专题对外语教材研究相关话题进行探究。除了对指向具体能力培养的外语教材的编制做出进一步探究之外，[82] 外语教材研究主要包括教材话语分析、[33] 不同角度的教材内容特征分析，[83] 教材的意识形态如国家意识分析、[84] 教材文化分析、[85] 智能型数字教材编写探究、[86] 教材评价以及教材与教师能力研究。[87] [88]

在教材使用研究中，学生教材使用是实现教材价值的根本途径，所以研究从学习者视角探究英语学习者的教材使用能动性，[89] 学生在某个学习情境下教材使用过程中的变革能动性，[90] 以及学生对教材育人目标的感知。[91] 未来教材研究可以进一步探索智能数字教材，在更多元的教学环境如混合式教学场景中探究教师、学生对教材的感知和使用，以及对教材评价、量表制定等层面的探究。[92]

5）外语教学与情绪研究

近十年来，外语学界迎来了积极心理学的转向，掀起了情绪研究热潮，《现代外语》《外语与外语教学》等刊物均设专题，对外语学习情绪进行探究。主要研究主题有情绪与个体内因素的互动、情绪与个体外因素的互动、情绪与外语学业的关系、情绪的发展变化以及教师情绪。[93] 并且，学界开始透过动态视角，采用历时研究关注个体情绪的发展。[94]

外语研究的学业情绪主要涉及愉悦、无聊、焦虑等。[102][95] 与情绪相关的个体内因素主要涉及人格和动机。人格主要有坚毅、[103] 情绪智力等。其他因素有语言态度、[96] 工作记忆等。[97] 个体外因素主要包括教师（如教师反馈、[98] 教师支持 [99][100]）与环境因素。[101] 研究者通过定量、定性或混合的研究方法揭示变量之间的互动关系。提高学业成绩是学生、教师和家长的共同目标，所以研究也关注情绪与二语学业成绩的关系。[102][103] 探究情绪的发展变化，目前主要集中在外语学习者在不同情境中的情绪调节。[104] 此外，外语教师情绪研究也备受关注，研究主题主要包括教师倦怠、[105] 教师心理韧性与情绪调节等。[106] 外语情绪研究采用的理论视角主要有控制——价值理论、情绪调节过程模型、复杂动态系统理论、拓展 - 建构理论及幸福感理论等。目前外语情绪研究存在对于情绪的理解过于笼统、缺乏语言学视角下的情绪理论、理论未与信息化外语教学对接、研究工具多为脱离情境的自陈式工具等问题，[92] 未来研究可以发展研究理论视角、开发更有效的研究工具并将情绪研究带入数智化外语的研究场域。

3. 部分论文文献信息

本部分针对“外语学科建设”“智能技术在外语教学与研究中的应用”“外语课程思政研究”“外语教材研究”“外语教学与情绪研究”五个研

究热点，从核心期刊中选取了话题内影响力大、创新性强且具有代表性的五篇论文，摘录题目、作者、期刊名、期号、页码范围等信息，详细摘要请见本书附录。

何莲珍，2024，大语言模型在语言测评中的应用 [J]，《外语教学与研究》(6)：903-912+960。

胡杰辉，2024，外语教师课程思政教学评价理念与实践策略 [J]，《中国外语》(1)：20-27。

李成陈、李嵬，2024，语言态度、情绪与外语成绩的关系：基于结构方程模型的城乡对比研究 [J]，《外语与外语教学》(1)：57-69+148。

束定芳，2024，外语教材学：研究目标、内容与方法 [J]，《外语界》(4)：33-41。

王文斌，2024，外语教育学的新理念和新格局 [J]，《中国外语》(5)：1-4。

---

[1] 中华人民共和国教育部，2017，教育部关于印发《普通高等学校师范类专业认证实施办法（暂行）》的通知 [OL]，http://www.moe.gov.cn/srcsite/A10/s7011/201711/t20171106_318535.html（2024 年 12 月 29 日读取）。

[2] 中华人民共和国教育部，2024，教育部办公厅关于公布 2024 年通过普通高等学校师范类专业认证及认证中期审核专业名单的通知 [OL]，http://www.moe.gov.cn/srcsite/A10/s7058/202411/t20241111_1162287.html（2024 年 12 月 29 日读取）。

[3] 中华人民共和国教育部，2024，教育部办公厅关于做好 2024 年普通高等学校部分特殊类型招生工作的通知 [OL]，http://www.moe.gov.cn/srcsite/A15/moe_776/tslxzs/202311/t20231110_1090010.html（2024 年 12 月 29 日读取）。

[4] 中华人民共和国教育部，2024，国务院学位委员会关于开展新增博士硕士学位授权审核工作的通知 [OL]，http://www.moe.gov.cn/srcsite/A22/yjss_xwgl/moe_818/202405/t20240520_1131582.html（2024 年 12 月 29 日读取）。

[5] 中国学位与研究生教育学会，2024，研究生教育学科专业简介及其学位基本要求 [OL]，https://www.acge.org.cn/encyclopediaFront/enterEncyclopediaIndex（2024 年 12 月 29 日读取）。

[6] 北京外国语大学中国外语与教育研究中心，2024，喜讯：外语教育学正式列为外国语言文学二级学科 [OL]，http://www.sinotefl.org.cn/info/1158/2161.htm（2024 年 12 月 29 日读取）。

[7] 跨文化能力测试中心，2024，构建AI时代外语教育高质量发展新生态——第十七届全国英语类专业院长/系主任高级论坛成功举办[OL]，https://ict.sflep.com/index.php?m=content&c=index&a=show&catid=17&id=108（2024年12月29日读取）。

[8] 吉林大学公共外语教育，2024，第六届全国外语教师教育与发展专题研讨会[OL]，https://sofle.jlu.edu.cn/info/1064/7553.htm（2024年12月29日读取）。

[9] 21英语网，2024，2024国际英语教育中国大会在珠海开幕[OL]，https://tesol.i21st.cn/2024/30524.html（2024年12月29日读取）。

[10] 电子科技大学外国语学院，2024，中国外国文学学会第十一届理事会暨“文明互鉴与外国文学研究”学术研讨会在电子科技大学隆重举行[OL]，https://www.fl.uestc.edu.cn/info/1041/7909.htm（2024年12月29日读取）。

[11] 中国英汉语比较研究会英语教学研究分会，2024，交叉融合、协同创新：全面提高人才自主培养质量——2024中国英语教学研讨会成功召开[OL]，https://www.celea.org.cn/article/490（2024年12月29日读取）。

[12] 中国高等教育学会，2024，中国高等教育学会外语教学研究分会2024年学术年会召开[OL]，https://www.cahe.edu.cn/site/content/17762.html（2024年12月29日读取）。

[13] 北京师范大学，2024，第六届中国高校外语学科发展联盟年会在北京师范大学举办[OL]，https://news.bnu.edu.cn/zx/zhxw/8fe014be94984ba1a5a16094fac5e3f6.htm（2024年12月29日读取）。

[14] 海南大学，2024，第二届全国外语教材研究学术研讨会 暨中外语言文化比较学会外语教材研究专业委员会成立大会在海口举行[OL]，https://news.hainanu.edu.cn/info/1491/384811.htm（2024年12月29日读取）。

[15] 杨丹，2024，大国语言战略：新时代外语教育的挑战与变革[J]，《外语教学与研究》（1）：3-11+158。

[16] 胡开宝、高莉，2024，大语言模型背景下的外语学科发展：问题与前景[J]，《外语界》（2）：7-12。

[17] 王文斌，2024，外语教育学的建构历程、意义与学科特点[J]，《外语界》（5）：2-8。

[18] 刘云虹、曹丹红，“理解当代中国”翻译类教材使用研究——以《汉法翻译教程》为例[J]，《北京第二外国语学院学报》（2）：39-49。

[19] 蔡基刚，2024，外语教育学：学科属性、培养目标及其社会需求[J]，《外语教学理论与实践》（2）：1-6。

[20] 李民，2024，外语教育学的学科属性与目标——答蔡基刚教授 [J]，《外语教学理论与实践》（20）：7-10。

[21] 赵裴、姜锋，2024，试论区域国别学的研究主体与客体 [J]，《外语电化教学》（4）：3-9+101。

[22] 李德凤、吴侃，2024，基于语料库的区域国别研究——以“一带一路”中美主流媒体报道主题建模分析为例 [J]，《外语电化教学》（4）：10-17+24+102。

[23] 郑咏滟、高雪松，2024，新质外语教育理念探讨 [J]，《中国外语》（6）：4-11。

[24] 王欣，2024，外语专业研究性教学的内涵与维度探析 [J]，《外语界》（2）：13-18。

[25] 蒋洪新、杨卓，2024，外语教育加强国际传播能力建设的若干思考 [J]，《外语界》（1）：2-5。

[26] 中国政府网，2019，中共中央、国务院印发《中国教育现代化2035》[OL]，https://www.gov.cn/zhengce/2019-02/23/content_5367987.htm（2024 年 12 月 29 日读取）。

[27] 文秋芳，2024，人工智能时代的外语教育会产生颠覆性革命吗 ?[J]，《现代外语》（5）：722-731。

[28] 袁毓林，2024，ChatGPT 语境下语言学的挑战和出路 [J]，《现代外语》（4）：572-577。

[29] 杨连瑞，2024，ChatGPT 大语言模型背景下的二语习得 [J]，《现代外语》（4）：578-585。

[30] 文旭、田亚灵，2024，人类智能与人工智能在外语教育与研究中的融合 [J]，《外语电化教学》（4）：18-24+103。

[31] 郑咏滟，2024，生成式人工智能在外语教育中的应用：关键争议与理论构建 [J]，《外语教学》（6）：48-53。

[32] 彭玉乐、郎玥、陈士法，2024，基于 ERP 技术的英语二语复合词加工时间进程研究 [J]，《外语界》（1）：83-91。

[33] 冯学芳、刘洁，2024，社会表征理论视角下中国大学生汉英词汇语义网络对比研究 [J]，《外语界》（1）：74-82。

[34] 王晓慧、刘晓峰，2024，二语学习者心流体验的前因组态研究——基于 NCA 与 fsQCA 方法的分析 [J]，《外语界》（4）58-66。

[35] 江进林、迟艺晴，2024，中外学者国际期刊论文引言中隐喻使用的多因素分析 [J]，《外语界》（3）：18-2。

[36] 潘承君，2024，语料库辅助的教材话语分析路径——以大学英语教材为例 [J]，《当代外语研究》（4）：83-94+117。

[37] 王晓莉、胡开宝，2024，语料库批评翻译学视域下译者行为研究：前沿与展望 [J]，《外语与外语教学》（3）：125-134+150。

[38] 李德凤、吴侃、李丽青，2024，语料库文体学视域下的功能性译者风格考察 [J]，《外语与外语教学》（1）：70-82+148-149。

[39] 武建国、李育静，2024，多模态语境重构与中国影视文化的传播——以影片《我和我的祖国》字幕翻译为例 [J]，《山东外语教学》（2）：11-21。

[40] 刘雪卉、文秋芳，2024，中国英语学习者运动事件认知研究：来自眼动实验证据 [J]，《外语教学》（4）：60-66。

[41] 李夏青、康志峰，2024，数字视译眼动追踪：兴趣区与绩效 [J]，《外语教学》（4）：79-85。

[42] 原伟、邓耀臣，2024，中国传统语言学双语知识图谱的建设与应用 [J]，《外语与外语教学》（3）：111-124+149。

[43] 沈梦菲、黄伟，2024，寻找机器翻译痕迹——神经机器翻译文本的句法特征研究 [J]，《外语教学与研究》（3）：429-441+480-481。

[44] 于蕾，ChatGPT 翻译的词汇多样性和句法复杂度研究 [J]，《外语教学与研究》（2）：297-307+321。

[45] 刘红艳，2024，活在当下——阿尔茨海默症老年人当下亲历语言能力多模态研究 [J]，《外语电化教学》（3）：40-47+114。

[46] 王晓莉、胡开宝，2024，语料库批评翻译学视域下译者行为研究：前沿与展望 [J]，《外语与外语教学》（3）：125-134+150。

[47] 李德凤、吴侃、李丽青，2024，语料库文体学视域下的功能性译者风格考察 [J]，《外语与外语教学》（1）：70-82+148-149。

[48] 汪东萍、卢韵凤，2024，云写作共同体对英语研究生毕业论文写作焦虑的影响研究 [J]，《外语界》（3）：82-89。

[49] 董记华、吴昊，2024，外语教育中的数据驱动学习：研究现状与实践路径 [J]，《外语界》（6）：45-51。

[50] 张福慧、刘静、赵玉欢，2024，基于 Peerceptiv 匿名互评技术的大学生英语写作互评信任水平研究 [J]，《外语电化教学》（4）：79-84+112。

[51] 毛延生、赵越、王一航，2024，基于人工智能的《语言学概论》课程数字化转型：维度、范式与挑战 [J]，《外语教学理论与实践》（4）：39-48+60。

[52] 黄恩谋、蒋联江、赖春，2024，社会文化视角下的技术环境与学习者自主 [J]，《现代外语》（1）：50-62。

[53] 李桂贤、宋铁花，2024，共同体视域下高校外语教师虚拟协同教研建设研究 [J]，《外语界》（5）：49-54+96。

[54] 张文娟、张伶俐，2024，云教研共同体学员情感连接发展性评估研究 [J]，《外语与外语教学》（5）：82-92+148。

[55] 秦洪武、鲁艳芳，2024，大语言模型与外语教育：基于语言能力的应用研探 [J]，《外语界》（6）：37-44。

[56] 李锡阳、彭丽华、金慧，2024，技术赋能的人机协同翻译教学模式构建研究 [J]，《外语界》（3）：43-50。

[57] 徐林林、胡杰辉、苏扬，2024，人工智能辅助学术英语写作的学习者认知及行为研究 [J]，《外语界》（1）：51-58。

[58] 陈新仁，2024，ChatGPT 与二语语用教学 [J]，《外语教学理论与实践》（4）：16-29。

[59] 刘海涛、亓达，2024，大语言模型的语用能力探索——从整体评估到反语分析 [J]，《现代外语》（4）：439-451。

[60] 苏祺，2024，大语言模型在二语教学中的应用效能解析 [J]，《外语界》（3）：35-42。

[61] 吕晓轩、冯莉，2024，人工智能赋能的 CSE 笔译能力量表在教学评价中的应用 [J]，《外语界》（6）：29-36。

[62] 张晓艺、王伟、杨浩然，2024，基于任务的人机协同口语评分效度论证：以 CET-SET 为例 [J]，《外语界》（2）：71-80。

[63] 张宏岩、黄蓉、李颖、何建国，2024，AI 辅助英语学习工具的测评 [J]，《外语电化教学》（2）：18-24+103。

[64] 何莲珍，2024，大语言模型在语言测评中的应用 [J]，《外语教学与研究》（6）：903-912+960。

[65] 金艳、徐孟婕，2024，智能技术赋能语言测试的伦理思考 [J]，《外语与外语教学》（3）：1-10+145。

[66] 郑春萍、于淼、郭智妍，2024，人工智能在语言教学中的应用研究：回顾与展望 [J]，《外语教学》（1）：59-68。

[67] 中华人民共和国教育部，2024，习近平对学校思政课建设作出重要指示强调：不断开创新时代思政教育新局面，努力培养更多让党放心爱国奉献担当民族复兴重任的时代新人 [OL]，http://www.moe.gov.cn/jyb_xwfb/s6052/moe_838/202405/t20240511_1129968.html（2024 年 12 月 29 读取）。

[68] 向明友、张敏，2024，大思政，小环节——以语用学导论课程思政为例 [J]，《外语与外语教学》（4）：9-16+146。

[69] 孙有中、张莲、陈法春，2024，外国语言文学类专业课程思政建设：目标、原则与路径 [J]，《外语界》（2）：2-6。

[70] 张亦凝、穆宏佳、李明珠，2024，外语专业写作“讲好中国故事”课程思政教学模式研究 [J],《外语界》(3)：68-74。

[71] 齐涛云、孙曙光，2024，思政教育融入口译教学研究：以同声传译课程为例 [J],《外语研究》(6)：8-13。

[72] 战双鹃、许文丽，2024，外语通识教育课程思政教学模式探索与实践 [J],《中国外语》(1)：78-82。

[73] 孔标、詹全旺，2024，课程思政视域下大学英语“小演讲”的实施路径与有效性研究 [J],《外语电化教学》(5)：82-86+116。

[74] 田柳、莫再树，2024，大学英语教材讲好中国故事的策略研究——以《新时代明德大学英语》为例 [J],《中国外语》(3)：63-68。

[75] 孙丽娟、李琪，2024，智能时代外语教师课程思政教学能力实证研究 [J],《外语电化教学》(5)：87-92+117。

[76] 张敬源、吴亚静，2024，外语课程思政评价体系建构——内涵、原则与实践路径 [J],《中国外语》(1)：4-11。

[77] 胡杰辉，2024，外语教师课程思政教学评价理念与实践策略 [J],《中国外语》(1)：20-27。

[78] 张友文，2024，外语教育中国家意识培育的话语建构实践探究 [J],《外语教学》45 (5)：67-71。

[79] 周丽敏、孟朦、邢振江，2024，生成式人工智能赋能外语课程思政教学场景探析 [J],《外语电化教学》(5)：93-99+118。

[80] 谢竞贤，2024，AI 辅助外语课程思政教学系统的设计与实施 [J],《外语电化教学》(3)：76-81+119。

[81] 束定芳，2024，外语教材学：研究目标、内容与方法 [J],《外语界》(4)：33-41。

[82] 冯薇、姚馨、吴东英，2024，指向学生语用能力培养的中学英语教材编制 [J],《当代外语研究》(4)：61-72。

[83] 贾蕃、冯钰涵、卢珊，2024，基于混合法的英语专业教材语法内容编写研究 [J],《外语教学》(2)：65-70。

[84] 车思琪、陈静凡、蒋昭瑜，2024，大学英语教材中的国家意识——以《新视野大学英语读写教程》为例 [J],《当代外语研究》(4)：73-82。

[85] 张虹、常文哲、苏晓俐，2024，中德英语教材文化呈现比较研究 [J],《外语研究》(2)：72-79。

[86] 郭晶，2024，数字赋能、数据驱动，基于 LLMs 的数字教材建设及外语智慧教学探索——《新起点大学英语综合教程》评介 [J],《外语电化教学》(3)：103-104。

[87] 杨敏、王晶，2024，基于合法化语码理论视角的法律英语教材评价框架研究 [J]，《中国外语》（3）：77-86。

[88] 李宇琦，2024，我国外语教师对好教材的认知及其形成探究 [J]，《外语学刊》（3）：78-84。

[89] 徐锦芬、邓巧玲，2024，学习者能动性视域下英语教材使用活动系统模型研究 [J]，《外语界》（2）：19-27。

[90] 杨鲁新、苏芳，2024，英语记叙文写作学习中的学生教材使用：变革能动性视域 [J]，《外语界》（2）：28-36。

[91] 许悦婷、李展、郭强，2024，大学英语教材使用的育人目标与效果：学生感知研究 [J]，《外语界》（2）：37-44。

[92] 胡唯哲，2024，国外英语作为二语教材评价量表编制与启示 [J]，《外语界》（4）：42-48。

[93] 李成陈、李嵬、江桂英，2024，二语学习中的情绪研究：回顾与展望 [J]，《现代外语》（1）：63-75。

[94] 于涵静、彭红英、黄婷、郑咏滟，2024，外语愉悦和学习投入的历时发展研究 [J]，《现代外语》（1）：101-113。

[95] 范玉梅、李兰茜，2024，情绪智力对二语交际意愿的影响——学业情绪的中介作用 [J]，《现代外语》（5）：653-664。

[96] 李成陈、李嵬，2024，语言态度、情绪与外语成绩的关系：基于结构方程模型的城乡对比研究 [J]，《外语与外语教学》（1）：57-69+148。

[97] 邢加新、赵海永、罗少茜、张军，2024，任务复杂度、工作记忆、任务情绪与大学生口语表现 [J]，《现代外语》（1）：76-88。

[98] 许悦婷、刘呈呈，2024，外语学科导师对硕士生情绪的调节：一项基于反馈情境的多重个案研究 [J]，《外语与外语教学》（1）：33-45+147。

[99] 尹玮、张馨月、季可晗、于晓丹，2024，教师支持对大学生二语交际意愿的影响：思维模式和学业情绪的中介作用 [J]，《外语界》（5）：72-81。

[100] 刘晓红、郭继东、汪梅芳，2024，英语学习者教师支持感与课堂社交投入的关系——互动价值感和焦虑自我调节的中介作用 [J]，《现代外语》（4）：516-527。

[101] 顾钧仪、赵珊珊、杨冬玲，2023，线上教学环境中感知教师支持在特质情绪智力与外语愉悦关系中的中介效应探析 [J]，《外语电化教学》（6）：83-90+117。

[102] 王萧棋、惠良虹、李冬媛、王月鸿，2024，无聊情绪对外语学业成绩影响的元分析 [J]，《现代外语》（4）：490-502。

[103] 韦晓保、彭剑娥、秦丽莉、杨连瑞，2024，课堂环境、二语坚毅与英语学业成绩的关系——学业情绪的中介作用 [J]，《现代外语》（1）：89-100。

[104] 韩晔、许悦婷、李斑斑、高雪松，2024，研究生学术论文写作与发表情境下的情绪调节策略研究 [J]，《现代外语》（10）：114-125。

[105] 徐浩，2024，高资历外语教师群体倦怠研究——生态学视角 [J]，《中国外语》（40）：20-27。

[106] 刘宏刚、吴若希、刘宝臣，2024，英语教师心理韧性与情绪调节的关系研究 [J]，《北京第二外国语学院学报》（5）：86-101。

第二节　俄语[1]

一、年度情况概述

2024年是中俄建交75周年，是“中俄文化年”开启之年，也是《教育强国建设规划纲要（2024—2035年）》启动编制与实施的开局之年。2024年，在数智化建设大力推进的背景下，各高校俄语专业专家学者继续聚焦俄语教学与研究的数智转型，探索应对数智技术的策略，开展教材编写与课程设计的创新实践，以期共同推动俄语教育创新发展，培养符合新时代国家战略需要的俄语人才。2024年，全国高校俄语专业四级水平测试和八级水平测试分别于5月19日和3月31日举行。自2024年起，四、八级水平测试对题型结构和分值进行微调。四级水平测试删除“口语”项，增加“翻译”项，“语法和词汇”“完形填空”增加题量和分值；八级水平测试去掉了“口语表述”部分，增加了“完形填空”题型。

1. 学术会议

2024年3月30日，由陕西教育国际交流协会、西安翻译学院主办，西安翻译学院亚欧语言文化学院承办的“中俄文学学术研讨会”在西安翻译学院举办。研讨会邀请了来自中俄高校的16位知名专家和学者做主旨发言，围绕俄罗斯文学研究、翻译和文化的新理念展开交流。[1]

2024年5月18—19日，由中国俄罗斯东欧中亚学会俄语教学研究分会、教育部外指委俄语专业教学指导分委员会、华中师范大学外国语学院联合主办，《外语导刊》编辑部与《外国语文研究》编辑部联合协办的“全国第二届俄语成语学研究：成就与方向学术研讨会”在华中师范大学召开。20余所中俄高校和科研机构的60余位俄语成语学领域知名学者和青年才俊参加了此次会议。[2]

1　本节作者：徐先玉，首都师范大学。

2024 年 6 月 15 日，由黑龙江大学俄语学院、俄罗斯人民友谊大学等机构共同举办的“首届‘数字人文：经验、问题与前景’国际学术研讨会”在哈尔滨召开。国内外 40 余所大学和科研机构的 100 余名中外俄罗斯专家、学者以及硕博研究生参会。会议围绕“数字人文”这一核心主题，探讨了数字人文与人工智能在语言学研究中的融合应用，包括大语言模型、互联网语言学等前沿领域。[3]

2024 年 7 月 6—7 日，由中国外国文学学会俄罗斯文学研究分会、山西大学外国语学院主办的“中国外国文学学会俄罗斯文学研究分会 2024 年年会暨‘交流互鉴视野下的俄罗斯文学研究’学术研讨会”在山西大学举行。来自中外高校及科研机构的 150 余名专家学者围绕“交流互鉴视野下的俄罗斯文学研究”主题展开学术研讨。[4]

2024 年 9 月 21—22 日，由北京外国语大学举办的“新时期的俄语语言学：继承与创新”国际学术会议在北京外国语大学举行，来自 10 所国外和 38 所国内高校、科研机构的 19 名俄罗斯代表和 70 名国内代表参会。本次会议发言议题广泛，包括俄语语言学的各个领域，紧扣当代俄语语言学的前沿和热点问题，并涉及俄汉语言对比、翻译、俄语教学等方面。[5]

2024 年 10 月 11—14 日，由《俄罗斯文艺》编辑部主办，西南大学外国语学院、西南大学俄语国家研究中心承办的“2024 年《俄罗斯文艺》学术论坛暨‘俄罗斯文学研究与中国学术话语’学术研讨会”在西南大学召开。来自全国 60 余所高校的 100 余名学者和师生参加了本次研讨会。[6]

2. 专业活动

2024 年 5 月 12 日，由俄语教学研究分会主办，安徽师范大学外国语学院承办，上海外国语大学俄罗斯东欧中亚学院、浙江大学外国语学院俄语语言文化研究所、南京大学外国语学院俄语系合办的“2024 年长三角地区高校俄语专业骨干教师教学研讨会”在安徽芜湖召开，来自各高校的近 70 名专家、学者和研究生参加了本次研讨会。本次研讨会以骨干教师为参与主体，以新时代俄语专业建设中的机遇与挑战为主题，围绕新科技与专业建设、青年教师发展与师资队伍建设、等级考试与学生竞赛等多个方面展开研讨。[7]

2024 年 5 月 31 日—6 月 2 日，由高等教育出版社与上海外国语大学俄罗斯东欧中亚学院共同主办的“新文科 新标准 新赋能——高等学校俄语专业教学改革与发展会议暨《新标准基础俄语》新书发布会”在上海外国语大学举行。此次会议吸引了来自全国各高等学校和科研机构的近 80 名专家与学者。本次会议围绕“数智时代，外语何为”的共同课题，以俄语专业新文科、数智化建设为引领，深入探讨了俄语教学与教材建设，为俄语专业对接国家战略注入了新动力。[8]

2024 年 11 月 8—9 日，由教育部外指委俄语专业教学指导分委员会、中国俄罗斯东欧中亚学会俄语教学研究分会主办，深圳北理莫斯科大学语言系和俄语中心联合承办，外语教学与研究出版社协办的“中国俄语教学与研究：趋势与展望”国际研讨会在深圳北理莫斯科大学召开。14 所国内外俄语教学研究单位的专家学者参加了此次盛会。[9]

2024 年 11 月 22—24 日，由中国俄罗斯东欧中亚学会俄语教学研究分会和上海外国语大学共同主办、教育部“俄语人才培养模式改革虚拟教研室”协办的“智能时代俄语教育高质量发展研讨会暨 2024 全国俄语教学研究年会”在上海外国语大学召开。来自国内多所高校的 19 位专家、学者围绕一流俄语专业国际化建设、数字化赋能俄语专业创新研究、跨学科俄语人才培养的理念与实践做了主旨报告。[10]

2024 年 11 月 30 日，由教育部外指委俄语专业教学指导分委员会、中国俄罗斯东欧中亚学会俄语教学研究分会主办，西北师范大学、北京外国语大学、外语教学与研究出版社承办的“第九届全国高校俄语专业教学法学术研讨会”在西北师范大学开幕。研讨会以“数智提质 创新育人 奋楫笃行”为主题，吸引了来自全国 90 余所高校的 130 余名俄语专家、学者与一线教师参会。[11]

3. 教师赛事

2024 年 8 月 16 日，由北京外国语大学中国外语与教育研究中心、北京外国语大学中国外语教材研究中心、北京外国语大学中国外语测试中心和外语教学与研究出版社共同举办的“2024 年外研社‘教学之星’大赛”(多语种)俄语全国总决赛在线上开赛。本届大赛共有来自 51 所院校的 71 名老师报名参加俄语专业组比赛，共有 15 名教师晋级全国总决赛。在全国总决赛参赛现场，参赛教师通过线上说课、教学展示、互动问答等三个环节的展示，呈现了一场精彩纷呈的教学盛宴。最终，北京外国语大学的熊乐平老师荣获俄语专业组一等奖。[12]

4. 学生活动和学生赛事

1）学生学术论坛

2024 年 4 月 19 日，“‘罗蒙诺索夫 -2024’国际青年学者学术论坛”深圳北理莫斯科大学分会场在深圳北理莫斯科大学举办。本次论坛下设“俄罗斯文学”和“现代俄语”两个主题分会场，采用线上线下相结合的方式进行。[13]

2024 年 5 月 25 日，由北京大学研究生院“研究生教育创新计划”项目支持，北京大学外国语学院、北京大学研究生院联合主办，北京大学外国语学院研究生会承办的“第十六届北京大学外国语言文学研究生论坛”在北京举行。来自国内外高校的 70 余名硕博士研究生参与了本次论坛。本届论坛共收到来自国内外 136 所高校 600 余名研究生的 687 篇投稿，涵盖东方语言文学文化、西方语言文学文化、翻译理论与实践、外国语言学及应用语言学、国别和区域研究五大研究方向，共有 26 篇论文被评为一等奖，36 篇被评为二等奖，58 篇被评为三等奖。[14]

2024 年 6 月 16 日，由中国社会科学院大学外国语学院主办、中国社会科学院大学科研处支持、现当代俄国文学与文化研究论坛项目组承办的“创新与未来：第三届现当代俄国文学与文化前沿研究学术研讨会”在中国社会科学院大学（良乡校区）以线上线下相结合的方式举行。[15]

2024 年 10 月 26—27 日，由北京师范大学俄罗斯研究中心和莫斯科国立大学联合主办的“第十三届‘俄罗斯学’研究生国际学术论坛——‘区域国别学视阈下俄罗斯研究的新问题与方法论'"在北京师范大学举行。专家及线上线下参与论坛的中外青年学者 130 余人出席开幕式。本届论坛评选出最佳论文奖 10 名、优秀论文奖 10 名。[16]

2024 年 11 月 23—24 日，由黑龙江大学和《外语学刊》编辑部共同举办的"2024 年全国外国语言文学研究生论坛"在黑龙江大学召开。来自全国外语学界的 10 余位专家、100 余名研究生代表出席开幕式。本次论坛设置 4 个主题的 9 个分论坛，通过论文初审的 130 余名研究生代表宣读论文。共评选出优秀论文 67 篇。[17]

2024 年 12 月 7 日，中国人民大学外国语学院"'词与世界 · Word & World'第十三届研究生学术论坛"于中国人民大学举办。论坛共收到来自 174 所高校的 447 篇论文，涉及英、俄、日、德、法、西等多个语种，135 篇优秀论文最终入围。[18]

2）学生赛事

2024 年 4 月 19—21 日，由中国黑河学院与俄罗斯布拉戈维申斯克国立师范大学、俄罗斯亚太人民外交研究所主办，黑河学院外国语学院、黑河学院俄语中心承办的"第八届《俄语——我心中的歌》中国东北地区与俄罗斯远东地区高校大学生俄语大赛"在黑河学院拉开帷幕。共有 10 所中俄院校的 60 余名选手参加活动。[19]

2024 年 4 月 20—21 日，由北京师范大学与莫斯科国立师范大学主办，中俄教育类高校联盟、北京师范大学俄罗斯研究中心、北京师范大学外国语言文学学院俄文系联合承办的"第九届'奔向莫斯科'俄语奥林匹克竞赛"在北京师范大学举行。来自全国多所高校的近 50 名俄语专业学生参加了本次竞赛，共有 20 名选手脱颖而出。[20]

2024 年 6 月 19 日，由黑龙江省教育厅和俄罗斯阿穆尔州科学教育部主办、哈尔滨理工大学和俄罗斯布拉戈维申斯克国立师范大学共同承办的"第七届'哈尔滨俄语之春'中俄高校大学生、中学学生俄语竞赛"在哈尔滨理工大学开幕。本次竞赛有线上赛、线下赛两种参赛形式，分为团队赛和个人赛，包括俄语朗诵、俄罗斯歌曲、俄罗斯戏剧和俄罗斯舞蹈比赛。共有 26

所中俄两国高校与中学报名参加线上团队比赛，13 所中俄两国高校及中学报名参加线下团队比赛。150 余名大学生及中学生参加竞赛的个人赛环节。[21]

2024 年 9 月 21—22 日，由河北省高等学校外语教学研究会主办、河北师范大学外国语学院承办的“第七届京津冀高校俄语大赛”在河北师范大学举行。本次赛事设有初赛（笔试）和决赛（口试），共有 22 所高校的 100 余名学生参赛。[22]

2024 年 10 月 26 日，由教育部国际合作与交流司主办、黑龙江大学承办的“2024 全国高校俄语大赛”在黑龙江大学举行。本次大赛共有来自全国 165 所高校的 412 名学生参加。初赛在线上进行，复赛和决赛为期两天，设有低年级组、高年级组和研究生组三个组别。大赛决出一、二、三等奖共 60 人，所有获得一、二、三等奖的选手将由国家留学基金管理委员会秘书处全额资助赴俄罗斯进修或攻读学位。[23]

12 月 7 日，由北京外国语大学主办、外语教学与研究出版社承办的“2024‘外研社·国才杯’‘理解当代中国’全国大学生外语能力大赛”（多语种组）国赛决赛暨颁奖典礼在北京外国语大学举行。本届大赛（多语种组）历经校赛、省赛、国赛第一阶段三个赛段，共有来自 609 所院校的 2.4 万名学生参赛。29 名俄语选手从全国 168 所院校的 3,000 余名参赛选手中脱颖而出。南京大学李东泰荣获得俄语组冠军。[24]

2024 年 12 月 22 日，由山东省教育厅与山东省人民政府外事办公室共同指导，国际俄罗斯语言和文学教师协会、中俄（山东）教育国际合作联盟、山东省翻译协会联合主办的“2024‘相约上合’杯第四届俄语演讲大赛决赛（高校组）”在山东师范大学举行。来自 101 所高校的 456 名选手参赛。比赛最终评选出一等奖 6 名、二等奖 10 名、三等奖 14 名。[25]

二、热点问题剖析

2024 年，中俄高校在语言教育方面的合作进一步深入，表现为：1）通过大学联盟展开合作；2）俄方院校积极参加在中国举办的各类学术会议；3）

国际研修规模加大；4）中俄高校重视数字教育合作。

2024 年 5 月 18 日，中俄语言教育大学联盟在哈尔滨举行揭牌仪式。联盟成员包括中国 40 所高校和俄罗斯 25 所高校，其中黑龙江大学为联盟中方发起高校，莫斯科国立语言大学为俄方发起高校。联盟的成立旨在持续深化中俄两国高校在语言教学、语言推广等领域的合作，培养满足时代和社会需求，服务于两国友好关系长远发展。[26]

12 月 11 日，“中俄语言教育大学联盟年会”在黑龙江大学召开，中俄双方 30 余所高校的 100 余名代表出席会议。会议通过了中俄语言教育大学联盟章程。与会中俄两国专家学者分别围绕开展数字教育合作、构建中俄合作新机制、完善教育合作语言人才培养模式、注重国际化人才培养以及在数字化背景下进一步变革教师教学理念等方面做了主旨发言。中俄双方高校代表围绕商讨联合开展联盟活动、中俄语言教育合作两个议题召开了中俄语言教育研讨会，在对俄合作、对华合作、未来大学联盟工作设想等方面展开讨论。[27]

中俄高校重视数字教育合作。中俄学者在多个会议上探讨数字时代外语教育教学与创新，数字人文跨学科应用与实践，技术在语言学习和研究中的应用，以及变革教师教学理念等问题。2024 年 11 月 21 日，“俄语教学中的创新教学法”国际研修活动在对外经济贸易大学举行。来自国内外的俄语教学专家共同探讨国际化、数智化时代俄语教学的创新方法与发展趋势。[28] 人工智能技术为外语教育提供了创新方法，外语教育、教学，以及外语教师自身也在数字人文领域的应用中面临着诸多挑战，俄语界将继续探索数字赋能新文科建设，数字赋能俄语教育发展的未来之路。

三、部分论文文献信息 [1]

林海、黄玫，2024，以能力培养为导向的俄语专业教材课程思政内容建设原则探究——以《“东方”大学俄语（新版）学生用书》第三册修订版为例 [J]，《中国俄语教学》（2）：81-88。

1　请于本书附录查看相关文献的详细摘要。

彭文钊、朱辉，2024，语言安全视域下的国家语言主权和语言治理问题 [J]，《外语与外语教学》（5）：34-45+146。

徐洪征，2024，新文科背景下俄语专业特色建设实践与探究——以中国传媒大学俄语专业为例 [J]，《中国俄语教学》（1）：76-83。

徐莉，2024，一流课程主题叙事模式改革与实践 [J]，《中国俄语教学》（3）：76-84。

张俊翔，2024，论新时代俄语专业教材建设的基本原则 [J]，《中国俄语教学》（4）：69-75。

郑广杰，2024，俄语学界智慧教学的概念维度及提升策略——基于俄语文献的扎根研究 [J]，《中国俄语教学》（3）：85-95。

左安飞，2024，《红楼梦》在俄罗斯的译介研究 [J]，《中国翻译》（4）：46-53+192。

---

[1] 西安翻译学院，2024，中俄文学学术研讨会在西安翻译学院举行 [OL]，https://www.xafy.edu.cn/info/1091/189511.htm（2025 年 5 月 16 日读取）。

[2] 中国俄罗斯东欧中亚学会，2024，“全国第二届俄语成语学研究：成就与方向学术研讨会”成功举办 [OL]，http://www.kaprial.org.cn/hkgk.aspx?nid=896（2025 年 1 月 15 日读取）。

[3] 中国俄罗斯东欧中亚学会，2024，黑龙江大学举办首届“数字人文：经验、问题与前景”国际学术研讨会 [OL]，http://www.kaprial.org.cn/hkgk.aspx?nid=902（2025 年 1 月 15 日读取）。

[4] 中新网山西，2024，150 余名中外专家学者齐聚山西 共探“交流互鉴视野下的俄罗斯文学研究”，https://www.sx.chinanews.com.cn/news/2024/0708/233461.html（2025 年 1 月 15 日读取）。

[5] 中国俄罗斯东欧中亚学会，2024，北外举办“新时期的俄语语言学：继承与创新”国际学术会议 [OL]，http://www.kaprial.org.cn/hkgk.aspx?nid=908（2025 年 1 月 15 日读取）。

[6] 西南大学，2024，2024 年《俄罗斯文艺》学术论坛暨“俄罗斯文学研究与中国学术话语”学术研讨会在西南大学召开 [OL]，https://news.swu.edu.cn/info/1097/14319.htm,（2025 年 1 月 15 日读取）。

[7] 中国俄罗斯东欧中亚学会，2024，2024 年长三角地区高校俄语专业骨干教师教学研讨会成功举行 [OL]，http://www.kaprial.org.cn/hkgk.aspx?nid=892（2025 年 1 月 15 日读取）。

[8] 上外新闻，2024，新文科 新标准 新赋能：高等学校俄语专业教学改革与发展会议暨《新标准基础俄语》新书发布会举办 [OL]，https://news.shisu.edu.cn/campus/3/20240605/1785.html（2025 年 1 月 15 日读取）。

[9] 深圳北理莫斯科大学，2024，“中国俄语教学与研究：趋势与展望”国际研讨会在深圳北理莫斯科大学圆满落幕 [OL]，https://www.smbu.edu.cn/info/1031/102341.htm（2025 年 1 月 15 日读取）。

[10] 中国俄罗斯东欧中亚学会，2024，智能时代俄语教育高质量发展研讨会暨 2024 全国俄语教学研究年会顺利召开 [OL]，http://www.kaprial.org.cn/hkgk.aspx?nid=917（2025 年 1 月 15 日读取）。

[11] 西北师范大学外国语学院，2024，第九届全国高校俄语专业教学法学术研讨会在西北师范大学召开 [OL]，https://wyxy.nwnu.edu.cn/_t253/2024/1202/c662a245640/page.htm（2025 年 1 月 15 日读取）。

[12] 外研社综合语种教育出版分社，2024，2024 年外研社“教学之星”大赛俄语专业组全国总决赛获奖名单公布！ [OL]，https://mlp.fltrp.com/article/1980（2025 年 5 月 16 日读取）。

[13] 深圳北理莫斯科大学，2024，深北莫语言系成功举办“罗蒙诺索夫 -2024”国际青年学者学术论坛 [OL]，https://www.smbu.edu.cn/info/1031/88911.htm（2025 年 1 月 15 日读取）。

[14] 北京大学新闻网，2024，第十六届北京大学外国语言文学研究生论坛举行 [OL]，https://news.pku.edu.cn/xwzh/f5dfc65d755945b9ac827c595f6ab2db.htm（2025 年 1 月 15 日读取）。

[15] 中国社会科学院大学，2024，“创新与未来：第三届现当代俄国文学与文化前沿研究”学术研讨会论文获奖结果通知 [OL]，https://xmjh.ucass.edu.cn/info/1020/1659.htm（2025 年 1 月 15 日读取）。

[16] 北京师范大学，2024，[论坛] 北师大举办第十三届“俄罗斯学”研究生国际学术论坛 [OL]，https://news.bnu.edu.cn/zx/xzdt/d0a1088147044dc29513b3c18ae4d405.htm（2025 年 5 月 16 日读取）。

[17] 黑龙江大学，2024，2024 年全国外国语言文学研究生论坛在我校召开 [OL]，https://www.hlju.edu.cn/info/1043/14099.htm（2025 年 1 月 15 日读取）。

[18] 中国人民大学外国语学院，中国人民大学外国语学院第十三届“词与世界”研

究生学术论坛成功举办 [OL]，http://fl.ruc.edu.cn/sy/xwtz/xwdt_s/6622d24ea94c477880afbaa806a02354.htm（2025 年 1 月 15 日读取）。

[19] 中新网黑龙江，2024，中国东北地区与俄罗斯远东地区高校大学生俄语大赛在黑河学院举行 [OL]，https://www.hlj.chinanews.com.cn/hljnews/2024/0422/134332.html（2025 年 1 月 15 日读取）。

[20] 北京师范大学，2024，第九届“奔向莫斯科”俄语奥林匹克竞赛举办 [OL]，https://news.bnu.edu.cn/zx/zhxw/0fc9ba70d21d414f8403604457354ad0.htm（2025 年 5 月 16 日读取）。

[21] 哈尔滨理工大学，2024，外国语学院学子在第七届“哈尔滨俄语之春”俄语竞赛中获得佳绩 [OL]，https://hrbust.edu.cn/info/1069/25520.htm（2025 年 5 月 16 日读取）。

[22] 河北师范大学，2024，第七届京津冀高校俄语大赛在我校举办 [OL]，https://news.hebtu.edu.cn/a/2024/09/26/AC1CC50A59954D52991703C21992507A.html（2025 年 1 月 15 日读取）。

[23] 中新网黑龙江，2024，2024 全国高校俄语大赛在哈尔滨开幕 [OL]，https://www.hlj.chinanews.com.cn/hljnews/2024/1028/141326.html（2025 年 1 月 15 日读取）。

[24] 外研社综合语种教育出版分社，2024，彰显青春力量，促进交流互鉴 2024“外研社·国才杯”“理解当代中国”全国大学生外语能力大赛（多语种组）全国决赛暨颁奖典礼顺利举行 [OL]，https://mlp.fltrp.com/article/2030（2025 年 5 月 16 日读取）。

[25] 山东大学外国语学院，2024，【喜报】俄语系学子在第四届“相约上合”杯俄语演讲大赛中斩获佳绩 [OL]，https://www.flc.sdu.edu.cn/info/1138/21751.htm（2025 年 1 月 15 日读取）。

[26] 光明网，2024，重磅！中俄语言教育大学联盟正式揭牌！ [OL]，https://difang.gmw.cn/hlj/2024-05/19/content_37330699.htm（2025 年 1 月 15 日读取）。

[27] 中国教育新闻网，2024，2024 中俄语言教育大学联盟年会在黑龙江大学召开 [OL]，http://www.jyb.cn/rmtzcg/xwy/wzxw/202412/t20241225_2111288441.html（2025 年 1 月 15 日读取）。

[28] 人民网，2024，中俄专家学者共探俄语教学新路径 [OL]，http://edu.people.com.cn/n1/2024/1126/c1006-40369714.html（2025 年 1 月 15 日读取）。

第三节　德语[1]

2024 年，中德关系中最为显著的变量是经贸关系。德国联邦外贸与投资署（GTAI）近日发布的最新报告显示，2024 年德国与中国的贸易额为 2,470 亿欧元，同比减少 2.9%，尽管中国不再是德国最重要的贸易伙伴，但仍是德国最大的进口国。[1] 两国在经贸领域的互补性依然显著，德国面临“经济结构改革”的转型需求，而中国在数字经济和人工智能领域快速发展，这为两国在未来的合作提供了广阔的空间。

2024 年，中国德语教育界积极开展各种类型的线上和线下的教学研讨、教师赛事、学生赛事和学术交流活动，推动德语教育创新发展，培养符合时代需要的了解中国、精通德语、能够讲好中国故事的复合型人才。

一、第八届全国高等学校外语教育改革与发展高端论坛：多语种教育论坛

2024 年 3 月 23—24 日，“第八届全国高等学校外语教育改革与发展高端论坛”以线上线下相结合的方式举行。其中，3 月 23 日下午举办的“多语种教育论坛”的主题是“多语种人才培养模式创新”，重庆移通学院德国工程学院侯宇晶副教授介绍了该学院中外合作办学项目在外语教学过程中立足语言专业技能和博大精深的中华民族传统文化，融入跨文化交际内容以及实现教学内容本土化、提高学生讲好中国故事的能力的具体举措。[2]

二、2024 高校德语教育界线上和线下会议

1. 2024 年教育部高等学校外国语言文学类专业教学指导委员会德语专业教学指导分委员会年会

2024 年 10 月 25—27 日，“2024 年教育部高等学校外国语言文学类专业

1　本节作者：崔岚，外语教学与研究出版社。

教学指导委员会德语专业教学指导分委员会年会”在武汉大学召开。来自教育部外指委德语专业教学指导分委员会、全国高校德语专业、德国学术交流中心北京代表处、北京德国文化中心·歌德学院（中国）以及外语教学与研究出版社、上海外语教育出版社等机构的90多名代表参加了会议。年会主题为“新起点、新思考、新视域”。北京外国语大学贾文键教授以“学习贯彻全国教育大会精神，擘画德语专业创新发展蓝图”为题，探讨了德语专业的未来发展策略。他表示，立足于国际国内新形势，外语专业特别是德语学科须积极适应社会个人需求与竞争环境的变化，重新思考并树立清晰的专业定位，关注学科文化差异，营造良好学科生态，强化科技教育和人文教育协同，在学科内外错综复杂的历史关系中形成新的全球化视域，努力培养更多有家国情怀、有全球视野、有专业本领的复合型人才。南京大学孔德明教授与浙江大学李媛教授发表了题为“智引未来：AI赋能下的‘理解当代中国’德语课程及虚拟教研室建设创新探索”的专题报告。青岛大学綦甲福教授、华中科技大学谭渊教授分别做了题为“德语专业的变与不变”和“再谈‘外语+’：德语学科如何在人工智能时代实现‘数智赋能’”的专题报告。会议中，与会专家围绕“数智时代背景下德语专业发展的新起点”“增加德语专业吸引力的新思考”“新视域下区域国别研究与德语专业建设”等话题展开了深入讨论。在工作汇报环节，南京大学孔德明教授、北京外国语大学寇蔻副教授分别就2024年德语专业四级和八级考试进行分析总结。外语教学与研究出版社、上海外语教育出版社的代表在会议上对各自的工作进行了介绍和总结。议程最后，教育部外指委德语专业教学指导分委员会主任委员贾文键教授对德语专业教学指导分委员会2024年的工作进行了总结，并指出在人工智能蓬勃发展的大背景下，外语专业仍大有可为。[3]

2. 2024年全国大学德语教学与测试工作会议

2024年10月19—20日，“2024年全国大学德语教学及测试工作会议”在沈阳师范大学举行。来自教育部大外教指委德语组、全国31所高校、北京德国文化中心·歌德学院（中国）、外语教学与研究出版社、高等教育出版社等单位的代表参加了会议。会议主题为“大学德语教学的数智化发展”。同济大学赵劲教授做了主旨报告，她指出，大学德语教学的数智化发展旨在通过数字化和智能化手段，提升教学效率、推动教学创新、促进个性化学习、提升跨文化交流能力并为学生提供更丰富和灵活的学习体验。赵劲教授在报告中分析了数智化在大学德语教学中的角色和应用，以及由此引发的教学方法和教学理念的变革，指出大学德语数智化发展所面临的挑战和未来发展的方向。在随后的分组讨论中，与会代表对各自学校大学德语数智化的情况进行了介绍，围绕数智手段对大学德语教学的利与弊、对大学德语数智化发展的建议进行了深入的交流和热烈的探讨。会议还汇报并总结了 2024 年全国大学德语四、六级考试的情况。[4]

3.《新经典德语》课程设计与高等学校德语专业教学法研讨会

2024 年 5 月 18—19 日，由教育部外指委德语专业教学指导分委员会全国德语教师发展中心主办、西南交通大学与外语教学与研究出版社联合承办的“《新经典德语》课程设计与高等学校德语专业教学法研讨会”在西南交通大学举行。来自全国 40 多所高校的 80 余名德语教育专家学者与一线教师齐聚一堂，围绕新形势下国家战略需求与高校外语专业人才培养定位，使用新教材培养能够理解并讲解当代中国、担当民族复兴大任的时代新人、提升教师教学理论素养、教学设计与教学实践能力、推动德语专业师资队伍建设等主题展开深入讨论，助推德语教育教学高质量发展。[5]

4. 2024 年全国德语教师发展研讨会

2024 年 5 月 24—26 日，由教育部外指委德语专业教学指导分委员会全国德语教师发展中心主办的“2024 年全国德语教师发展研讨会”在浙江大学举行，吸引了来自全国各高校的 70 余位代表参会。研讨会以“数智化时代德语测评实践与研究”为主题，共设置了专家讲座、工作坊、朋辈分享、项目展示及资讯拓展等四个研讨板块。与会者围绕“如何进行外语测试命题及教学评价”“如何对测评数据进行统计和分析”“如何以评促学，推动教学评研一体化”等三个核心问题展开讨论。本次学习与讨论拓展了教师们的学术视野，提升了高校德语教师的语言测评素养和实践能力，开拓了数智化时代测评研究的新方向。

5. 第十届亚洲日耳曼学学者大会

2024 年 8 月 26—28 日，“第十届亚洲日耳曼学学者大会”在青岛大学举行，大会主题为“技术・社会・文化——日耳曼学的时代挑战与机遇”。本次大会设置了主旨报告、圆桌论坛和专题论坛等环节。北京大学王建教授、日本九州大学小黑康正教授、韩国国立木浦大学安美贤教授、德国拜罗伊特大学格辛・施韦尔教授、德国哥廷根大学安德莉亚・伯格纳教授分别做主旨报告。日本德语教师联合会会长、丽泽大学草本晶教授，德国锡根大学本诺・瓦格纳教授，国务院学科评议组召集人、上海外国语大学原党委书记姜锋教授，复旦大学魏育青教授参加了专家圆桌论坛。西南交通大学德国学术交流中心专家达尼尔・亚赫、北京外国语大学李婧副教授、日本筑波大学助理教授相马尚之、对外经济贸易大学韩丁副教授参加了青年学者圆桌论坛。会议期间，各国参会嘉宾参加了围绕日耳曼学各领域的 14 个专题论坛并进行了深入的交流探讨。“亚洲日耳曼学学者大会”每三年举办一次，由中国、韩国和日本三个国家轮流主办。来自中国、韩国、日本、德国、波兰、蒙古、印度尼西亚等七个国家的 200 余名学者参加了本次会议，展现了日耳曼学发展的最新动态以及学者们与时俱进、开拓创新的学术能力。[6]

6. 新时代中国德语专业教学研讨会暨《理解当代中国》德语系列教材教学研讨会

2024 年 6 月 7—9 日，由教育部外指委德语专业教学指导分委员会和南京大学外国语学院主办，外语教学与研究出版社、全国德语教师发展中心、“理解当代中国德语系列”虚拟教研室和德语翻译课程虚拟教研室协办的“新时代中国德语专业教学研讨会暨《理解当代中国》德语系列教材教学研讨会”在南京大学召开。本次会议旨在深入落实立德树人根本任务，推动新时代中国德语专业教育教学的创新发展，促进《理解当代中国》德语系列教材在教学实践中的运用，拓宽课程思政教学路径，助力新文科建设背景下的德语一流本科专业发展，培养更多具有家国情怀、全球视野和专业本领的复合型德语人才。此次研讨会将对我国高校德语专业的内涵式发展以及基于《理解当代中国》系列教材创新知识体系和课程体系的相关工作起到推动作用。[7]

7. 全国高校德语学科首届跨文化交流研究高端学术会议

2024 年 10 月 13 日，由北京外国语大学德语学院主办、《中德跨文化论坛》编辑部承办的“全国高校德语学科首届跨文化交流研究高端学术会议”在北京外国语大学召开。会议以“新时代 · 新挑战 · 新方案”为主题，汇聚了来自全国高校德语学科从事跨文化交流研究的资深教授、青年学者及硕博学生等 70 余人，共同探讨德语学科跨文化交流研究在全球化、数字化的新时代背景下所面临的机遇与挑战。会议分为主旨报告、分论坛和圆桌学术漫谈等三个环节。当前，数智技术已经迈入崭新发展阶段，然而，因文明交流、民众交往的多元性与复杂性，跨文化研究始终保持着无法被人工智能替代的优势。本次会议的圆满举行标志着我国德语学科跨文化交流研究迈出了新的一步。会议不仅促进了专家学者对中德跨文化叙事书写、话语建构、交流互动、教育教学等领域前沿动态的深入探讨，也为中德关系与文化交流深化发展贡献了智慧。[8]

三、2024 年高校德语赛事

1. 教师赛事

2024 年 8 月 16 日，2024 外研社多语种“教学之星”大赛德语组全国总决赛获奖名单公布。大赛的主题是“外语教材的有效使用：数智融合 创新育人”。大赛力求回应时代命题、服务国家战略、担当教育使命，为全国高校外语教师搭建交流新思想、新理念与新方法的学习平台，被列入中国高等教育学会“全国普通高校教师教学发展指数”，在全国高校外语教育领域广受认可。

2. 学生赛事

1）“开心学德语，开心过春节”德语 Vlog 创作挑战赛

2024 年 6 月，由全国基础外语教育研究培训中心多语种教育发展分中心、教育部大外教指委德语组、北京外国语大学德语学院、外语教学与研究出版社联合主办的“‘开心学德语，开心过春节’德语 Vlog 创作挑战赛”落下帷幕。本次比赛分为专业德语组、大学 / 公外德语组、中学德语组三个组别，共收到 670 余份参赛视频作品。每一份作品都制作精美，创意无限，饱含热情，充分展示了同学们的才华和努力。这些作品不仅展示了参赛学生高水平的德语表达能力，还展现了各地丰富多彩的风俗习惯和当代大学生、中学生们多姿多彩的寒假生活。[9]

2）“永旺杯”第十七届多语种全国口译大赛

由中国翻译协会和北京第二外国语学院联合主办、中国科学技术协会宣传文化部支持、北京市翻译协会秘书处和北京第二外国语学院日语学院共同承办的“‘永旺杯’第十七届多语种全国口译大赛”于 2024 年 10 月 26 日在北京第二外国语学院落幕。该届大赛涵盖日语、法语、德语、俄语、朝鲜（韩国语）、西班牙语、阿拉伯语 7 个语种，共 8 个项目。赛事分为初赛、复赛和决赛三个阶段，内容涉及政治、经济、文化、科技、教育等领域，聚焦国际传播、数字经济、文化遗产保护等热点主题。大赛不仅考查选手的口译能力，还关注其跨文化沟通能力，旨在选拔出能够沟通中外的国际人文交流人才。来自国内外 68 所高校的 149 名选手报名参赛。经过初赛选拔，46 所高校的 111 名选手进入复赛。最终，来自上海外国语大学、中国人民大学、北京外国语大学、南京大学、四川外国语大学、北京理工大学的 6 名选手分

别获得德语交传组决赛一、二、三等奖。[10]

3）第十四届全国高校德语专业大学生德语辩论赛

2024 年 11 月 15—17 日，由浙江科技大学、北京德国文化中心·歌德学院（中国）和外语教学与研究出版社联合主办的“第十四届全国高校德语专业大学生德语辩论赛”决赛在浙江科技大学举行。“全国高校德语专业大学生辩论赛”是面向全国高校德语专业本科生的传统赛事，自 2007 年创办以来已经成功举办 13 届。本次辩论赛共有全国 44 所高校的 150 余名选手和带队教师参加，比赛以线上线下的方式举行，比赛的辩题围绕数字化、环保、可持续发展、教育、职场等热点话题。入围本次大赛决赛的 16 支高校代表队在浙江科技大学进行线下比赛，辩手们逻辑思维缜密，德语表达流利，很好地做到了言之有物、动之以情、晓之以理，展现了中国青年学子积极向上的精神风貌，促进了中德之间的了解和理解。

4）2024“外研社·国才杯”“理解当代中国”全国大学生外语能力大赛

2024 年 12 月 7—9 日，“2024‘外研社·国才杯’‘理解当代中国’全国大学生外语能力大赛”（多语种组）全国决赛暨颁奖典礼在北京外国语大学举行。来自全国 98 所院校的 184 名选手脱颖而出，在全国决赛舞台上展开巅峰对决，用 9 门外语讲述中华文脉的源远流长，展现中国发展的辉煌成就，尽显新时代青年的使命担当。多语种组全国决赛于 11 月 24 日启动，分为线上、线下两个阶段。第一轮比赛设置汉外口译、定题演讲及回答问题两部分；第二轮比赛设置汉外口译、即兴演讲及回答问题两部分。比赛重点考查选手的语言综合运用能力、跨文化思辨能力、创新能力，鼓励大学生夯实基本功、练就真本领，融会贯通用多语种讲好中国故事、传播中国声音。经过激烈角逐，各语种金奖、银奖和铜奖获奖名单出炉。来自上海交通大学、南京师范大学、大连外国语大学和北京外国语大学 4 所院校的 5 名选手分获德语组金奖冠军、亚军和季军。[11]

四、2024 年中国德语教学改革探讨

语言不仅是表达思想的工具，也代表其背后的国家和文化。中国的德语教学历史深厚，随着时代的发展和社会对于德语人才需求的变化，高校德语教育界更加注重思考如何服务国家战略，培养出更多有家国情怀、有全球视野、有专业本领的复合型人才。

近年来，中国德语教育在文明交流互鉴背景下，注重课程改革和人才培养，融入中华优秀传统文化与课程思政创新，提升学生跨文化交际能力，培养学生用德语讲好中国故事的能力。2024 年另一个热议话题是教学的数智化发展。无论是高校德语专业和大学德语教学年会，还是各高校内部德语教学会议，用数字化和智能化手段提升教学效率、推动教学创新、促进学生个性化学习都是讨论的重点内容。人工智能工具的使用正在改变高校教师的教学方法、教学理念以及学生的学习方式和学习体验。这一变化发展迅速，德语教师须紧跟时代，积极探索教学数字化转型新路径。

---

[1] 第一财经，2025，中国仍是德国最大进口国！德国 2024 年外贸成绩单出炉，今年会如何？[OL]，https://m.yicai.com/news/102455558.html（2025 年 3 月 17 日读取）。

[2] 北京外国语大学，2024，北外主办第八届全国高等学校外语教育改革与发展高端论坛 [OL]，https://news.bfsu.edu.cn/article/304213/cate/4（2025 年 3 月 8 日读取）。

[3] 武汉大学外国语言文学学院，2024，教育部外指委德分委 2024 年会在武汉大学召开 [OL]，https://fls.whu.edu.cn/info/1007/51971.htm（2025 年 3 月 8 日读取）。

[4] 沈阳师范大学，2024，2024 年全国大学德语教学及测试工作会议在我校举行 [OL]，https://www.synu.edu.cn/_t628/2024/1023/c624a96206/pagem.htm（2025 年 3 月 8 日读取）。

[5] 外研社德语，2024，《新经典德语》课程设计与高等学校德语专业教学法研讨会成功举办 [OL]，https://mp.weixin.qq.com/s/azfHq8HD6U-oG_TxTnJPug（2025 年 5 月 7 日读取）。

[6] 青岛大学外语学院，2024，学院成功举办 2024 亚洲日耳曼学学者大会 [OL]，https://sfl.qdu.edu.cn/info/1303/5507.htm（2025 年 3 月 8 日读取）。

[7] 南京大学，2024，新时代中国德语专业教学研讨会暨《理解当代中国》德语系列教材教学研讨会在我校召开 [OL]，https://www.nju.edu.cn/info/1055/368711.htm（2025 年 3 月 8 日读取）。

[8] 北京外国语大学，2024，全国高校德语学科首届跨文化交流研究高端学术会议在北外召开 [OL]，https://news.bfsu.edu.cn/archives/308330（2025 年 3 月 8 日读取）。

[9] 外研社德语，2024，获奖名单公布！“开心学德语，开心过春节”德语 Vlog 创作挑战赛中学德语组获奖名单！[OL]，https://mp.weixin.qq.com/s/VjD_knH7gzUJfipZG2tKig（2025 年 5 月 7 日读取）。

[10] 北京第二外国语学院，2024，“永旺杯”第十七届多语种全国口译大赛圆满落幕！[OL]，https://mp.weixin.qq.com/s/idQqrtkrfdFzQcc8lgr9lQ（2025 年 5 月 7 日读取）。

[11] 外研社德语，2024，获奖名单 | 2024“外研社·国才杯”“理解当代中国”全国大学生外语能力大赛德语组国赛决赛暨颁奖典礼顺利举行 [OL]，https://mp.weixin.qq.com/s/7H29L5P9m80HgflOF0FO_A（2025 年 5 月 7 日读取）。

第四节　法语[1]

一、年度情况概述

根据（中国）法语教学研究会在全国136个高校法语教学点的调研统计，2024年全国高校法语本科生、硕士研究生、博士研究生人数分别为17,131人、1,090人、125人，其中本科生人数比往年略有下降。在职在编法语教师总数为1,260人，其中正教授72人，副教授289人，讲师820人，助教79人，高级职称教师占比约为28.7%，该比例相对较低。从年龄段来看，31—40岁和41—50岁这两个年龄段的教师人数最多，分别为642人和469人，约构成教师总数的88.2%，21—30岁、51—60岁及61岁以上三个年龄段的教师人数分别为47人、81人和21人，以上数据表明教师队伍年龄结构较为合理。各教学点聘用的长期外教总数为177人，短期外教总数为30人。2024年出国交流的本科生、硕士研究生和博士研究生人数分别为721人、141人和15人，本科生出国比例低于硕士研究生和博士研究生。

1. 重要会议

1）2024教育部外指委法语分委员会、（中国）法语教学研究会联席会议[1]

2024年12月14日，由教育部外指委法语专业教学指导分委员会、（中国）法语教学研究会主办，黑龙江外国语学院承办，上海外语教育出版社协办的“2024教育部外指委法语分委员会、（中国）法语教学研究会联席会议”在哈尔滨举行。会议期间，同时举办了“‘法语学科的固本守正与改革创新’学术研讨会”以及“‘外教社杯’第十六届全国高校法语演讲比赛”全国总决赛。教育部外指委法语专业教学指导分委员会委员、（中国）法语教学研究会理事、各专业点代表、教师和学生代表及嘉宾共计100余人参加了会议

1　本节作者：王海洲，上海外国语大学。

和相关活动。

12 月 13 日晚，教育部外指委法语专业教学指导分委员会委员、（中国）法语教学研究会常务理事举行预备会议。随后，入围决赛的 12 名选手参加赛前培训并通过抽签形式确定出场顺序。12 月 14 日上午，联席会议开幕式和全体代表大会召开，黑龙江外国语学院西语系主任姜涛教授担任主持，黑龙江外国语学院党委书记张大铸代表承办单位对与会专家学者表示欢迎和感谢。黑龙江省教育厅副厅长程爽出席会议并致辞。教育部外指委法语专业教学指导分委员会主任委员曹德明教授、法国驻沈阳总领事馆教育合作领事夏莱娜（Charlène Mwepu-Bros）女士和上海外语教育出版社副社长黄卫先后为大会致辞。曹德明教授在致辞同时做大会报告，详细介绍了教育部外指委法语专业教学指导分委员会、（中国）法语教学研究会一年来的工作成果以及今后的工作任务。

12 月 14 日下午，"'法语学科的固本守正与改革创新'学术研讨会"召开。研讨会设置了四个分论坛，分别由北京外国语大学戴冬梅教授、北京大学田庆生教授、北京语言大学王秀丽教授、西安外国语大学张平教授担任点评专家，聚焦法语教育与人才培养、信息素养、技术创新和多元化探索等主题，探讨法语学科发展路径和守正创新，交流热烈。

会议审议通过了河北地质大学、湖北师范大学、华中师范大学、江汉大学、昆明文理学院、深圳大学、中国传媒大学、中国海洋大学、中国人民大学等 9 所高校的理事接任申请，以及南京外国语学校、厦门外国语学校、上海市甘泉外国语中学、上海市光明中学、上海外国语大学附属外国语学校、上海外国语大学附属外国语学校东校、上海外国语大学附属浦东外国语学校、深圳外国语学校等 8 所中学加入（中国）法语教学研究会及其理事人选的申请。

2）第七届"高校法语专业课程设计与教学方法"研讨会[2]

2024 年 6 月 15—16 日，由教育部外指委法语专业教学指导分委员会、（中国）法语教学研究会主办，外语教学与研究出版社、福州外语外贸学院共同承办的"第七届'高校法语专业课程设计与教学方法'研讨会"在福州外语外贸学院举行。来自全国40余所院校的80余位院系领导、教学专家、专业负责人和一线教师齐聚一堂，共同探讨和交流法语教学的新理念、新方法。

开幕式由福州外语外贸学院外国语学院院长赵会军教授主持。教育部外指委法语专业教学指导分委员会主任委员曹德明教授、副主任委员刘云虹教授等多位专家以及外语教学与研究出版社相关领导出席。

本次研讨会组织了多场主旨报告和特邀报告。曹德明教授以“外语学科应守正创新，更好服务教育强国战略”为题，分析了法语专业面临的挑战与机遇，强调了内涵发展的重要性。刘云虹教授的报告“翻译人才培养：问题、目标与路径”从国家建设和专业建设两个方面，明确了翻译人才培养的目标，并提出了可行方案。杨晓敏教授以“理解当代中国法语系列课程慕课建设与教学实践”为题，分享了法语课程体系改革的经验。邵炜教授的“AI背景下外语翻译专业前景的思考和教学思路转变”探讨了人工智能对翻译教育的影响。石琳副教授以“思政铸魂，创新引领——以国家级一流课程‘基础法语’为例”为题，分享了“基础法语”慕课的建设经验。

本次研讨会安排了五场教学设计与示范，分别涉及基础法语听说、理解当代中国法语读写、法国历史、基础法语精读等课程。

本次研讨会通过主旨报告、教学示范、专家点评等方式，推动了法语教师的专业发展，促进了高校法语教学的交流与合作，为法语教学的创新与发展提供了新的思路和方法。

3）纪念中法建交60周年国际研讨会暨第六届世界法语教师日主题培训活动[3]

2024年11月22—23日，由北京外国语大学和法国驻华大使馆联合举办的“纪念中法建交60周年国际研讨会暨第六届世界法语教师日主题培训活动”在北京外国语大学举行。此次活动吸引了来自近70所高校和机构的约140位法语教师参加。

开幕式上，北京外国语大学副校长刘欣路、法国驻华大使馆公使白美燕（Myriam Pavageau）、世界法语教师联合会主席艾义德（Cynthia Eid）和世界法语大学联盟亚太局主任马依内提（Nicolas Maïnetti）等嘉宾致辞。刘欣路强调语言教学对文明交流的重要作用，指出中法建交60年来，两国关系引领中西方交流，推动了中法人文交流和法语教学的发展。白美燕提到中国法语教学单位数量快速增长，法语学习为学生开启多元领域的大门。艾义德通过视频致辞，认为法语教师是和平与文化交流的使者，鼓励学习者共创美好未来。马依内提则介绍了世界法语大学联盟的情况，并期待中法高校交流的进一步加强。

开幕式后，曹德明、杜梅和张西平三位教授围绕“文明互鉴”主题发表主旨演讲，并举行了张西平教授主编的《白晋文集》发布仪式。22日下午，阿布－阿依达尔、卡斯泰洛蒂和加利加尼三位教授围绕“语言教学”主题开展讲座，北京外国语大学法语学院教师谢锦辉进行了本科翻译课教学展示。

会议还设置了语言学、外语教学法、文明互鉴与翻译、文明互鉴与文学等四个圆桌论坛，与会专家和学者围绕相关主题进行了深入讨论。闭幕式上，北京外国语大学法语学院艺术团进行了精彩的法语艺术演出，展示了学生们扎实的语言功底和艺术素养，受到参会教师的高度赞誉。

2. 主要赛事

1）2024年外研社“教学之星”大赛（多语种组）[4]

2024年6月21日，由北京外国语大学中国外语与教育研究中心、北京外国语大学中国外语教材研究中心、北京外国语大学中国外语测评中心和外语教学与研究出版社共同举办的“2024年外研社‘教学之星’大赛”（多语种组）获奖名单公布。

大赛涵盖日语、俄语、德语、法语、西班牙语、韩语六个语种组别，以“外语教材的有效使用：数智融合 创新育人”为主题，力求回应时代命题、服务国家战略、担当教育使命，为全国高校外语教师搭建交流新思想、新理念与新方法的学习平台，为深入实施科教兴国、人才强国、创新驱动发展战略，培养新时代社会主义建设者和接班人做出应有贡献。

大赛自3月启动以来，通过初赛院校选拔，来自全国220所高校的412名多语种教师报名参赛。法语组全国总决赛为线上评选，参赛教师在“理解当代中国”法语系列教材《法语演讲教程》中自选课程单元内容提交教学设计方案和教学展示录像。经过组委会专家对参赛作品的专业评定，最终评选出一等奖2名、二等奖4名、三等奖6名、优秀奖若干名。浙江大学于梦洋荣获一等奖，宁波大学王晟、西南民族大学姜雯荣获二等奖，黑龙江外国语学院姜宇阳、三峡大学郭婧钰和成都锦城学院兰华英荣获三等奖。

2）“外教社杯”第十六届全国高校法语演讲比赛 [5]

“第十六届全国高校法语演讲比赛”是上海外语教育出版社赞助冠名后的第二次“外教社杯”演讲比赛。第一轮校内选拔由（中国）法语教学研究会各成员院校在7—9月组织；第二轮全国预赛共收到报名材料92份，经组委会双向盲审评分及会长批准，其中12名选手入围全国总决赛。总决赛分为命题演讲和即兴演讲两个环节，最终评选出一等奖2名、二等奖4名、三等奖6名。总决赛评委会由上海外国语大学曹德明、北京大学田庆生、南京大学刘成富、北京外国语学院戴冬梅、大连外国语大学王大智、西安外国语大学张平、法国驻沈阳总领事馆教育合作领事夏莱娜女士等7位专家学者组成。经过激烈角逐，安徽大学杨默颜、北京大学童时杰荣获一等奖；黑龙江大学袁诺、南京大学李欣怡、上海外国语大学张天明、复旦大学刘芃岩荣获二等奖；四川外国语大学肖庆渝、宁波大学乔荟潼、南京师范大学赵佳奕、南昌大学侯懿卓、黑龙江外国语学院王玉萍、西安翻译学院任英然荣获三等奖。其余参加全国预赛的选手均获得赛区优胜奖。

3）“永旺杯”第十七届多语种全国口译大赛 [6]

由中国翻译协会和北京第二外国语学院联合主办、中国科学技术协会宣传文化部支持、北京市翻译协会秘书处和北京第二外国语学院日语学院共同承办的“‘永旺杯’第十七届多语种全国口译大赛”于2024年10月26日在北京第二外国语学院落幕。

该届大赛涵盖日语、法语、德语、俄语、朝鲜语（韩国语）、西班牙语、阿拉伯语7个语种，共8个项目。赛事分为初赛、复赛和决赛三个阶段，内容涉及政治、经济、文化、科技、教育等领域，聚焦国际传播、数字经济、文化遗产保护等热点主题。大赛不仅考查选手的口译能力，还关注其跨文化沟通能力，旨在选拔出能够沟通中外的国际人文交流人才。来自国内外68所高校的149名选手报名参赛。经过初赛选拔，46所高校的111名选手进入复赛。最终，来自西安外国语大学、北京语言大学、大连外国语大学、中国人民大学、上海外国语大学、中国传媒大学的6名选手分别获得法语交传组决赛一、二、三等奖。

4）2024“外研社·国才杯”“理解当代中国”全国大学生外语能力大赛[7]

2024年12月7—9日，“2024‘外研社·国才杯’‘理解当代中国’全国大学生外语能力大赛”（多语种组）全国决赛暨颁奖典礼在北京外国语大学举行。来自全国98所院校的184名选手脱颖而出，在全国决赛舞台上展开巅峰对决，用9门外语讲述中华文脉的源远流长，展现中国发展的辉煌成就，尽显新时代青年的使命担当。

大赛由北京外国语大学主办、外语教学与研究出版社承办，以“理解中国，沟通世界”为主题，自3月启动以来，历经校赛、省赛、国赛三个赛段，共有来自全国609所院校的2.4万名学生参赛。

多语种组全国决赛于11月24日启动，分为线上、线下两个阶段。第一轮比赛设置汉外口译、定题演讲及回答问题两部分；第二轮比赛设置汉外口译、即兴演讲及回答问题两部分。比赛重点考查选手的语言综合运用能力、跨文化思辨能力、创新能力，鼓励大学生夯实基本功、练就真本领，融会贯通用多语种讲好中国故事、传播中国声音。

经过激烈角逐，各语种金奖、银奖和铜奖获奖名单出炉。12月9日上午，大赛闭幕式设置了“多语种组冠军展示”特别环节，各语种冠军选手用参赛外语分享了他们促进中外文化交流的实践经历与体会，展现了新时代青年的风采。

最终，来自北京外国语大学、中国人民大学、武汉大学、南京大学和复旦大学5所院校的选手分获法语组决赛冠军、亚军和季军。

3. 学生论坛

1）全国高校法语专业第十届博士生论坛暨第十七届硕士生论坛[8]

2024 年 5 月 19 日，由（中国）法语教学研究会、浙江大学外国语学院法语语言文化研究所、浙江大学法德文学与思想研究平台联合举办的“全国高校法语专业第十届博士生论坛暨第十七届硕士生论坛”在线上举行。

论坛开幕式由浙江大学外国语学院副院长赵佳教授主持。赵佳教授回顾了全国高校法语专业研究生论坛的发展历程，强调其作为全国法语专业权威学科竞赛的重要地位。浙江大学研究生学科建设处副处长梁君英教授发表致辞，指出研究生教育在民族复兴中的重要责任。教育部外指委副主任委员兼法语专业教学指导分委员会主任、（中国）法语教学研究会会长曹德明教授在致辞中高度评价了浙江大学的教育工作，强调研究生阶段的重要性，并指出此次论坛主题与中法建交 60 周年的契合度。

本次论坛以“中法文明交流与互鉴，构建人类命运共同体”为主题，共收到来自海内外高校法语专业研究生投稿 106 篇，经初审后 73 篇入围。论坛设置博士生论坛与硕士生论坛，硕士生论坛包括文学、翻译学、语言学、区域国别研究共六个分论坛。

在分论坛讨论中，硕士生文学分论坛的报告涉及众多法国及法语地区重要作家，研究视角丰富；翻译学分论坛关注翻译理论与实践，显示了良好的理论素养和实践能力；语言学分论坛对法语语言现象进行了深入探讨，方法创新；区域国别分论坛紧跟时代热点，体现了开阔的国际视野。博士生组报告主题涉及多个研究方向，文本分析细致，理论视角独特。

经过评委认真讨论，各分论坛分别产生一等奖 1—2 名、二等奖 3—4 名、三等奖 6—7 名。

2）第四届全国高校法语专业本科生学术论坛暨第二届全国中学生法语学术创新论坛[9]

2024 年 5 月 26 日，由浙江大学外国语学院法语语言文化研究所、（中国）法语教学研究会联合举办的“第四届全国高校法语专业本科生学术论坛暨第二届全国中学生法语学术创新论坛”在线上举行。

论坛开幕式由浙江大学外国语学院副院长赵佳教授主持。浙江大学本科生院教务处副处长韩魏发表致辞，指出本科教育是世界一流大学建设的基础。教育部外指委法语专业教学指导分委员会秘书长王海洲教授在致辞中指出，培养具备扎实法语能力、家国情怀和国际视野的优秀人才具有重要的战略意义。

本次论坛共收到来自国内35所高校法语专业的100名本科生和8所中学的28名中学生的投稿，经专家评审后共遴选出92名学生入围。论坛设置本科生论坛与中学生论坛，其中本科生论坛包括文学、翻译学、语言学、区域国别研究共四个分论坛，区域国别研究分论坛包括两个小组。

本科生文学组分论坛的报告探讨了法语国家与地区作家作品研究和中国文学在法语世界的传播。翻译学分论坛的报告涉及传统典籍的译介与传播、网络文学翻译、人工智能赋能下的翻译等活动。语言学分论坛的报告从新兴范式到经典理论模型，研究对象多样。区域国别分论坛的报告紧跟时代热点，关注城市美学、语言政策、中法大学交流等问题。中学生分论坛的报告选题多样，涉及翻译、文化、比较文学等领域，评委老师从选题、逻辑、研究方法等角度做了分析和点评。

报告结束后，经评委认真讨论、公平评议，本科生各学术分论坛分别产生一等奖1名、二等奖3名、三等奖5名，中学生学术论坛产生一等奖2名、二等奖6名、三等奖9名。

4. 专业测试

全国高等学校法语专业八级考试于2024年3月29日举行，共有150个考点院校报名参加考试，报名考生共计7,479人，实考人数5,249人。经法语测试组核算、统计，并提交教育部外指委法语专业教学指导分委员会和高校外语专业教学测试办公室审核通过，本次法语专业八级考试的合格线定为54分，全国平均通过率为50%，全国平均分为53分，与往年基本持平。

全国高等学校法语专业四级考试于2024年5月31日举行，共有151个考点院校报名参加考试，报名考生共计 8,056 人，实考人数 7,042 人。根据近几年各校的教学实际情况，并经教育部外指委法语专业教学指导分委员会和高校外语专业教学测试办公室审核通过，本次法语专业四级考试的合格线定为 54 分，全国平均通过率为分别为 37%（应届 + 补考）和 48%（仅应届），全国平均分分别为 49 分（应届 + 补考）和 52 分（仅应届），比往年有所降低。

二、热点问题剖析

1. 人工智能赋能法语教学情况分析

近年来，人工智能技术的迅猛发展引发了社会各界的广泛关注，尤其是在教育领域，人工智能的应用逐渐渗透到各个学科的教学中。外语教学作为传统人文学科的重要组成部分，也受到了人工智能技术的深刻影响。特别是以 ChatGPT 为代表的大语言模型的出现，引发了关于外语专业未来发展的广泛讨论。一方面，许多人认为人工智能将取代外语人才，尤其是在翻译等语言服务领域；另一方面，也有学者指出，人工智能并非外语专业的“敌人”，而是可以成为推动外语教学改革与创新的重要工具。2025 年年初，（中国）法语教学研究会对全国 140 多所高校的法语专业进行了人工智能赋能法语教学的调研，结果显示，有近 50 所高校的法语专业在教学过程中使用了 ChatGPT 等人工智能工具，使用场景主要集中在翻译类课程，占比高达 70%。这一数据与 2023 年笔者在小范围内开展的人工智能赋能法语写作教学调研结果具有一定的相似性。2023 年的调研显示，大部分法语教师对人工智能的熟悉程度处于中等水平，约 40% 的教师曾使用过生成式人工智能工具（如 ChatGPT），主要用于咨询法语语法和翻译问题、翻译课程的备课和教学、生成教学所需的法语练习等，而将人工智能工具用于写作评估的情况则较为少见。

从以上调研结果可以看出，国内高校法语教师对生成式人工智能赋能法语教学的接受程度尚未达到普及水平，绝大多数教师仍处于观望状态，甚至部分教师对生成式人工智能持否定态度。这些教师认为，人工智能可能助长学生在写作、翻译等练习中的作弊行为，同时人工智能在语言运用方面的表现也未能完全令人满意，因此对其在教学中的应用持保留态度。然而，在已经开始使用人工智能工具的教师群体中，教授翻译和写作课程的教师占据了绝大多数。这与生成式人工智能语言大模型的基础属性高度契合，因为这类工具在语言表达和外语翻译等任务中表现尤为突出。此外，从事翻译课程教学的教师对人工智能工具的应用更为敏感，在 ChatGPT 等生成式大语言模型推出后，他们迅速尝试使用这些工具，并对其在法汉、汉法翻译任务中的表现进行评估。在熟悉和了解人工智能工具的功能后，这些教师开始将其应用于课前备课和课堂教学中，取得了显著的教学效果。

除了翻译和写作课程，生成式人工智能工具在法语精读课、视听说课以及口语课中的应用也逐渐展开。例如，部分教师利用人工智能工具生成例句、编写练习、进行翻译评价和造句练习等。这些应用不仅丰富了教学内容，还提高了课堂的互动性和趣味性。例如，在口语课中，教师可以利用人工智能生成对话场景，帮助学生进行情景模拟练习；在精读课中，教师可以通过人工智能工具快速生成与课文相关的背景资料或补充阅读材料，帮助学生更深入地理解文本内容。这些实践表明，人工智能赋能法语教学的路径较为宽广，未来随着技术的进一步发展，其应用场景将更加多样化。

然而，尽管人工智能在法语教学中的应用前景广阔，但其推广和普及仍面临诸多挑战。首先，教师对人工智能工具的熟悉程度和使用能力参差不齐。部分教师由于缺乏相关技术知识，对人工智能工具的使用感到陌生和困难，故其在教学中的应用受到限制。其次，人工智能工具在语言教学中的准确性和可靠性仍须进一步提升。尽管生成式人工智能在语言表达和翻译任务中表现出色，但其生成的文本有时仍存在语法错误、语义偏差等问题，这在一定程度上影响了其在教学中的应用效果。此外，人工智能工具的使用也可能引发学术诚信问题。例如，学生可能利用人工智能工具完成作业或考试，从而影响教学评估的公平性和有效性。因此，如何在教学中合理使用人工智能工具，同时避免其带来的负面影响，是教育工作者需要深入思考的问题。

从长远来看，人工智能技术将为法语教学带来深刻的变革。它不仅能够提高教学效率，还能为学生提供更加个性化和多样化的学习体验。例如，人工智能可以根据学生的学习进度和兴趣，自动生成个性化的学习计划和练习内容，帮助学生更高效地掌握法语知识。此外，人工智能还可以通过自然语言处理技术，为学生提供实时的语言反馈和纠正，帮助其提高语言运用能力。随着技术的不断进步，人工智能在法语教学中的应用将更加智能化和精细化，为外语教育的发展注入新的活力。

2.“法语 +”复合型人才培养现状和路径

随着全球化进程的加速和中国“一带一路”倡议的深入推进，国家对高素质外语人才的需求日益迫切。然而，这种需求并非传统意义上的单一外语人才，而是既精通外语又具备某一领域专业知识的复合型人才。2024 年 8 月，教育部外指委针对国内“外语 + 专业”学士双学位项目展开调研，法语专业教学指导分委员会的调研结果进一步印证了这一趋势。调研显示，法语国家与地区对涉外工程技术和服务人才的需求尤为迫切，特别是在能源、医药等特定领域。为了满足这些需求，中国多所高校已积极探索“外语 +”复合型人才培养模式。

首先，教育部外指委的调研凸显了国家对外语复合型人才的迫切需求。事实上，国家和社会并非不再需要外语人才，而是对人才的要求更高了。在全球化背景下，单一的外语能力已无法满足日益复杂的国际交流与合作需求。无论是“一带一路”倡议的推进，还是中国企业“走出去”战略的实施，都需要既精通外语又熟悉某一领域专业知识的复合型人才。例如，在涉外工程、国际贸易、国际组织等领域，外语能力与专业知识的结合显得尤为重要。

法语作为全球使用广泛的语言之一，在非洲、欧洲等地区具有重要地位。特别是非洲的法语国家众多，这些国家在能源、矿产、基础设施建设等领域与中国有着广泛的合作。因此，培养既精通法语又熟悉能源、工程等领域的复合型人才，已成为国家战略的重要组成部分。调研显示，中国多所高校已启动“外语+”复合型人才培养项目，如成都外国语学院的工程技术法语方向、吉林外国语大学的法英+工程法语项目等，这些项目的推出正是为了满足国家对高素质法语复合型人才的需求。

其次，法语复合型人才的培养具有其独特的需求和特色。从国家在非洲的发展战略出发，能源、工程等领域的法语人才尤为紧缺。例如，在能源领域，中国企业在非洲的法语国家参与了多个大型能源项目，如石油开采、水电建设等。这些项目不仅需要技术人才，还需要能够与当地政府、企业和社区进行有效沟通的法语人才。因此，培养既精通法语又熟悉能源、工程等领域的复合型人才，已成为中国高校的重要任务。

再次，法语复合型人才的培养还须关注其他领域的需求。例如，在医药领域，中国与法语国家的合作日益密切，特别是在疫苗研发、医疗援助等方面，需要既精通法语又熟悉医药知识的复合型人才。在文化遗产保护领域，法语国家拥有丰富的文化遗产资源，中国与这些国家在文化遗产保护技术方面的合作也日益增多，这同样需要具备相关专业知识的法语人才。因此，法语复合型人才的培养应注重多领域的交叉融合，以满足不同领域的需求。

最后，法语复合型人才培养的路径需要进一步优化。法语复合型人才的培养与其他非英语类外语人才的培养具有相似性，即绝大多数学生从大学开始零起点学习法语。因此，语言能力的培养与专业领域知识的储备需要有机结合，方能事半功倍地培养出高素质人才。为了实现这一目标，高校需要对法语及其他非英语外语的培养方案进行相应的调整。

首先，高校应优化课程设置，将语言学习与专业知识有机结合。例如，在法语专业课程中融入能源、工程、医药等领域的专业知识，帮助学生在外语学习的同时掌握相关领域的基础知识。此外，高校还可以开设跨学科课程，如“法语+能源工程”“法语+医药科学”等，以培养学生的复合型能力。

其次，高校应加强实践教学，为学生提供更多的实习和实践机会。例如，可以与能源、工程等领域的企业合作，建立实习基地，让学生在真实的工作环境中运用法语和专业知识。此外，高校还可以组织学生参与国际交流项目，如赴法语国家的企业或机构实习，以提升其语言能力和专业素养。

再次，高校应注重师资队伍建设，培养既精通法语又熟悉某一领域专业知识的教师。例如，可以鼓励教师参与跨学科研究，或为教师提供相关领域的培训机会，以提升其教学能力。此外，高校还可以邀请企业或机构的专家参与教学，为学生提供更贴近实际的教学内容。

最后，高校应关注人工智能等新兴技术对法语复合型人才培养的影响。例如，可以利用人工智能技术开发智能教学平台，为学生提供个性化的学习支持。此外，高校还可以探索人工智能在翻译、写作等领域的应用，以提升学生的语言运用能力。

法语复合型人才的培养是适应全球化挑战和国家战略需求的重要举措。通过优化课程设置、加强实践教学、注重师资队伍建设以及关注新兴技术的应用，高校可以更好地培养出既精通法语又具备某一领域专业知识的高素质人才。未来，随着“一带一路”倡议的深入推进和中国企业在法语国家的合作日益增多，法语复合型人才的需求将进一步增加。高校应继续探索创新培养模式，为国家培养更多适应全球化挑战的高素质法语复合型人才。

三、部分论文文献信息[1]

孔德伦，2024，高考法语学科关键能力内涵与考查路径探究 [J]，《中国考试》（3）：98-102+110。

李燕、卞京，2024，三语句法习得中的二语迁移研究——来自汉 – 英 – 法三语者的 ERP 证据 [J]，《外语教学与研究》（5）：729-741+800。

陆安勤、鲍贵，2024，法语学习者作文词汇复杂度发展研究 [J]，《法语国家与地区研究（中法文）》（4）：42-53。

秦洁、吴王姣，2024，读后续写中话题熟悉度与学习者创造力的交互效应 [J]，《现代外语》（2）：222-233。

1　请于本书附录查看相关文献的详细摘要。

王仁雷，2024，中国大学生法语写作能力评价框架构建与应用研究 [J]，《法语国家与地区研究（中法文）》（2）：22-29+91。

颜虞丹，2024，基于学习共同体的人工智能赋能法语教学模式初探——以《法语阅读》为例 [J]，《创新教育研究》（11）：197-204。

周燕，2024，面向国别与区域研究转型的法语教师能动性研究 [J]，《外语教育研究前沿》（3）：25-30+94。

[1] 外教社多语部，2024，2024 年全国法语年会成功举办 [OL]，https://mp.weixin.qq.com/s/pHeHXo3MsBKcAG2Fw30oCw（2025 年 2 月 28 日读取）。

[2] 外研社法语工作室，2024，第七届“高校法语专业课程设计与教学方法”研讨会圆满落幕 [OL]，https://mp.weixin.qq.com/s/2KU_JexQjmyIQPzpawy-Qwhttps://mp.weixin.qq.com/s/pHeHXo3MsBKcAG2Fw30oCw（2025 年 2 月 28 日读取）。

[3] 北外法语语言文化学院，2024，纪念中法建交 60 周年国际研讨会暨第六届世界法语教师日主题培训活动在北外举行 [OL]，https://mp.weixin.qq.com/s/5n5uh1PC7Yed9CF72ZtZCw（2025 年 2 月 28 日读取）。

[4] 外研社多语言，2024，奖项公布 | 2024 年外研社“教学之星”大赛（多语种组）[OL]，https://mp.weixin.qq.com/s/xa5Dl9jzmY4e74RVx9KuoQ（2025 年 5 月 16 日读取）。

[5] 外教社多语部，2024，2024 年全国法语年会成功举办 [OL]，https://mp.weixin.qq.com/s/pHeHXo3MsBKcAG2Fw30oCw（2025 年 2 月 28 日读取）。

[6] 北京第二外国语学院，2024，“永旺杯”第十七届多语种全国口译大赛圆满落幕！ [OL]，https://mp.weixin.qq.com/s/idQqrtkrfdFzQcc8lgr9lQ（2025 年 2 月 28 日读取）。

[7] 外研社，2024，2024“外研社 · 国才杯”“理解当代中国”全国大学生外语能力大赛（多语种组）全国决赛暨颁奖典礼顺利举行 [OL]，https://mp.weixin.qq.com/s/Qib5APn3XVpllxzx4j4o4g（2025 年 2 月 28 日读取）。

[8] 浙江大学外国语学院，2024，会议回顾与获奖名单丨全国高校法语专业第十届博士生论坛暨第十七届硕士生论坛 [OL], https://mp.weixin.qq.com/s/i4iRg4AerpuHMVED1sefbw（2025 年 2 月 28 日读取）。

[9] 浙江大学外语学院法语所，2024，会议回顾与获奖名单丨第四届全国高校法语专业本科生学术论坛 暨第二届全国中学生法语学术创新论坛 [OL]，https://mp.weixin.qq.com/s/WW5eWA1N7rWJRYjtB916_w（2025 年 2 月 28 日读取）。

第五节　西班牙语[1]

2024 年 11 月 13—23 日，中国国家主席习近平应邀赴秘鲁出席亚太经合组织（APEC）第三十一次领导人非正式会议并对秘鲁进行国事访问，赴巴西出席二十国集团（G20）领导人第十九次峰会并对巴西进行国事访问。这是 2013 年以来习近平主席第六次访问拉美。习近平主席此访，为中拉务实合作注入了新动能。在秘鲁，习近平主席同秘鲁总统迪娜·博鲁阿尔特（Dina Boluarte）以视频方式共同出席钱凯港开港仪式，一条新时代亚拉陆海新通道正式诞生。两国元首还共同见证签署关于共建“一带一路”的合作规划、中秘自贸协定升级议定书。在巴西，习近平主席同巴西总统路易斯·伊纳西奥·卢拉·达席尔瓦（Luiz Inácio Lula da Silva）共同决定将双边关系提升为携手构建更公正世界和更可持续星球的中巴命运共同体，同时将共建“一带一路”倡议同巴西发展战略对接。访问期间，中巴签署了 38 项合作文件。习近平主席表示，中方愿同巴方一道，继续办好中拉论坛，将共建“一带一路”倡议同拉美和加勒比地区发展优势和需求更好对接，推动中拉命运共同体建设取得更多成果。

2024 年 11 月 28—29 日，中国教育部部长怀进鹏访问墨西哥，与墨西哥公共教育部部长马里奥·德尔加多（Mario Delgado）举行会谈，在高等教育、职业教育、数字教育、卓越工程师培养、国别区域研究等方面充分交流并达成广泛共识，双方签署两国高等教育合作协议。

2024 年 11 月 30 日—12 月 3 日，中国教育部部长怀进鹏访问西班牙。访问期间，怀进鹏部长会见了西班牙科学、创新和大学部部长戴安娜·莫兰特（Diana Morant），双方就深化高等教育、科研创新、产教融合等领域合作及建立部级定期磋商机制等达成一致，并签署相关谅解备忘录；会见了西班牙教育、职业培训和体育部部长皮拉尔·阿莱格里亚（Pilar Alegría），双方就深化语言合作、职教合作、产教融合等交换意见，并探讨设立联合工作组，协力推动两国职业教育合作走深走实；此外，还访问了多所大学，见证

1　本节作者：何晓静，北京外国语大学。

了两国高校互设中西文明交流互鉴合作研究中心揭牌，以及当地高校中国研究中心揭牌。

一、年度情况概述

2024 年，数字技术加速发展、人工智能不断产生重大突破，给外语教育带来巨大的挑战，也催生了显著的机遇。新质生产力、人工智能、数据治理和智慧教育是 2024 年中国高等教育的年度热词。这一年也是教育部启动教育数字化第一个三年的收官之年。教育部部长怀进鹏在 2024 年全国教育数字化工作总结会上提到，我国建成了国家智慧教育公共服务平台，坚持“应用为王”，实现了助学助教助管助研，打造了数字教育国际品牌，为推进下一步工作奠定了坚实基础。“慕课出海”主动引领全球教育数字化发展，以开放的姿态向世界分享中国在线教育成果，努力开辟新赛道、塑造新优势、实现新突破。北京外国语大学成立中国高校外语慕课联盟、建设多语种国际精品慕课、打造国际化高端人才培养微专业项目以及虚拟仿真协同发展，为构建全球教育数字化共同体提供新思路。顺应数智化发展的趋势，西班牙语学界积极应变、主动求变，通过多种形式探索新时代西班牙语专业教育改革、创新、发展的道路。

2024 年，外国语言文学学科新增 6 个一级学科博士点，翻译专业首设 8 个博士点。相关大学大多拥有西班牙语语言文学二级学科硕士点。随着博士学位点的设立，这些高校的西班牙语专业将有可能培养博士生。

服务国家发展战略，推进外语专业复合型人才培养。随着新文科建设的不断提质增效，复合型外语人才的培养成为近年来我国高等教育的新趋势。在外语学科，国别区域、国际组织、国际传播以及涉外法治人才培养引领复合型人才培养的前沿。很多高校创新复合型人才培养模式，在培养方案、课程建设、师资配备等方面积极探索，取得了重要突破。北京外国语大学与中国人民大学打造“西班牙语 + 国际新闻传播”联合学士学位项目已连续三年招生。2024 年，北京语言大学和北京科技大学“西班牙语 + 采矿工程”联合学士学位项目成功嫁接；广东外语外贸大学的“西班牙语 + 国际经济与贸易”双学士学位项目和四川外国语大学的“西班牙语 + 电子商务”双学士学位复合型人才培养项目也双双获得立项。这些院校的探索也将为全国高校西班牙语专业的复合型人才培养提供更多可资借鉴的样本。

二、精彩纷呈

1. 学科发展及人才培养篇

1）2024 年全国高校西班牙语专业四、八级水平测试举行

2024 年全国高校西班牙语专业八级和四级水平测试分别于 3 月 29 日和 5 月 24 日举行。全国 100 个考点共计 5,420 名考生参加了四级水平测试；99 个考点共计 4,139 名考生参加了八级水平测试。本年度的四、八级水平测试沿用了 2023 年的试题框架，内容涵盖语言基础知识、阅读理解、听力理解、翻译、社会文化知识、命题作文等诸多方面。从测试结果看，各项内容平均得分率整体保持在 0.4—0.6 之间；与 2023 年相比，2024 年四级水平测试的通过率和优秀率有所下降，八级水平测试的通过率和优秀率则与 2023 年基本持平。

2）2024 年全国高校西班牙语专业教学研讨会

2024 年 11 月 15—17 日，教育部外指委西班牙语专业教学指导分委员会在武汉大学召开研讨会，有 100 多所高校的代表参加。教育部外指委、西班牙语专业教学与研究领域的知名专家学者以及外语教学与研究出版社、上海外语教育出版社等单位的代表以“数智化赋能西班牙语专业教育提质增效”为主题，围绕“西班牙语数智化教材研发”“西班牙语专业数智化教学应用”和“数智化赋能西班牙语教师发展”进行头脑风暴，探讨教育模式革新以应对机遇与挑战，展望教材向“可视、可听、可互动”数智化方向发展的无限可能。长期服务西班牙语教学与研究的出版社，在数字化出版和教学服务方面创新作为，鼓励教师和学生充分利用其提供的数字化平台和工具，开拓并

优化教学和自主学习的资源。

教育部外指委副秘书长、北京外国语大学英语学院副院长张莲教授应邀在大会做主旨报告，报告以“大语言模型在外语教学实践和研究中的应用探索”为主题，深入挖掘大语言模型在外语教学领域的实践应用。教育部外指委副主任委员、西班牙语专业教学指导分委员会主任委员、北京外国语大学西葡语学院院长常福良教授在大会主旨发言中强调，在当前生产生活智能化迅猛发展的背景下，外语专业学生的培养应突破传统工具性定位，要通过教师发展、产教融合、引入跨领域合作等方式，推动“西班牙语+”人才培养模式创新发展，以培养兼具家国情怀、全球视野和卓越专业技能的复合型人才。本次研讨通过多方思想碰撞与智慧交汇，彰显了西班牙语专业教育服务国家发展战略的积极努力。

2. 教学科研篇

1）第二届“四有杯”全国高校西班牙语葡萄牙语教学技能大赛

2024年，由北京外国语大学全国西葡语教师发展中心、外语教学与研究出版社和北京高校西葡语专业群共同举办的“第二届‘四有杯’全国高校西班牙语葡萄牙语教学技能大赛”聚焦阅读课程教学，旨在共同促进全国高校西葡语教育教学的发展。初赛阶段共收到来自全国10余所高校20多名西葡语教师的参赛作品。经过专家组的评审，确定12名选手晋级决赛。2024年1月7日，12名选手齐聚北京外国语大学，同台竞技。专家评委围绕教学设计、教学组织、课件制作和教学风范等方面对参赛教师的表现进行逐一点评。最终，上海外国语大学的丁昕云老师和四川外国语大学成都学院的黄婷婷老师分别获得西班牙语低年级组和高年级组教学一等奖。

2）2024年外研社“教学之星”大赛（西班牙语组）

2024年6月21日，2024年外研社“教学之星”大赛（多语种组）获奖名单公布，大赛涵盖日语、俄语、德语、法语、西班牙语、韩语6个语种组别，以“外语教材的有效使用：数智融合 创新育人”为主题，引领教师落实立德树人根本任务，探索数字赋能教学创新，切实提升教学育人效果。大赛自 3 月启动以来，通过初赛院校选拔，来自全国 220 所高校的 412 名多语种教师报名参赛。在 6 月 19 日的总决赛中，四川外国语大学的王田老师以指定教材《理解当代中国：西班牙语演讲教程》中的“中国梦”为教学主题单元，获得了全国总决赛西班牙语组一等奖。

3）中国外国文学学会西葡语文学研究分会第一届学术研讨会

2024 年 10 月 25—27 日，由中国外国文学学会西葡语文学研究分会、北京大学外国语学院西葡意语系主办的“中国外国文学学会西葡语文学研究分会第一届学术研讨会”在北京大学召开。来自国内近 50 所高校、科研院所和出版机构的专家学者参加了此次会议，就西葡语文学相关议题展开深入探讨与交流。在开幕式上，北京大学赵振江教授回顾了老一辈西葡语学人的深耕轨迹与奉献精神，勉励新一代学者凝心聚力，各显所能，共同开创西葡语文学研究的新局面。北京大学外国语学院院长陈明教授代表北京大学外国语学院祝贺本次文学研讨会顺利召开，他希望国内外国文学研究者能砥砺前行，加强合作，讲好中国故事，积极推进中外交流。研讨会分为主旨发言和分论坛讨论两部分。

3. 学科竞赛篇

1）2024“外研社 · 国才杯”“理解当代中国”全国大学生外语能力大赛

“2024‘外研社 · 国才杯’‘理解当代中国’全国大学生外语能力大赛”由北京外国语大学主办，外语教学与研究出版社承办，高校外语界、理论界和实务界共同参与，是深入推进《习近平谈治国理政》多语种版本“三进”工作的重要抓手和检验“三进”工作的关键举措，也是“三进”工作成果的生动展现。大赛设英语组、多语种组和国际中文组三大组别，覆盖英语、俄语、德语、法语、西班牙语、阿拉伯语、日语、意大利语、葡萄牙语、韩国语和国际中文 11 个语种，有 1,300 多所院校的近 70 万学生参加了本次大赛。2024 年 12 月 9 日，历经校赛、省赛、国赛三个赛段，来自全国的 4,000 余名国赛选手进入决赛阶段的竞技。在西班牙语组，苏州大学的李小冉获得冠军。

2）“永旺杯”第十七届多语种全国口译大赛

2024 年 10 月 26 日，由中国翻译协会和北京第二外国语学院联合主办、北京市翻译协会秘书处和北京第二外国语学院日语学院共同承办、受到中国科学技术协会宣传文化部支持的“‘永旺杯’第十七届多语种全国口译大赛”决赛落幕。本届大赛包括日语、法语、德语、俄语、朝（韩）语、西班牙语、阿拉伯语等 7 个语种，历经初赛、复赛和决赛三个阶段，内容涉及政治、经济、文化、科技、教育等领域。国内外 68 所高校的 149 名选手报名参赛。经初赛选拔，共有 46 所高校的 111 名选手进入复赛。在西班牙语交传组的决赛中，北京外国语大学西班牙语专业的赵仪宁同学获得一等奖。

3）2024 北京外国语大学外国语言文学学科研究生高端学术论坛——西班牙语、葡萄牙语语言文学分论坛

2024 年 11 月 30 日，北京外国语大学西葡语学院在线举办了“2024 北京外国语大学外国语言文学学科研究生高端学术论坛——西班牙语、葡萄牙语语言文学分论坛”。该论坛设翻译与跨文化传播研究、语言学研究、文学研究、区域国别研究四个分会场。论坛设有学术委员会，负责学术论文评审、学术报告点评、论坛交流互动、评定论文等级、回应学术咨询等工作。最终，各分会场分别评出一等奖论文 1 篇、二等奖论文 2 篇、三等奖论文多篇。

4）第二届全国高校西班牙语专业本科生学术论坛

2024 年 6 月 2 日，由浙江大学外国语学院西班牙语语言文化研究所主办、上海外语教育出版社和浙江大学学生西班牙语协会协办的“第二届全国高校西班牙语专业本科生学术论坛”落幕。本次论坛共设文学与文化、翻译与语言学和区域与国别研究三个分会场，共收到来自全国 30 所高校的 49 篇论文。在决赛中，各分会场评选出一等奖 1 名、二等奖 2 名、三等奖 3 名。

5）2024“大湾区杯”全国高校外语专业区域国别学知识能力竞赛

2024 年 11 月 9—10 日，由深圳大学外国语学院、深圳大学区域国别与国际传播研究院、深圳技术大学外国语学院联合主办，际连集团、上海外语教育出版社、高等教育出版社、深圳云译科技有限公司、澳门城市大学、欧美同学会西葡拉美分会协办的“2024‘大湾区杯’全国高校外语专业区域国别学知识能力竞赛”决赛、总决赛举行。竞赛吸引了来自内地和港澳共 191 所高校共 1,531 名选手参赛，涵盖英语、日语、西班牙语、法语、德语 5 个语种。经过层层竞技，北京外国语大学西葡语学院西班牙语专业研究生李曼瑶夺得本次总决赛冠军。

6）第三届全国高校西班牙语歌曲大赛

2024 年 11 月 17 日，由北京外国语大学西葡语学院主办的“第三届全国高校西班牙歌曲大赛”决赛在北京外国语大学举行。本届大赛共收到来自全国 30 所高校的 62 个参赛作品，最终 15 名选手晋级决赛。经过现场评委组综合评审，决赛共产生一等奖 1 名、二等奖 2 名、三等奖 3 名和优秀奖 9 名。

三、重要论文文献信息[1]

曹轩梓、何明星，2024，“人类命运共同体”思想西语翻译与对外新闻传播研究 [J]，《青年记者》（5）：80-83。

侯健，2024，告别民族主义批评：博尔赫斯的中国书写及其世界主义文学思想研究 [J]，《西安外国语大学学报》（2）：114-119。

孙玉良，2024 母语及二语语法体使用模式在三语写作中的迁移研究 [J]，《外语教学与研究》（2）：274-285。

1 请于本书附录查看相关文献的详细摘要。

第六节　阿拉伯语[1]

一、年度情况概述

1. 教学改革与专业建设

2024 年，部分高校的阿拉伯语专业在专业建设上取得了较大的突破，收获了可喜的成绩。

为落实习近平总书记在“首届中国—阿拉伯国家峰会”上提出的中阿务实合作“八大共同行动”之“青年成才共同行动”，在教育部国际司的指导下，中国高等教育学会与阿拉伯大学协会共建“中阿大学联盟”交流机制，聚焦信息通信、青年成才、公共政策、农业发展、卫生健康等十大领域，建立 10 个高校合作集群，为中阿高校搭建校际交流合作平台。3 月，中国高等教育学会公布了“中阿高校 10+10 合作计划”中方牵头高校名单，上海外国语大学、浙江外国语学院、浙江工商大学分别成功入选“文明对话”领域中方牵头高校和“青年成长”领域中方牵头高校，进一步助力中阿务实合作。6 月 13 日，高等教育专业评价机构软科正式发布“2024 软科中国大学专业排名”，浙江工商大学的阿拉伯语专业进入全国前十名，位列浙江省属高校第一名。[1]

院系的发展离不开高质量教师队伍的建设。部分高校专业教师在不同领域获得较高荣誉，助力师资队伍高水平发展。对外经济贸易大学外国语学院阿拉伯语系葛铁鹰教授入选 2024 年中国翻译协会“资深翻译家”；北京外国语大学阿拉伯学院吴旻雁教授获 2024 年北京市教育工会“教书育人先锋”称号；北京外国语大学阿拉伯学院唐珺老师在“为党育人 为国育才——第六届北京市大中小幼教师讲述我（我们）的育人故事展示交流活动”中获二等奖；北京外国语大学阿拉伯学院叶良英教授主编的《理解当代中国：阿拉伯语读写教程》获 2024 年北京高校优质本科教材一般项目；北京外国语大学

1　本节作者：孟炳君，北京外国语大学。

阿拉伯学院尤梅副教授申报的《金翼：一个中国家族的史记》获2023—2024年度国家社科基金中华学术外译项目立项；浙江工商大学东方语言与哲学学院周玲教授主编的《阿拉伯语入门》教材入选拟推荐“十四五”普通高等教育本科省级规划教材名单；同时，周玲教授领衔的“阿语笔译实践创新”导学团队荣获浙江工商大学首届“卓越导学团队”提名奖荣誉称号，团队现有老师4名、研究生14名，主要从事翻译实务方面的研究。

部分高校在智库建设、科研方面也取得了不错的成绩。为进一步促进中阿友好，落实2022年“首届中国—阿拉伯国家峰会”和2020年“中国—阿拉伯国家合作论坛第九届部长级会议”成果，推动落实中阿务实合作“八大共同行动”，加强中阿智库交流与合作，中华人民共和国外交部和阿拉伯国家联盟秘书处商定共建中国—阿拉伯国家智库联盟，联盟公布了18家首批中方智库名单，北京外国语大学阿拉伯学院成功入选。[2] 由中外语言交流合作中心牵头，工作组设在北京外国语大学阿拉伯学院的“中海人文交流和互鉴双语文库”（本节简称“中海文库”）成果图书宣发活动于10月在沙特、阿联酋成功举办，《诗经》《丝路文明十五讲》《现当代阿拉伯文化中的中国形象》《中庸与调和：中阿思想对话》等多部由北京外国语大学阿拉伯学院教师翻译、撰写的“中海文库”中阿双语图书正式亮相并发售，为中阿读者提供了更丰富的阅读选择。[3] 11月30日，“2024新型智库治理论坛”在兰州召开，浙江外国语学院阿拉伯研究中心成功入选“中国智库索引（CTTI）来源智库”，该中心成立于2017年，2019年被浙江省社科联列为浙江省新型智库培育单位。[4]

2024年，部分高校积极探索深化校企合作新方式，为毕业生提供更为丰富的实习实践机会，搭建实践导向人才培养平台。

5月13日，安东石油服务集团总裁一行到访北京第二外国语学院中东学院。中东学院党总支书记、副院长以及部分师生代表参加会见，双方就校企合作、奖学金设置等事宜进行了深入交流。企业表示希望能与中东学院建立长期稳定的合作关系，共同培养更多具备国际化视野和专业技能的优秀人才；中东学院表示将根据企业的实际需求，调整人才培养措施，加强实践教学环节。同时，学院将积极对接安东石油，计划设立专项奖学金，用于奖励在学业、科研及社会实践等方面表现优秀的学生，激励他们更好地发展才能。[5] 9月6日，中国石油川庆钻探工程有限公司安全环保质量监督检测研究院副院长、所长、高级工程师一行到访北京第二外国语学院，就深化校企合作、建立实习实践基地等事宜进行深入交流，学院党总支书记饶其康等相关部门负责人参加会见。企业表示希望双方能够共同建立实习实践基地，为学生提供更多实践机会，同时也为企业引进更多优秀人才；中东学院表示，学院将积极响应企业的需求，加强双边合作，共同探索校企合作的新模式和新机制。双方还就具体的合作细节进行了深入的交流和探讨，包括实习实践基地的建设方案、人才培养方案的制定、科研项目的合作等。[6]

还有一些高校积极参与区域社会经济发展，贡献专业力量。7月，重庆市教委公布了重庆市普通本科高校产教融合特色优势专业群立项（培育）名单和产教融合虚实一体化实践教学平台立项名单，四川外国语大学“多语种跨境电商专业群”和“多语种全球制造业语言服务人才产教融合虚实一体化实践教学平台”获得立项，其中，阿拉伯语专业与重庆科技大学联动共建“能源勘探与绿色开发专业群”，专业群主动对接重庆市作为内陆开放综合枢纽的国家战略定位，创新性构建跨境电子商务专业群体系，提升专业建设服务区域经济发展的能力。[7]

2. 教学活动

1）第七届“丝绸之路的两端：中国与摩洛哥”国际学术研讨会

当地时间3月5日，由摩洛哥哈桑二世大学主办、哈桑二世大学孔子学院承办的“第七届‘丝绸之路的两端：中国与摩洛哥’国际学术研讨会”在哈桑二世大学穆罕默德塞克特图书馆召开。研讨会围绕“摩洛哥与中国：战略合作伙伴关系的创新和价值创造”主题，分享中摩双边交流成果，展望发展前景，共有来自两国的30余名专家学者和近200名师生参会。本次研讨会受到了中国国际电视台、摩通社（MAP）、摩洛哥国家广播电台、摩洛哥第一电视台等主流媒体的广泛关注。“‘丝绸之路的两端：中国与摩洛哥’国际学术研讨会”每年举办一次，由上海外国语大学与摩洛哥哈桑二世大学轮流主办，是两校合作的重要成果之一。[8]

2）“中沙文化合作：历史与未来”研讨会

3月28日，在第一届中沙文化合作奖启动之际，由阿卜杜勒·阿齐兹国王公共图书馆北京大学分馆主办的“‘中沙文化合作：历史与未来’研讨会”在分馆举行。研讨会上，中沙文化合作奖委员会秘书长阿卜杜勒·穆赫森·阿奇利介绍了奖项的设置及评审环节，委员会部分委员以及北京大学外国语学院阿拉伯语言文化系学生代表就中沙科技产业、艺术展览、体育竞技等领域的合作畅所欲言，现场气氛热烈。[9]

3）沙特“中国阿拉伯语月”上海站活动

4月15日，由教育部外指委阿拉伯语专业教学指导分委员会、沙特萨勒曼国王阿拉伯语全球学院和上海外国语大学联合主办，上海外国语大学东方语学院阿拉伯语系承办的“‘中国阿拉伯语月’上海站教学主题周暨第十二届全国高校阿拉伯语专业青年教师培训班”在上海外国语大学松江校区开幕。来自上海外国语大学东方语学院阿拉伯语系、萨勒曼国王阿拉伯语全球学院的负责人和教师代表分别介绍了各自单位的建设和发展情况，并就阿拉伯语教学方法与策略展开讨论。此次会议是中阿双方教育合作的重要成果，有助于进一步深化中阿人文交流。[10]

4）中阿文化交流周

4月21日，浙江外国语学院举行中阿交流周启动仪式暨阿联酋学生“汉语桥”团组欢迎仪式。本次活动是浙江外国语学院贯彻落实国家主席习近平在“首届中国—阿拉伯国家峰会”上重要讲话精神，发挥外国语言文学、对外经济贸易、国际文化旅游和区域教育治理等四个领域的学科优势，以“跨文化交流”为核心，以“学者引领进讲坛、学生助教进项目、学员助学进课堂”为特色，两国积极合作培养未来语言推广人、文旅创新者、未来教育家和数字贸易师的初步尝试。活动期间，中阿双方学生代表分别带来了民族传统体育展示、歌舞表演等，阿联酋“汉语桥”团组全体营员还参与了中国结编制、折扇书法、画脸谱等中国传统文化体验活动。[11]

5）第三届北大—上外丝路学青年论坛暨第十四届丝路学论坛

4月26日，由上海外国语大学丝路战略研究所、北京大学外国语学院阿拉伯语言文化系、北京大学中东研究中心、上海外国语大学伊斯兰合作组织研究中心、《新丝路学刊》编辑部、上外丝路战略研究所党小组、北大阿拉伯语系党支部书记工作室等单位联合主办的“第三届北大—上外丝路学青年论坛暨第十四届丝路学论坛”在上海外国语大学松江校区举办。当天上午，北大阿拉伯语系师生参观了世界语言博物馆和上外校史馆，重点了解了博物馆的数字化工作，以及包括马坚先生《论语》阿拉伯语译本在内的馆藏文物和文献材料。参观结束后，北大阿拉伯语系师生与上外东方语学院阿拉伯语专业部分师生进行了座谈，就各自专业建设、课程改革等话题展开交流。下午，“第三届北大—上外丝路学青年论坛暨第十四届丝路学论坛”开幕，相关单位的专家学者、教师、青年学者等出席会议。[12]

6）第三届北大—上外中东研究青年论坛

4月27日，由上海外国语大学中东研究所、北京大学外国语学院、北京大学中东研究中心联合主办的“第三届北大—上外中东研究青年论坛”在上海外国语大学举办，论坛主题为“全球三大倡议视角下的中国与中东”，来自两所高校的中东问题专家、中外青年学者和研究生50余人出席论坛。开幕式上，与会领导、专家高度评价本论坛的平台作用，强调青年学者在对外交流、学科发展中的重要作用。论坛共设三个分论坛，主题分别为“中东政治与发展转型”“中东安全与冲突治理”“中东外交与文明互鉴”，来自两家单位的共29名青年学者和研究生发言。[13]

7）中国（陕西）阿联酋青年可持续发展对话会暨艺术作品展

5月13日，由陕西省文学艺术界联合会、阿拉伯青年综合发展理事会、阿联酋女企业家协会主办，西安外国语大学、阿联酋乌姆盖万大学、阿联酋侨星教育承办的“中国（陕西）阿联酋青年可持续发展对话会暨艺术作品展”在迪拜举行，来自西安外国语大学、西安美术学院、沙迦大学、乌姆盖万大学，以及在阿联酋学习工作的陕西籍青年近百人参加。活动以主旨报告和圆桌访谈两种形式展开，对话会的主题为“青年塑造可持续和创新的解决方案”，旨在深化两国青年间的友谊，促进中阿文化交流、文明互鉴，共同探索可持续发展的未来，为构建中阿青年命运共同体贡献力量。[14]

8）第十二届国际口笔译大赛同声传译邀请赛（阿汉互译）

5 月 26 日，由北京语言大学主办、北京语言大学高级翻译学院承办的“第十二届国际口笔译大赛同声传译邀请赛”举行。本届大赛设阿汉互译组别，邀请来自国内 9 所知名翻译院校的 16 支代表队参赛，大赛主题为“和平与发展”。北京语言大学自 2011 年开始举办国际口笔译大赛，至今已成功举办 12 届大赛，阿汉互译组共举办了 3 届。[15]

9）“阿拉伯文明西传的历史与理论”青年学者工作坊

6 月 1 日，宁夏大学阿拉伯学院（中国阿拉伯国家研究院）“‘阿拉伯文明西传的历史与理论’青年学者工作坊”在宁夏大学举行，来自浙江外国语学院、山东大学、山西师范大学、上海工商外国语学院、包头师范学院的专家学者以及宁夏大学的 10 余名中青年学者、硕博士研究生等参会。本次工作坊包含专家主旨报告和主题研讨两个环节，议题分别为“阿拉伯文明与西方文明的思想碰撞”“阿拉伯商路与跨区域贸易”“东西方文明的交流与互鉴”。该会议属于 2022 年度国家社科基金重大招标项目“阿拉伯文明西传的路径与影响研究（多卷本）”的中期成果，有效促进了课题组成员之间及其与专家学者之间的对话交流和成果分享，为项目的顺利推进奠定了基础。[16]

10）首都高校阿拉伯语学生会联席会成立仪式暨首届北京高校阿拉伯语配音大赛决赛

6 月 7 日，“首都高校阿拉伯语学生会联席会成立仪式暨首届北京高校阿拉伯语配音大赛”决赛在北京外国语大学举行，来自北京大学外国语学院阿拉伯语言文化系、北京外国语大学阿拉伯学院、对外经济贸易大学外语学院阿拉伯语系、北京语言大学中东学院阿拉伯语系、北京第二外国语学院中东学院阿拉伯语系的百余名师生参加活动。活动首先进行了“首都高校阿拉伯语学生会联席会”成立仪式，该机制的建立源于阿拉伯语专业学生之间加强交流的需要，是在京高校阿语专业青年学子共同成长的有益探索，为学生增强自我管理能力和增进交流合作搭建了平台。成立仪式后，“首届北京高校阿拉伯语配音大赛”决赛拉开帷幕，决赛分为自选片段配音与指定片段配音两轮比赛，来自5所高校的9支队伍参赛，他们的演绎各具特色，令人印象深刻。配音大赛为同学们提供了沟通交流的平台，通过生动有趣的方式增强专业兴趣、提高专业本领，提供了互相学习、互相切磋的机会。[17]

11）全国高校阿拉伯语短剧大赛

8月29日，“2024年全国高校阿拉伯语短剧大赛”评审结果发布。该比赛由天津外国语大学承办，是教育部外指委阿拉伯语专业教学指导分委员会联合沙特萨勒曼国王阿拉伯语全球学院举办的“中国阿拉伯语月”系列活动之一。本次大赛不仅展现了当代大学生积极向上的精神风貌，激发了学生学习阿拉伯语的热情，也帮助学生提升了语言运用能力和人文情怀，增强了他们的文化自觉意识和跨文化交际能力。[18]

12）2024年“擘画中阿合作新愿景，推动中国式现代化新征程”全国高校阿拉伯语专业学生征文大赛

9月5日，由全国高校阿拉伯语教学研究会主办，北京大学外国语学院阿拉伯语言文化系、北京大学中东研究中心承办的“2024年‘擘画中阿合作新愿景，推动中国式现代化新征程’全国高校阿拉伯语专业学生征文大赛”结束。大赛自启动征稿以来，得到了来自全国各高校阿拉伯语专业师生的积极响应，共收到了全国30余所高校阿语专业学生的近150篇参赛作品。大赛邀请了国内高校阿语专业教师及主流媒体资深外籍专家担任评委，来自全国16所高校的38名同学获奖。[19]

13）中阿智库联盟首次会议

9月27日，由中阿改革发展研究中心承办的“中阿智库联盟首次会议”在上海外国语大学召开，外交部副部长邓励、阿盟助理秘书长哈塔比出席会议开幕式并致辞。本次会议围绕中阿高质量发展、高水平开放合作以及巴勒

斯坦问题三个议题进行研讨交流。中阿智库联盟于 2024 年 1 月成立。来自中国和 19 个阿拉伯国家及阿盟近 40 家智库的代表参加了此次会议，巴林、巴勒斯坦、科威特等阿拉伯国家驻华使节列席。[20]

14）第三届北京大学阿拉伯语专业本科生学术论坛

9 月 28 日，由北京大学外国语学院阿拉伯语言文化系、北京大学中东研究中心、中国阿拉伯语教学研究会、中国阿拉伯文学研究会、北京大学卡塔尔国中东研究讲席项目、北京大学卡布斯苏丹阿拉伯研究讲席项目共同举办的“第三届北京大学阿拉伯语专业本科生学术论坛”在北京大学举行。北京大学阿拉伯语言文化系全体本科生参会，论坛还邀请了本系与其他院系的硕博研究生代表与本科生同学讨论交流。论坛上午场为实践考察与田野调研圆桌座谈，学生们分享了各自的海外出访与实习的经历和心得；论坛下午场包含科研项目圆桌座谈、“国家发展报告”团队展示、本科各年级班级风采展示、博恩奖学金颁奖仪式、山海云图奖学金颁奖仪式等五个环节。论坛聚焦阿拉伯语专业本科生学术训练与实践，通过经验分享、师长评议以及学术成果展示等环节培养本科生的学术思维和科研志趣，提升研究能力。[21]

15）中国—埃及阿拉伯语汉语教学发展研讨会

10 月 15 日，“中国—埃及阿拉伯语汉语教学发展研讨会”在沙特阿卜杜勒·阿齐兹国王公共图书馆北京大学分馆举行。在上午的主旨发言环节，来自北京大学外国语学院阿拉伯语言文化系、加拿大金字塔大学外语学院、艾因夏姆斯大学中文系、对外经济贸易大学外国语学院阿拉伯语系、北京第二外国语学院中东学院阿拉伯语系的教师代表依次发言，围绕各自的专业建设和人才培养展开讨论。下午，中埃专家学者围绕“数字化与语言教学”主题开展研讨，分享了各自对 ChatGPT 辅助教学、数字化教育、语言人才培养与人工智能的关系等话题的看法。此外，与会专家还讨论了文化交流与语言教学间的关系，展望了中阿文化交流工作的前景。[22]

16）“永旺杯”第十七届多语种全国口译大赛

10 月 26 日，由中国翻译协会与北京第二外国语学院主办、北京第二外国语学院中东学院承办的"'永旺杯'第十七届多语种全国口译大赛"阿拉伯语交替传译组比赛在北京第二外国语学院举行。本次大赛涵盖日语、法语、俄语、德语、朝（韩）语、西班牙语、阿拉伯语7个语种，设置8个项目。自9月中旬起，经过20所高校举荐的选手们参加了阿拉伯语交替传译组比赛的初赛，经过专家评审团的严格筛选，共有11名佼佼者脱颖而出，晋级复赛。在决赛中，评委们从人文素养、翻译技巧、信息传递、心理素质、应变能力等多个方面对选手们进行了全面考查和评价。[23]

17）中国中东学会年会暨"中国与中东国家现代化探索"学术研讨会

10月26—27日，由中国中东学会、西北大学主办，西北大学中东研究所、西北大学区域国别研究院承办的"中国中东学会年会暨'中国与中东国家现代化探索'学术研讨会"召开。来自外交部、中联部、中国社会科学院、中共中央党校、北京大学、云南大学、宁夏大学、西安外国语大学等百余所高校和研究机构的300余位专家学者及青年学子参会。会议共设6场分论坛和圆桌论坛，与会学者围绕全球发展倡议、全球安全倡议、全球文明倡议与中国—中东国家合作、中国式现代化与中东国家的现代化探索、中东战略形势与地区热点问题走向、中东地区主要国家的发展及其国际影响、区域国别学与中东研究的前沿问题、文明交往与中国特色的中东研究等主题进行了深入研讨。[24]

18）北京外国语大学阿拉伯学院与对外经济贸易大学外国语学院阿拉伯语系联合举办跨校师生交流活动

10月31日下午，北京外国语大学阿拉伯学院师生代表参访对外经济贸易大学外国语学院阿拉伯语系，开展跨校师生交流活动。在座谈环节，双方师生就课程设置、教学安排、专业学习、学业规划等问题展开了深入讨论；随后，双方教师和学生又分别就教研和学习展开专题交流。此次活动是两校多年友谊的见证，也是深化双方交流合作的新起点。两校希望以本次交流为契机，建立周期性的交流合作新机制。[25]

19）教育部中东联合研究院期刊方阵建设暨中东形势学术论坛（2024）

11 月 2 日，由上海外国语大学主办、上外中东研究所承办的“教育部中东联合研究院期刊方阵建设暨中东形势学术论坛（2024）”在上海外国语大学举行，来自上海外国语大学、复旦大学、上海大学、北京外国语大学、宁夏大学、陕西师范大学、西南大学、云南大学、河南大学、西北大学、浙江外国语学院、上海社会科学院、上海国际问题研究院等众多高校和科研院所的专家学者和研究生 50 余人参会。本次论坛主题为“深入学习贯彻中共二十届三中全会精神，推进中国中东研究国际传播能力建设”。论坛在分析中东地区形势的基础上，聚焦提升中国中东研究话语体系和传播能力的建设，在打造中东研究学术期刊矩阵等议题上进行了深入研讨交流。本次论坛的重要成果是就教育部中东联合研究院期刊方阵建设形成共识，后续将不断推动形成中东学术期刊资源共享与合作共建机制，加强国际交流，注重青年学者的培养。[26]

20）2024 年全国阿拉伯语专业本科生学术创新论坛

11 月 23 日，由教育部外指委阿拉伯语专业教学指导分委员会指导、北京外国语大学阿拉伯学院主办的“2024 年全国阿拉伯语专业本科生学术创新论坛”在北京外国语大学举行。论坛以“面向新时代的中阿命运共同体”为主题，共有来自 15 所高校 40 名本科生的论文入选，论坛下设“构建中阿命运共同体的理念与路径”“中阿经贸合作”“中阿人文交流”“中阿文明互鉴”四个分论坛，来自北京外国语大学阿拉伯学院、北京语言大学中东学院阿拉伯语系、北京第二外国语学院中东学院阿拉伯语系、对外经济贸易大学外国语学院阿拉伯语系的教师代表分别对与会同学的论文进行了深入点评，10 余所高校的学生论文获评优秀论文奖。[27]

21）2024“外研社·国才杯”“理解当代中国”全国大学生外语能力大赛

12 月 9 日，由北京外国语大学主办、外语教学与研究出版社承办的“2024‘外研社·国才杯’‘理解当代中国’全国大学生外语能力大赛”（多语种组）国赛在北京落幕。大赛设置英语组、多语种组和国际中文组三大组别，覆盖包括阿拉伯语在内的11个语种。赛事自3月启动，历经校赛、省赛、国赛三个赛段。比赛把握新的使命任务与发展要求，服务国家重大发展战略，深化高校外语教育改革，已成为高站位谋划、高标准部署的顶尖赛事。比赛有助于各外语专业学生拓展全球视野，提升用外语“讲好中国故事，传播好中国声音”的能力。[28]

3. 全国高校阿拉伯语专业四级、八级测试

2024年全国高校阿拉伯语专业四级测试于5月18日举行，全国43所院校共1,644人报名，其中应届本科生973人，专科生40人，补考生631人，实际参加考试人数为1,538人，106人缺考。考虑到全国学生的实际情况，2024年降低了各档的分数线，各降低了5分，即合格档从原来的55分降到50分，良好档从80分降到75分，优秀档从95分降到90分。降低分数档后，各档比例与以往基本持平，应届本科生通过率为42.03%，平均分为48.23分。补考生通过率为29.77%，平均分为43.8分。全国最高分为107.025分，其中100分以上共6人，90分以上共24人。

试卷共包含五个题目。听力包括一篇80词的听抄文章和20道题，总分为20分，全国平均分为8.17分；词汇语法包括近义词、反义词、动词变化、名词变化、介词用法、数词用法、综合语法等几个板块，总分为40分，全国平均分为17.35分；阅读理解包括完形填空、标符、篇章阅读选择三个题型，总分为25分，全国平均分为8.57分；汉阿互译包括词组、句子和段落互译等，总分为20分，全国平均分为7.44分；写作包括应用文写作和命题作文两个板块，总分为15分，全国平均分为6.50分。整体来看，参试的2022级学生成绩相较以往有较明显的下降，基本的词汇语法知识、阅读理解、综合应用等方面都还存在较大的提升空间。

2024年还完成了全国高校阿拉伯语专业八级测试的工作。测试大纲主要参考了英语、俄语的大纲，经过多轮研讨后于2024年年初定稿，随后在全国12所高校征集试题，3月9日上午进行试测。试题通过邮箱发送，由各校

自行打印，在规定时间内组织考试。考试后，以高校阿拉伯语专业教学测试专家组名义向参试学生发放了八级测试成绩证明。试测总分 120 分，划定的分数线为 55—79 分通过，80—89 分良好，90 分以上优秀。全国 39 所院校共 510 名大四在校生报名，实际参加测试人数为 421 人，平均分为 56.75 分，获得 55 分以上的人数为 232 人，通过率为 54.87%。全国最高分为 101.75 分，共有 3 名同学成绩超过 100 分。

从单项题目得分情况来看，听力包括 40 个空格填空和 20 道选择题，总分为 20 分，全国平均分为 7.63 分；综合知识部分包括词汇、短语、语法结构、修辞、文学、国情、文化知识等内容，共 40 道题 20 分，全国平均分为 8.62 分；篇章阅读理解包括完形填空和阅读理解选择题两个板块，共 20 分，全国平均分为 9.53 分；阿汉互译共计 40 分，全国平均分为 16.88 分；命题作文共计 20 分，全国平均分为 11.08 分。

二、热点问题剖析

1. 高水平互访交流持续助推专业发展

2024 年，各高校积极“走出去”，前往阿拉伯国家开展访问交流，拓展合作前景。

3 月 4—5 日，上海外国语大学副校长林学雷率团访问了摩洛哥哈桑二世大学、伊斯兰教科文组织、摩洛哥拉巴特中国文化中心等机构。在哈桑二世大学，代表团参加了大学孔子学院理事会，双方对进一步加强孔子学院建设，推进两校在汉语、阿拉伯语、区域国别研究等领域的合作达成共识；在伊斯兰教科文组织，副总干事阿卜杜・伊拉・本・阿利法会见代表团一行，双方就开展阿拉伯语教学、中阿经典互译、丝绸之路研究、伊斯兰合作组织研究等领域的合作进行了深入交流。[29]

4 月 28—29 日，北京外国语大学党委常委、副校长丁浩率团出席扎耶德大学孔子学院第十届理事会议，同中阿双方代表和理事讨论了两校师生学术互访、区域国别联合研究等事宜；代表团参访了阿联酋通讯社，社长穆罕默德·杰拉勒·拉伊斯会见代表团一行，双方就进一步推进北外与阿通社的合作事项、为学生提供更多海外实习实践机会等展开讨论；代表团还同阿联酋教育部中文专家组组长、北外中文学院副教授张红交流座谈，了解专家组近年来开展的相关工作情况。[30] 12 月 14—23 日，北京外国语大学校长、党委副书记贾文键率团访问沙特阿拉伯、埃及、阿尔及利亚，访问了沙特阿拉伯苏尔坦亲王大学、努拉公主大学，埃及艾因夏姆斯大学、巴德尔大学，阿尔及利亚阿尔及尔第三大学，深化拓展校际交流；代表团访问了沙特海湾研究中心、知识交流与研究中心、埃及文化最高委员会翻译分会、阿尔及利亚—中国友好协会，加强与海外智库、政府、组织的友好合作；代表团还拜访了华为沙特阿拉伯分公司，访企拓岗。[31]

5 月 27 日，北京大学外国语学院副院长付志明，北京大学外国语学院阿拉伯语系主任、北京大学卡塔尔国中东研究讲席教授吴冰冰访问卡塔尔，出席北京大学卡塔尔国中东研究讲席国际咨询委员会会议，双方就下一阶段工作规划进行讨论。访问卡塔尔大学，出席大学海湾研究中心举办的圆桌研讨会时，吴冰冰教授围绕中国与中东国家友好合作做主旨演讲，并与卡塔尔大学学者进行交流。[32] 受科威特中国文化中心邀请，10 月 2—5 日，北京大学外国语学院代表团一行 4 人对科威特国进行了为期 4 天的访问。代表团访问了科威特大学海湾和阿拉伯半岛研究中心、科威特大学文学院，分别同多名科方代表、专家学者就中科关系、中国阿拉伯语教学和研究、中国在地区热点问题上的立场等问题进行了深入研讨；此外，代表团还拜访了多名科威特重要社会文化名人以及文化类机构。[33] 10 月 6—7 日，受沙特阿拉伯萨勒曼国王阿拉伯国际语言学会的邀请，北京大学阿拉伯语系付志明教授和高山助理教授参加了在利雅得举办的以“阿拉伯语语言计算与语言数据丰富”为主题的第三届年会，同来自其他 22 个国家的 42 名专家学者共同讨论了阿拉伯语语言计算、语言信息处理、语言资源、电子词典、语言技能教学等多个重要议题，同时也分享了北京大学阿拉伯语系在计算机辅助语言教学方面的研究工作，获得了与会专家的高度赞赏。[34]

5月20—29日，广东外语外贸大学副校长刘建达率团访问沙特阿拉伯、埃及、阿联酋。在沙期间，代表团访问了沙特广东商会，双方就国际中文教育合作、学生实习实践基地与学生就业推荐等事项进行交流；代表团还访问了沙特研究与知识交流中心，同中心主任叶海亚·本·朱奈德教授以及有关研究员就推动双方智库研究合作、联合举办研讨会、促进中沙高等教育合作以及阿拉伯语语种专业建设等问题进行了深入交流与讨论。在埃期间，代表团访问了艾因夏姆斯大学，同副校长嘉达·法鲁克教授、孔子学院外方院长纳赛尔教授等进行座谈，就推动孔子学院建设、汉语＋人才培养、未来师生互访、合作研究意向等方面展开交流；此外，代表团还走访了参与共建的艾大孔子学院。在阿期间，代表团访问了阿联酋广东商会，就阿联酋经贸形势、两国的经贸与文化交流合作、国际中文教育建设、中小学中文教育科研合作的可能性交换了意见；代表团还访问了阿吉曼城市大学，同校长伊姆兰·汗先生、副校长阿美拉博士以及部分教师代表进行座谈，就推动商科专业建设、国际中文教育合作、促进国别区域研究合作等问题进行了深入探讨。[35]

同时，主要阿拉伯国家相关部门、各高校负责人也频繁访问各阿拉伯语专业高校，共商共建，提高合作水平。

4月19日，阿联酋穆罕默德·本·扎耶德人文科学大学校长哈利法·扎希里率团访问北京外国语大学，北外党委书记王定华会见代表团一行。双方就未来两校在硕博士联合培养、科研项目、经典互译、学术翻译与出版、师生互换、举办学术会议等方面进行了深入交流，表示将进一步增进两校深度交流与中阿互学互鉴，双方还签署了两校合作谅解备忘录。[36] 5月29日，阿联酋教育部部长艾哈迈德·巴胡勒·法拉希率团访问北京外国语大学，北外党委书记王定华会见代表团一行，表示希望与阿联酋高校、智库、文化机构在联合开展阿拉伯研究、中阿优秀图书出版、汉语教材编写与推广、师生交流互访与学术研修等方面进一步加强合作。[37] 11月27日，阿联酋驻华大使侯赛因·本·伊卜拉欣·哈马迪访问北京外国语大学，北外党委书记王定华，党委常委、副校长刘欣路会见侯赛因一行，中方表示将基于扎耶德阿拉伯语与伊斯兰研究中心、“‘一带一路’中阿友好文库”等平台项目，推动文化沙龙、学术讲席建设，支持两国青年学生加强交流，开展涵盖语言文学、教育、新闻、法律等多专业更宽领域的合作，共同建设标志性项目；阿方表示将支持阿联酋文化教育机构与北外加强沟通合作，共建高水平教育项目，增进两国人民深层次理解互信。[38] 12月11日，巴林王国驻华大使穆罕默德·谢胡访问北京外国语大学，北外校长、党委副书记贾文键，党委常委、副校长刘欣路会见谢胡一行。中方表示愿在师生互访、学术研讨、文化活动、教材编写等领域同巴方加深合作，促进双方教育人文交流；巴方表示将进一步支持巴林高校、政府机构、智库等组织与北外开展合作，为北外师生提供更多的机会与平台。[39]

4月29日，黎巴嫩外交部秘书长哈尼·什梅塔里率代表团访问上海外国语大学松江校区，访问中阿改革发展研究中心，上海外国语大学校长、中阿改革发展研究中心执行理事长李岩松会见了代表团一行，双方就进一步加强中黎两国在文明对话与治国理政领域的交流合作进行座谈。[40] 5月13日，阿联酋总统事务部奖学金办公室主任朱玛·鲁迈西率团访问上海外国语大学，上外李岩松校长在虹口校区会见代表团一行。中方表示希望未来与更多阿联酋高校及科研机构建立紧密的合作关系，推动中阿两国在教育、文化等领域的深入交流，也欢迎更多的阿联酋学生来上外学习；阿方介绍了阿联酋总统事务部奖学金办公室的情况，表示希望未来能够支持更多的阿联酋学生来上外留学。双方还就签订框架协议达成了共识。[41]

6月3日，伊拉克驻广州总领事马什库尔·萨胡德访问广东外语外贸大学，广外副校长焦方太在白云山校区会见来宾。中方介绍了学校阿拉伯语专业的建设情况，表示希望推动与伊拉克高校和机构的教育与科研合作，并欢迎伊拉克师生来广外交流；马什库尔·萨胡德表示，伊拉克政府和人民非常重视与中国的交流与合作，积极参与中国“一带一路”倡议，他期待深化与广外的合作关系，共同推动两国文化与教育事业的繁荣发展。[42]

11月15日，沙特教育部副部长哈桑·哈拉米访问北京语言大学，北语党委书记倪海东会见来宾。中方首先介绍了北语在推动沙特中文教育高质量发展方面取得的多项成果，表示将进一步加强教师交流，推进区域国别研究，深化“语言＋专业”“中文＋相关专业”等跨专业、跨学校的学生培养，推动教材研发，为中文人才培养提供有力支持；沙方表示，沙特领导人高度重视中文教育，希望未来双方在今天会议成果的基础上，有序推进沙特中文教育工作，助力沙特“2030 愿景”的实现。会谈后，沙特代表团前往北京语言大学应用中文学院观摩沙特本土中文教师课堂，并与本土教师代表就学习生活等各方面进行了深入交流。[43]

2. 多元调研活动丰富学习内容，开拓师生视野

2024 年，部分高校继续组织内容丰富的海外调研活动，拓展师生视野，丰富实习实践经验。

1 月 15—18 日，北京大学阿拉伯语言文化系中东研究考察团前往英国访问。在牛津，考察团赴牛津大学亚洲与中东研究学院参观，考察该学院的图书与学术资源建设情况；随后前往牛津大学中东研究中心访问，中心主任尤金·罗根教授与中心学者代表会见考察团一行，双方学者随后就两校中东研究的课程设置、人才培养、研究重点和活动机制等多方面的发展情况进行了深入交流，并期待未来持续加强沟通与合作。在伦敦，考察团访问了英国皇家国际事务研究所，研究所中东与北非研究项目主任萨纳姆·瓦奇勒博士与相关领域的学者代表会见考察团一行，双方学者首先分别介绍了各自重点关注的研究领域与方向；随后，双方就大国的中东政策、中东地区地缘战略竞争的局势变化、中东局势与国际政治发展互动等议题展开了深入的讨论与交流。考察团访问了伦敦政治与经济学院中东研究中心，中心主任麦克尔·梅森博士会见考察团一行。双方学者详细介绍了各自研究结构的建设发展、资源体系、人才培养、研究成果等情况，双方表示期待未来在共同关心的研究领域开展学术合作。考察团访问了剑桥大学亚洲与中东研究学院、伊斯兰研究中中心，中心主任阿米拉·本尼森教授与机构部分学者会见了考察团一行。双方学者还就两校中东研究领域课程设置、人才培养、合作方式等内容

进行深入而富有建设性的交流。考察团还访问了埃克萨特大学，该校副校长，人文、艺术与社会科学学部执行院长加里斯·斯坦斯菲尔德教授以及阿拉伯伊斯兰研究所、语言文化和视觉研究系相关负责人参加会见，双方学者就两校在中东研究领域的合作方式进行了深入坦诚的交流。[44]

6月30日—7月3日，北京大学外国语学院阿拉伯语言文化系阿曼苏丹国伊扎银行调研团前往阿曼展开相关活动。调研团访问了《视野》杂志总部，与阿曼国家委员会委员、《视野》杂志主编座谈，双方表示将进一步加强在学术研究、出版传媒和人文交流方面的合作，服务于两国的人文交流；调研团还访问了阿曼华商商会，与在阿中国企业进行座谈交流；此外，调研团还访问了阿曼瓦格夫与宗教事务部，与各部门主要领导座谈，中方简要介绍了专业历史、当前四大研究方向的建设情况以及此次调研团的主要内容，阿方表示此次访问能够为今后拓展合作、举办人文交流项目奠定坚实的基础；最后，调研团访问了阿曼卡布斯苏丹大学，分别与该校教育学院、阿曼研究中心的负责人和教师举行座谈，交流各自机构的建设和发展情况，增进相互了解，拓展未来合作前景。[45]

3. 中阿青年交流活动频繁，为中阿交往注入新活力

2024年，中阿青年间的交流互访频繁。一方面，中国青年积极参与相关对外活动，展现中国青年形象，传递中国青年声音；另一方面，越来越多的阿拉伯青年团组访问中国，深入城市与学校，同中国青年面对面交流，增强相互了解，加深双方友谊。

5月30日，“中国—阿拉伯国家合作论坛第十届部长级会议”在北京举行，国家主席习近平在开幕式上做了题为“深化合作，继往开来，推动中阿命运共同体建设跑出加速度”的主旨发言。北京外国语大学阿拉伯学院苏丹留学生阿瓦布、白青莲，埃及留学生艾哈迈德接受《中国青年报》采访，从青年视角表达了对中阿友好合作关系的认知和期待。[46] 5月7—12日，由埃及青年和体育部主办的“第三届全球青年媒体领袖峰会”在开罗召开，北京外国语大学阿拉伯学院2021级博士研究生康雨莎作为中国青年学生代表参

加并做发言，获得主办方高度评价。[47]6 月 3 日，由中国驻阿联酋大使馆、阿联酋联邦青年管理局、阿联酋国家通讯社等联合主办的“‘青年圈’——中阿两国青年沙龙活动”在阿布扎比举行，沙龙以“文化相通：促进中国与阿联酋之间相互了解与文化交流”为主题，北外阿拉伯学院 2021 级博士研究生康雨莎作为中国青年学生代表参会，分享了她在阿留学期间的个人感悟，并表达了其作为阿拉伯语学习者、中阿关系研究者希望挖掘中阿文化共性，以切身实践促进文明交流互鉴的意愿。[48]

3 月 7 日，阿联酋国防学院副院长艾哈迈德·阿勒穆勒率团访问北京大学，与阿拉伯语言文化系师生进行交流座谈。中方首先介绍了北大阿语系的发展历程、专业现状以及教师学者在教学科研方面的丰硕成果，随后由阿语系学生代表做主题汇报，从不同角度阐释了中国与海合会国家的合作现状和前景；在问答环节，阿联酋国防学院的学生们积极提问，就北大阿语系学生的就业方向、中阿双方未来的合作前景等问题与阿语系师生进行了深入的交流。[49]

7 月 11 日，卡塔尔师生代表团参访北京第二外国语学院，并与中国学生深入对话，加强了两国青年学子之间的相互理解，助力两国教育领域的深入交流。[50]

4 月 16 日，由中外语言交流合作中心立项并资助、浙江外国语学院承办的“阿联酋学生‘汉语桥’春令营”开营，来自阿联酋迪拜大学、阿联酋航空大学的 30 名师生在为期两周的主题活动中，围绕“国际中文教育、跨文化交流、可持续发展调研、跨境电商素养提升”等主题，通过“学者引领进讲坛、学生助教进项目、学员助学进课堂”等组织形式，参与了“中文学习”“跨文化交流”“中阿青年互动”“专家学者对话”“知名企业参访”等系列活动。春令营为阿联酋青年学生提供了有趣又丰富的体验，深化了他们对中国文化的了解和认识。[51]11 月 12 日，浙江外国语学院举行“促相知·共成长”沙特阿卜杜勒·阿齐兹国王大学学生“汉语桥”冬令营开营仪式暨中沙学生成长课堂启动仪式。本次活动由中外语言交流合作中心立项支持，浙外东方语言文化学院负责组织实施。冬令营为沙特学生开设国际中文精品课堂，组织了高质量发展调研、中沙青年成长课堂、跨文化交流等丰富多彩的活动，有效地促进了中沙青年的成长与合作。[52]

三、部分论文文献信息 [1]

韩建伟、丁俊，2024，现代化视阈下中阿文明互鉴的理路与进路 [J]，《西亚非洲》（6）：3-29+155-156。

李伟建、唐志超、吴磊、刘胜湘，2024，携手推动构建人类命运共同体在中东的实践 [J]，《阿拉伯世界研究》（1）：3-33+157。

刘中民、徐张敏，2024，新时代中国参与中东安全治理的理念与实践 [J]，《国际安全研究》（2）：139-162+166。

佘纲正、房宇馨，2024，中东地区人工智能发展态势与挑战 [J]，《西亚非洲》（3）：79-102+173-174。

孙德刚、马文媛，2024，巴以冲突的治理难题与前景分析 [J]，《和平与发展》（1）：132-154+207-208。

王金岩、李伟建，2024，中国与阿拉伯国家合作的时代意义 [J]，《现代国际关系》（7）：79-94+135-136。

[1] 浙商大东语学院，2024，喜报丨阿语！全国前十！ [OL],https://mp.weixin.qq.com/s/AVOfjaNIQlsBzIRLdwQKgg（2025 年 1 月 10 日读取）。

[2] 北京外国语大学新闻网，2024，北外阿拉伯学院入选中阿智库联盟首批中方智库名单 [OL],https://news.bfsu.edu.cn/archives/305794（2025 年 1 月 10 日读取）。

[3] 北京外国语大学新闻网，2024，“中海文库”成果图书亮相沙特、阿联酋 [OL]，https://news.bfsu.edu.cn/archives/308318（2025 年 1 月 9 日读取）。

[4] 浙江外国语学院，2024，浙外 2 个智库成功入选中国智库索引（CTTI）来源智库 [OL]，https://www.zisu.edu.cn/info/1010/21874.htm（2025 年 1 月 11 日读取）。

[5] 北京第二外国语学院中东学院，2024，安东石油携手北二外中东学院：深化校企合作，共筑实践导向的学生培养新篇章 [OL]，https://zhongdong.bisu.edu.cn/#/newsDetail/666a5a0860b2c61adea0e594/WS666e6d6a60b2c61adea10d91（2025 年

1 请于本书附录查看相关文献的详细摘要。

1 月 11 日读取）。

[6] 北京第二外国语学院中东学院，2024，中国石油集团川庆钻探工程有限公司来访中东学院 [OL]，https://zhongdong.bisu.edu.cn/#/newsDetail/666a5a0860b2c61adea0e594/WS66dbb255cf1e66a18c75c02a（2025 年 1 月 11 日读取）。

[7] 四川外国语大学，2024，学校获批重庆市产教融合特色优势专业群和产教融合虚实一体化实践教学平台 [OL]，https://www.sisu.edu.cn/cwyw/d2f91e039c8e4191981541135ce57542.htm（2025 年 1 月 10 日读取）。

[8] 上外新闻，2024，第七届“丝绸之路的两端：中国与摩洛哥”国际学术研讨会召开 [OL]，https://news.shisu.edu.cn/international/1/20240322/1542.html（2025 年 1 月 10 日读取）。

[9] 北京大学外国语学院阿拉伯语系，2024，“中沙文化合作：历史与未来”研讨会在北京大学成功举办 [OL]，https://www.arabic.pku.edu.cn/rdxw/1375540.htm（2025 年 1 月 12 日读取）。

[10] 上外新闻，2024，沙特“中国阿拉伯语月”上海站活动举行 [OL]，https://news.shisu.edu.cn/international/3/20240417/1616.html（2025 年 1 月 10 日读取）。

[11] 浙江外国语学院，2024，浙外举行中阿交流周启动仪式 [OL]，https://www.zisu.edu.cn/info/1010/20358.htm（2025 年 1 月 10 日读取）。

[12] 北京大学外国语学院阿拉伯语系，2024，第三届“北大—上外丝路学青年论坛”暨第十四届丝路学论坛成功举办 [OL]，https://www.arabic.pku.edu.cn/rdxw/1376623.htm（2025 年 1 月 12 日读取）。

[13] 北京大学外国语学院阿拉伯语系，2024，北大上外学者共论“全球三大倡议视角下的中国与中东”[OL]，https://www.arabic.pku.edu.cn/rdxw/1376624.htm（2025 年 1 月 12 日读取）。

[14] 西安外国语大学，2024，我校在迪拜成功举办中国（陕西）阿联酋青年可持续发展对话会暨艺术作品展 [OL]，https://news.xisu.edu.cn/info/1011/13663.htm（2025 年 1 月 10 日读取）。

[15] 第二外国语学院中东学院，2024，学院（中心）第十二届国际口笔译大赛同声传译邀请赛中我院学生取得优异成绩 [OL]，https://zhongdong.bisu.edu.cn/#/newsDetail/666a5a0860b2c61adea0e594/WS666e6d6660b2c61adea10d89（2025 年 1 月 10 日读取）。

[16] 宁夏大学阿拉伯学院，2024，宁夏大学阿拉伯学院（中国阿拉伯国家研究院）“阿拉伯文明西传的历史与理论青年学者工作坊”学术研讨会成功举行 [OL]，https://arabic.nxu.edu.cn/info/1064/2573.htm（2025 年 1 月 11 日读取）。

[17] 北京外国语大学阿拉伯学院，2024，阿拉伯学院成功举办“首都高校阿拉伯语学生会联席会成立仪式暨首届北京高校阿拉伯语配音大赛决赛”活动 [OL]，https://mp.weixin.qq.com/s/Q_efTOq2Yqz-dPcVzJgPUw（2025 年 1 月 10 日读取）。

[18] 天津外国语大学，2024，首届全国高校阿拉伯语短剧大赛颁奖典礼在天外举行 [OL]，https://tfsu60xiaoqing.tjfsu.edu.cn/detail/343b1ab08c6f4c26914089a253d099aa（2025 年 1 月 11 日读取）。

[19] 北京大学外国语学院阿拉伯语系，2024，2024 年“擘画中阿合作新愿景，推动中国式现代化新征程”全国高校阿拉伯语专业学生征文大赛圆满结束 [OL]，https://www.arabic.pku.edu.cn/rdxw/1379656.htm（2025 年 1 月 11 日读取）。

[20] 宁夏大学阿拉伯学院，2024，中国阿拉伯国家研究院院长李绍先参加中阿智库联盟首次会议 [OL]，https://arabic.nxu.edu.cn/info/1064/2612.htm（2025 年 1 月 11 日读取）。

[21] 北京大学外国语学院阿拉伯语系，2024，第三届北京大学阿拉伯语专业本科生学术论坛成功举办 [OL]，https://www.arabic.pku.edu.cn/rdxw/1380807.htm（2025 年 1 月 11 日读取）。

[22] 北京大学外国语学院阿拉伯语系，2024，中国—埃及阿拉伯语汉语教学发展研讨会成功举办 [OL]，https://www.arabic.pku.edu.cn/rdxw/1380812.htm，中埃学者围绕数字时代下的语言教学展开研讨 [OL]，https://www.arabic.pku.edu.cn/rdxw/1380813.htm，中埃学者探讨文化交流与语言教学间的关系 [OL]，https://www.arabic.pku.edu.cn/rdxw/1380815.htm（2025 年 1 月 11 日读取）。

[23] 北京第二外国语学院中东学院，2024，第十七届“永旺杯”多语种全国口译大赛阿拉伯语交替传译比赛在北二外中东学院顺利举办 [OL]，https://zhongdong.bisu.edu.cn/#/newsDetail/666a5a0860b2c61adea0e594/WS6720f0bfcf1e66a18c75e3eb（2025 年 1 月 10 日读取）。

[24] 宁夏大学阿拉伯学院，2024，我院 30 余名师生参加 2024 年中国中东学会年会暨“中国与中东国家现代化探索”学术研讨会 [OL]，https://arabic.nxu.edu.cn/info/1064/2646.htm（2025 年 1 月 10 日读取）。

[25] 北京外国语大学阿拉伯学院，2024，阿拉伯学院与对外经济贸易大学外语学院阿拉伯语系联合举办跨校师生交流活动 [OL]，https://mp.weixin.qq.com/s/xCIx2gvMtnvqIRIzeUf_Vw（2025 年 1 月 12 日读取）。

[26] 上外新闻，2024，“教育部中东联合研究院期刊方阵建设暨中东形势学术论坛（2024）”举行 [OL]，https://news.shisu.edu.cn/research-/1/20241105/2232.html（2025 年 1 月 10 日读取）。

[27] 北京外国语大学，2024，北外举办 2024 年“全国阿拉伯语专业本科生学术创新论坛”[OL]，https://news.bfsu.edu.cn/archives/309620（2025 年 1 月 10 日读取）。

[28] 四川外国语大学，2024，我校学生在 2024“外研社 · 国才杯”“理解当代中国”全国大学生外语能力大赛国赛、省赛中收获多个奖项 [OL]，https://www.sisu.edu.cn/cwyw/4d4979123c414cc18e44ddcfab7607ed.htm（2025 年 1 月 11 日读取）。

[29] 上外新闻，2024，上海外国语大学代表团访问摩洛哥、意大利两国高校和国际组织 [OL]，https://news.shisu.edu.cn/international/3/20240320/1535.html（2025 年 1 月 10 日读取）。

[30] 北京外国语大学，2024，校领导率团出访韩国、马来西亚、阿联酋 [OL]，https://news.bfsu.edu.cn/archives/305067（2025 年 1 月 10 日读取）。

[31] 北京外国语大学，2024，贾文键校长率团出访沙特阿拉伯、埃及、阿尔及利亚 [OL]，https://news.bfsu.edu.cn/archives/310175（2025 年 1 月 10 日读取）。

[32] 北京大学外国语学院阿拉伯语系，2024，北京大学卡塔尔国中东研究讲席国际咨询委员会第七次会议顺利举行 [OL]，https://www.arabic.pku.edu.cn/rdxw/1377619.htm（2025 年 1 月 11 日读取）。

[33] 北京大学外国语学院阿拉伯语系，2024，北京大学外国语学院阿拉伯语系、北京大学中东研究中心代表团访问科威特 [OL]，https://www.arabic.pku.edu.cn/rdxw/1380804.htm（2025 年 1 月 11 日读取）。

[34] 北京大学外国语学院阿拉伯语系，2024，北京大学阿拉伯语系教师受邀赴沙特阿拉伯参加萨勒曼国王阿拉伯国际语言学会第三届年会 [OL]，https://www.arabic.pku.edu.cn/rdxw/1380808.htm（2025 年 1 月 11 日读取）。

[35] 广东外语外贸大学，2024，校领导率团访问沙特、埃及、阿联酋 [OL]，https://news.gdufs.edu.cn/info/1002/97037.htm（2025 年 1 月 10 日读取）。

[36] 北京外国语大学，2024，阿联酋穆罕默德 · 本 · 扎耶德人文科学大学校长哈利法 · 扎希里访问北外 [OL]，https://news.bfsu.edu.cn/archives/304681（2025 年 1 月 12 日读取）。

[37] 北京外国语大学，2024，阿联酋教育部长艾哈迈德 · 巴胡勒 · 法拉希访问北外 [OL]，https://news.bfsu.edu.cn/archives/305613（2025 年 1 月 12 日读取）。

[38] 北京外国语大学，2024，阿联酋驻华大使侯赛因 · 本 · 伊卜拉欣 · 哈马迪访问北外 [OL]，https://news.bfsu.edu.cn/archives/309607（2025 年 1 月 12 日读取）。

[39] 北京外国语大学，2024，巴林王国驻华大使穆罕默德 · 谢胡访问北外 [OL]，https://news.bfsu.edu.cn/archives/310023（2025 年 1 月 12 日读取）。

[40] 上外新闻，2024，黎巴嫩外交部秘书长访问中阿改革发展研究中心 [OL]，https://news.shisu.edu.cn/international/3/20240506/1666.html（2025 年 1 月 10 日读取）。

[41] 上外新闻，2024，阿联酋总统事务部奖学金办公室主任一行访问上海外国语大学 [OL]，https://news.shisu.edu.cn/international/3/20240520/1696.html（2025 年 1 月 10 日读取）。

[42] 广东外语外贸大学，2024，伊拉克驻广州总领事一行来访我校 [OL]，https://news.gdufs.edu.cn/info/1002/97064.htm（2025 年 1 月 10 日读取）。

[43] 北京语言大学，2024，倪海东书记会见沙特阿拉伯王国教育部副部长 [OL]，https://news.blcu.edu.cn/info/1011/27785.htm（2025 年 1 月 10 日读取）。

[44] 北京大学外国语学院阿拉伯语系，2024，北大阿语系英国中东研究考察团到访牛津 [OL]，https://www.arabic.pku.edu.cn/rdxw/1374127.htm，北大阿语系英国中东研究考察团到访剑桥 [OL]，https://www.arabic.pku.edu.cn/rdxw/1374125.htm，北大阿语系英国中东研究考察团到访埃克塞特 [OL]，https://www.arabic.pku.edu.cn/rdxw/1374124.htm（2025 年 1 月 10 日读取）。

[45] 北京大学外国语学院阿拉伯语系，2024，北京大学外国语学院阿拉伯语系阿曼苏丹国伊扎银行调研团到访阿曼《视野》杂志总部 [OL]，https://www.arabic.pku.edu.cn/rdxw/1379684.htm，北京大学外国语学院阿拉伯语系阿曼苏丹国伊扎银行访学项目到访阿曼华商商会 [OL]，https://www.arabic.pku.edu.cn/rdxw/1379659.htm，北京大学外国语学院阿拉伯语系阿曼苏丹国伊扎银行调研团到访阿曼瓦格夫与宗教事务部 [OL]，https://www.arabic.pku.edu.cn/rdxw/1379661.htm，北京大学外国语学院阿拉伯语系阿曼苏丹国伊扎银行调研团到访阿曼卡布斯苏丹大学 [OL]，https://www.arabic.pku.edu.cn/rdxw/1379658.htm（2025 年 1 月 10 日读取）。

[46] 北京外国语大学，2024，北外阿拉伯留学生接受《中国青年报》采访 [OL]，https://news.bfsu.edu.cn/archives/305656（2025 年 1 月 11 日读取）。

[47] 北京外国语大学，2024，我院学生参加 2024 年埃及第三届“全球青年媒体领袖峰会”[OL]，https://mp.weixin.qq.com/s/19xlkgRzoPLhpAIO1Nfg4g（2025 年 1 月 11 日读取）。

[48] 北京外国语大学，2024，我院学生参加 2024 年中国—阿联酋两国青年沙龙活动 [OL]，https://mp.weixin.qq.com/s/dvXV00AuiPO6pO4MAphcew（2025 年 1 月 11 日读取）。

[49] 北京大学外国语学院阿拉伯语系，2024，阿联酋国防学院代表团来访北京大学并与阿语系师生座谈 [OL]，https://www.arabic.pku.edu.cn/rdxw/1375049.htm（2025 年 1 月 10 日读取）。

[50] 北京第二外国语学院中东学院，2024，卡塔尔师生代表团参访北京第二外国语学院 [OL]，https://zhongdong.bisu.edu.cn/#/newsDetail/666a5a0860b2c61adea0e594/WS66b089becf1e66a18c75b208（2025 年 1 月 11 日读取）。

[51] 浙江外国语学院，2024，“汉语桥”春令营，为中阿友谊注入青年力量 [OL]，https://www.zisu.edu.cn/info/1010/20443.htm（2025 年 1 月 10 日读取）。

[52] 浙江外国语学院，2024，浙外举行中国—沙特学生成长课堂启动仪式 [OL]，https://www.zisu.edu.cn/info/1010/21733.htm（2025 年 1 月 11 日读取）。

第七节　日语[1]

2024年，在人工智能技术飞速发展、国际形势复杂多变及日语学科面临多重挑战的背景下，日语界围绕专业建设、人才培养及人工智能赋能日语教育等核心议题，展开了一系列深入研讨。本节从专业日语和大学日语的相关学术会议、教师研修、教学大赛、学生赛事及教材出版等维度，系统梳理2024年度高校日语领域的发展动态。

一、学术会议

1. 日语专业发展研讨

围绕日语专业发展等问题，日语专家与其他语种研究者多次共同探讨。例如：

2024年3月22—24日，由高等教育出版社、北京日本文化中心（日本国际交流基金会）联合主办，成都外国语学院承办的“第三届日语学术交流与发展会议”在成都召开。会议围绕巨变时代下外语学科的挑战与机遇、日语教育研究理论与实践、外国文学作品译介、日语人机对话研究、日本日语教育改革等主题，展开了多领域、多维度、多层次的专题报告。[1]

2024年4月19—21日，由北京外国语大学、教育部外指委日语专业教学指导分委员会、中国日语教学研究会主办，上海财经大学、外语教学与研究出版社承办，J. TEST中国事务局协办的“第十届全国高校日语专业教学改革与发展高端论坛”在上海举行。论坛以“新文科 新生态 新赛道”为主题，设置了主旨报告、专题报告、平行论坛、主题论坛等环节，深入探讨了新文科背景下日本学研究现状、数字化转型背景下的日语专业教材建设、日语人才培养模式的创新、科研导向的日语专业青年教师发展等议题。[2]

2024年10月18—20日，由中国日语教学研究会主办，中国日语教学研究会湛江分会、广东海洋大学外国语学院承办的“新质生产力时代华南地区

1　本节作者：朱桂荣，北京外国语大学。

日语跨学科研究与日语专业创新发展研讨会”在湛江市举行。会议聚焦中国式现代化视阈下的中国日语教育、超文学视阈下的日本近现代文学研究、跨学科研究背景下高校日语教育发展前景、日语教师科研能力培养、教材研发和使用中的数字技术融入等主题展开了研讨。[3]

2024 年 12 月 21—22 日，由中国日语教学研究会、浙江越秀外国语学院联合主办，教育部外指委日语专业教学指导分委员会指导，浙江越秀外国语学院东方语言学院承办的“中国日语教学研究会 2024 年度年终总结大会、新文科视域下全国高校日语教育暨日本研究学术研讨会”在浙江越秀外国语学院召开。会议围绕“新文科背景下我国日语教育暨日本研究的创新与发展”这一主题展开，设置了圆桌论坛和分科会，探讨了学科交叉融合与一流日语专业建设、数字化转型与一流课程及平台建设、人才培养和师资队伍建设与课程思政、教材与教学资源建设等议题。[4]

2. 多语种背景下的日语研讨

在多语种教育的宏观背景下，日语专家与其他语种研究者也多次共同探讨。例如：

2024 年 3 月 23—24 日，由北京外国语大学、教育部外指委、教育部大外教指委与中国高等教育学会外语教学研究分会主办，浙江大学协办，北京外国语大学中国外语与教育研究中心、北京外国语大学中国外语测评中心、北京外国语大学中国外语教材研究中心、外语教学与研究出版社、北京外研在线数字科技有限公司承办的“第八届全国高等学校外语教育改革与发展高端论坛”在北京召开，论坛主题为“强国建设 外语何为”。由教育部大外教指委和教育部外指委组织的教指委论坛设有多语种专业教指委论坛，聚焦新文科建设与外语类专业的危与机，探讨了多语种专业发展的创新与突围、人才培养的转型与探索、数智时代的机遇与挑战等议题。[5]

2024 年 12 月 27 日，“多语种教育高质量发展论坛暨专家咨询会”在上海外语教育出版社举行，来自英、日、俄、德、法、西等语种的 40 余位专家学者重点探讨了“数智时代高校多语种发展困境与突破”“‘一带一路’倡议下多语种专业人才培养模式创新”“人工智能如何赋能多语种教材开发”等核心议题。[6]

3. 大学日语教学研讨

日语界还围绕大学日语教学多次召开专题会议，深入探讨了教学改革与发展。例如：

2024 年 4 月 12—14 日，由教育部大外教指委日语组、高等学校大学外语教学研究会日语分会主办，武汉大学外国语言文学学院、外语教学与研究出版社承办的“第五届全国高校大学日语教学改革与发展高端论坛”在武汉大学举行。本届论坛主题为“推进课程思政，助力教师发展”，旨在推动高校大学日语教育深度改革，提高教学质量。[7]

2024 年 5 月 24—26 日，由教育部大外教指委日语组、高等学校大学外语教学研究会日语分会联合主办，高等教育出版社、西安交通大学外国语学院与北京日本文化中心（日本国际交流基金会）共同承办的“新时期 新路径 新赋能——大学日语教学改革与发展会议”在西安举行。参会者就大学日语四、六级考试改革，数字化背景下的大学日语课程建设及大学日语教学实践等主题进行了深入交流。[8]

4. 日语教师发展研讨

日语界还围绕日语教师发展多次召开研讨会。例如：

2024 年 9 月 20—22 日，由中国日语教学研究会河北省分会主办，河北大学外国语学院承办，河北省高等学校外语教学研究会、外语教育与研究出版社协办的“‘新文科’背景下全国日语专业青年教师发展研讨会”在河北大学举行。来自全国 20 余所高校的专家学者和青年教师 100 余人参与研讨会，共同探讨青年教师在教学与科研中的发展路径。[9]

2024 年 11 月 2 日，由北京大学日语系与“日语语言学创新研究青年学者联盟”共同主办、外语教学与研究出版社《高等日语教育》编辑部协办的

“首届日语语言学创新研究青年学者论坛”在北京大学举行。论坛聚焦当前日语语言学研究的新路径、新技术、新课题，吸引了国内21所高校的35名青年学者、教师及研究生积极参与。[10]

综上所述，在2024年，日语界围绕专业建设、人才培养、人工智能赋能教育等核心议题举办了多场学术会议和专题研讨，涵盖了日语专业、大学日语教学、教师发展、教材建设等多个领域。这些会议不仅回顾了过去一年的成果，还深入探讨了新文科背景下日语教育的创新与发展路径，为未来日语学科的发展提供了重要思路和方向。

二、教师研修

1. 日语教师发展研讨

2024年，为推动新时代高校日语教师队伍建设、提升专业日语和大学日语的教育质量，各类日语教师研修活动蓬勃开展。

2024年1月12—14日，由中国日语教学研究会主办，教育部外指委日语专业教学指导分委员会、教育部大外教指委日语组、日本国际交流基金会北京日本文化中心、上海外国语大学、上海外语教育出版社等承办的“第九届高校日语教师专业发展论坛暨日语骨干教师专业发展研修会”在上海举行。研修会围绕教育数字化转型背景下的日语课程建设与教育创新等展开了深入的探讨，众位专家和学员围绕研修议题进行了充分交流。[11]

2024年7月25—27日，由教育部外指委日语专业教学指导分委员会、教育部大外教指委日语组、中国日语教学研究会、高等学校大学外语教学研究会日语分会、日本国际交流基金会、外语教学与研究出版社联合主办，黑龙江外国语学院承办的“第八届全国高校日语学科中青年骨干教师高级研修班”在黑龙江外国语学院举办。两百余名专家学者共同探讨了如何对接国家战略需求、在发展新质生产力中发挥外语学科作用的新课题。[12]

2024年10月25—28日，由中国日语教学研究会、教育部外指委日语专业教学指导分委员会、教育部大外教指委日语组、西南大学外国语学院、上海外语教育出版社、上海外教社教育培训中心联袂策划实施的“第 10 届高校日语教师专业发展论坛暨骨干教师研修会”在西南大学举行。研修会的主题为“AI 时代的日语教学改革创新与教师发展”，来自全国各地的日语教学专家、学者及骨干教师共同探讨了人工智能技术在日语教学中的应用与挑战。[13]

2024 年 12 月 2—14 日，由外语教学与研究出版社举办的“2024 年高等学校多语种教师科研能力提升研修班（区域国别学方向）”在线上开展。来自 14 个语种的 90 余名多语种教师相聚云端，共同学习、交流研讨。研修班通过专题讲座、论文导读、案例分析、交流答疑等形式帮助参训教师进一步提高选题挖掘与设计能力，完善研究方法，提升写作水平，助力提升多语种教师在区域国别学领域的学术科研能力。[14]

2. 日语虚拟教研室活动

以外语教学与研究出版社为例，在 2024 年，该社专业日语教育围绕《新经典日本语》、“理解当代中国”系列教材，大学日语教育围绕数字资料的使用以及《新一代大学日语》《新标准日语教程（智慧版）》系列教材开展了多场虚拟教研室活动（见表 2.1、表 2.2）。

表 2.1　2024 年外语教学与研究出版社组织的专业日语虚拟教研室研修活动

围绕《新经典日本语》系列教材	围绕“理解当代中国”系列教材
1.《新经典日本语基础教程（第三版）》修订介绍	1.《理解当代中国：日语读写教程》第十单元示范及主讲
2. 基于 U 校园智慧平台的“线上–线下”混合式基础日语教学设计	2.《理解当代中国：日语演讲教程》第九课示范及主讲
3. 数字化背景下的日语听力课程革命与教材建设	3.《理解当代中国：汉日翻译教程》第四单元示范及主讲
4. 基于 U 校园智慧教学云平台的日语听力教学设计	4.《理解当代中国：高级汉日翻译教程》第八单元

（待续）

（续表）

围绕《新经典日本语》系列教材	围绕“理解当代中国”系列教材
5.《新经典日本语（第三版）》修订介绍	5.《理解当代中国：日语演讲教程》第三单元
6. U 校园智慧教学云平台 AI 版使用介绍——以《新经典日本语（第三版）》为例	6.《理解当代中国：汉日翻译教程》第四单元示范及主讲
7. 变革・初心・传承——广东外语外贸大学《基础日语》新尝试	7.《理解当代中国：高级汉日翻译教程》第三单元
8. 数智化时代背景下对于传统教学模式的摸索与创新	8.《理解当代中国：日语读写教程》教学工作坊

表 2.2　2024 年外语教学与研究出版社组织的大学日语虚拟教研室研修活动

围绕数字资料的使用	围绕《新标准日语教程（智慧版）》《新一代大学日语》
1. 数字化技术驱动下的大学日语教学模式	1. 大学日语课程思政与智慧教学的融合探索——以《新标准日语教程（智慧版）》思政课程为例
2. 基于 U 校园平台的 BOPPPS 有效教学设计——以大学日语课程为例	2. 应用数字化教材，创新智慧教学设计——以《新标准日语教程（智慧版）》为例
3. 微课在大学日语智慧教学中的应用与实践	3. 数字平台 U 校园 AI 版在教学中的应用与操作——以《新标准日语教程（智慧版）》为例
4. 以可持续发展为内容的大学日语混合式教学设计示例	4. 基于生态语言学视角下的《新一代大学日语》教学心得
5. 充分融合数智资源的双主体课堂教学设计	5.《新一代大学日语预备册》编写理念与特色
6. 基于 U 校园的大学日语智慧教学设计与实践	6.《新一代大学日语预备册》课例分享

2024 年，日语教师发展研讨活动呈现出频次高、覆盖面广、形式多样、内容紧贴教学实际需求的特点。通过各类研修班和虚拟教研室活动，日语教

师在教学理念、教学方法、科研能力等方面得到了全面提升，特别是在人工智能技术应用、数字化转型、课程思政等前沿领域取得了显著进展。这些活动不仅促进了日语教师的专业成长，也为高校日语教育的创新发展提供了有力支持。

三、教学大赛

为了迎接人工智能时代的到来，推动数智资源在教学中的有效应用，2024 年日语界举办了多场高校日语教师教学大赛，旨在促进教师将新技术融入教学实践，提升智能时代日语教师的人才培养能力。

2024 年 7 月 24—27 日，由北京外国语大学中国外语与教育研究中心、北京外国语大学中国外语教材研究中心、北京外国语大学中国外语测评中心和外语教学与研究出版社共同举办的“2024 年外研社‘教学之星’大赛”日语组全国总决赛在黑龙江外国语学院结束。大赛分为日语专业和大学日语两个组别，主题为“外语教材的有效使用：数智赋能 创新育人”。来自全国的 200 余名日语教师参赛，通过复赛选拔，39 名日语教师晋级全国总决赛。全国总决赛通过现场说课、讲课、互动问答三个环节，展示了数智赋能的创新教学实践。最终，广东外语外贸大学的卜晨晖老师和成都理工大学的肖开益老师分别获得日语专业组和大学日语组一等奖。[15]

2024 年 12 月 6—8 日，“第十五届‘外教社杯’全国高校外语教学大赛”全国决赛、总决赛在上海举行。大赛为分为英语专业组、商务英语专业组、翻译专业组和日语专业组四个组别。全国总决赛的说课环节引入了人工智能辅助形式，鼓励选手结合专业知识与创新思维，展示人工智能无法替代的教学智慧。经过激烈角逐，河北科技大学的田静老师、五邑大学的谢嘉欣老师、华东师范大学的贾兰兰老师和南京林业大学的黄博老师分别获得英语专业组、商务英语专业组、翻译专业组和日语专业组特等奖。大赛为外语教师提供了展示风采、交流经验的平台，推动了教学理念与方法的创新。[16]

2024 年 12 月 26 日和 28 日，由北京外国语大学中国外语教材研究中心、中国日语教学研究会、高等学校大学外语教学研究会日语分会和外语教学与研究出版社联合主办的“2024‘外研社杯’全国高校日语学科课程思政教学设计大赛”（日语专业组、大学日语组）比赛先后发布获奖名单。大赛自2024年9月启动以来，得到了全国高校日语专业教师的广泛关注。其中，日语专业组共有来自全国155所高校的218组教师及团队报名参赛，大学日语组共有来自全国161所高校的203组教师及团队报名参赛。参赛团队围绕课程思政教学设计目标，积极创新教学理念，深入挖掘教学资源，精心制作了专业且丰富的教案和教学课件，充分展现了当代日语教师的专业素养与创新精神。评委依据教案设计、课件形式、教学内容、教学展示四个维度进行打分，经过两轮评审和交叉打分，评选出最终结果。青岛农业大学的仇虹、李春梅、于春英，辽宁师范大学的郭宇佳、范业红、张婷婷获得日语专业组特等奖；广东科技大学的王海燕、王斯芮，成都外国语学院的向艳、吴谦、李爽获得大学日语组特等奖。[17][18]

2024年，日语教师教学大赛以课程思政教学设计和数智赋能为导向，推动了日语教学与思政教育的深度融合，促进了教学观念的转变与教学模式的创新，为培养高素质日语人才提供了重要平台。

四、学生赛事

12月7日，由北京外国语大学主办、外语教学与研究出版社承办的“2024‘外研社·国才杯’‘理解当代中国’全国大学生外语能力大赛”（多语种组）国赛决赛暨颁奖典礼在北京外国语大学举行。大赛主题为“理解中国，沟通世界”。本届大赛（多语种组）历经校赛、省赛、国赛第一阶段三个赛段，共有来自全国609所院校的2.4万名学生参赛。来自全国98所院校的184名选手在国赛决赛舞台展开巅峰对决。其中，59名日语选手从全国1.1万余名参赛学生中脱颖而出。多语种组日语国赛分为线上第一阶段和线下第二阶段比赛。国赛第一阶段设置汉外口译、定题演讲和回答问题三个环节；国赛第二阶段为决赛，设置汉外口译、即兴演讲和回答问题三个环节。两个阶段要求学生深入理解中国发展逻辑与改革成就，用世界听得懂的语言流利表达中国叙事。经过最终角逐，“2024‘外研社·国才杯’‘理解当代中国’全国大学生外语能力大赛”（多语种组）日语国赛金奖、银奖和铜奖获奖名单出炉。南京大学李承昊获得金奖冠军。[19]

2024年11月10日，“2024年‘大湾区杯’全国高校外语专业区域国别学知识能力竞赛”在深圳大学粤海校区落幕。[20]本次比赛吸引了来自全国191所高校的1,531名选手，涵盖英、日、德、法、西五个语种。经过各语种决赛的激烈角逐，57名选手晋级总决赛。各语种决赛第一轮为案例分析，选手可通过辩论、座谈、故事演绎、戏剧表演等形式展示；第二轮为演讲环节，选手须在不使用PPT等辅助工具的情况下进行演讲并回答评委提问。总决赛包括“用外语讲好中国故事”和“为国献策”两个环节。最终，北京外国语大学西班牙语专业的李曼瑶夺得总冠军，厦门大学日语专业的李立卓获得亚军。

为进一步加强中日文化交流与合作，鼓励用外语讲述中国故事，在国际舞台传播中国声音，并推动高层次、实践型、应用型日语翻译人才培养，中国外文局亚太传播中心（人民中国杂志社、中国报道杂志社）和教育部日语专业虚拟教研室联合主办了“第七届人民中国杯日语国际翻译（口笔译）大赛”。大赛由中国日语教学研究会及广东外语外贸大学东方学研究院协办，广东省翻译协会及广州市联普翻译有限公司承办。大赛自2024年3月3日开赛以来，吸引了中国和日本700多所高校和企事业单位的近万名选手参与。[21]

上述学生赛事有效提升了学生的外语表达能力和思辨能力，同时加深了他们对中国国情的理解，全面提高了综合素质。同时，赛事也促进了教学与育人的深度融合，实现了“以赛促学、以赛促教、以赛育人”的目标。学生们的出色表现赢得了专家评委的高度认可。此外，比赛引导青年学子与时代同向同行，为培养国家急需的新型外语人才发挥了重要作用。

五、部分日语教材、著作及论文文献信息

表 2.3　部分日语教材、著作及论文文献信息

日语教材	《新标准日语教程第二册》（智慧版）U 校园数字课程正式上线。[22]
	《新经典日本语（第三版）》U 校园数字课程正式上线。[23]
	《新经典日本语（第三版）》第二册、第三册正式出版。[24][25]
	《新一代大学日语预备册》正式出版。[26]
	《实用基础日语教程（第二外语）》第二册正式出版。[27]
	《新经典日本语基础教程（第一册）》U 校园 AI 版交互式课件正式上线。[28]
	《理解当代中国》系列数字教材正式出版。[29]
日语著作	《日语认知语言学入门教程》主编：韩涛；审订：潘钧
	《日语课堂合作学习研究》作者：赵冬茜
日语论文	蔺静，2024，课程思政与翻译实践的有机融合——《理解当代中国：高级汉日翻译教程》的课堂教学探索 [J]，《日语学习与研究》（6）：41-50。
	项往、储天阳、毋育新，2004，汉日拒绝场景请求言语行为的元话语对比分析 [J]，《外语与外语教学》（2）：72-81。
	张丽虹、蔡金亭、徐曌瑢，2024，中国英－日语学习者日语运动事件产出中语际相似性对母语和二语迁移的影响 [J]，《外语教学与研究》（5）：703-715。

---

[1] 外教社外语，2024，第三届日语学术交流与发展会议圆满落幕 [OL]，https://mp.weixin.qq.com/s/Gva-JPW_2pGlaJSIMYD7Pg（2025 年 1 月 1 日读取）。

[2] 外研社日语，2024，第十届全国高校日语专业教学改革与发展高端论坛成功举办 [OL]，https://mp.weixin.qq.com/s/vDCaficgM6qKzP672j4GRw（2025 年 1 月 1 日读取）。

[3] 广东海洋大学外国语学院，2024，新质生产力时代华南地区日语跨学科研究与日语专业创新发展研讨会在我校召开 [OL]，https://wgyxy.gdou.edu.cn/info/1076/4467.htm（2025 年 1 月 1 日读取）。

[4] 外研社日语，2024，中国日语教学研究会2024年度年终总结大会、新文科视域下全国高校日语教育暨日本研究学术研讨会顺利召开 [OL]，https://mp.weixin.qq.com/s/Hi1qyPmzzz_JHcbqLs_3Pg（2025年1月1日读取）。

[5] 外研社日语，2024，多语种专业教指委论坛：新文科建设与外语类专业的危与机 [OL]，https://mp.weixin.qq.com/s/CfOQzDFkkW2vn25DDY4raw（2025年1月1日读取）。[6] 外教社多语部，2024，继往开来 笃行致远 ——多语种教育高质量发展论坛暨专家咨询会成功召开 [OL]，https://mp.weixin.qq.com/s/D6-waZaRy2iVnD2zF1rE4w（2025年1月1日读取）。[7] 外研社日语，2024，第五届全国高校大学日语教学改革与发展高端论坛成功举办 [OL]，https://mp.weixin.qq.com/s/6ssIWGgjofvJt0OYtizs7A（2025年1月1日读取）。

[8] 高教社外语，2024，新时期 新路径 新赋能——大学日语教学改革与发展会议成功举办 [OL]，https://mp.weixin.qq.com/s/2bmlFH_H9hdCZ_qZh2mo2Q（2025年1月1日读取）。

[9] 河北大学外国语学院，2024，“新文科”背景下全国日语专业青年教师发展研讨会在我校顺利召开 [OL]，https://wy.hbu.cn/index.php?s=/News/newsInfo/n_id/1687（2025年1月1日读取）。

[10] 外研社日语，2024，《高等日语教育》助力“首届日语语言学创新研究青年学者论坛”召开 [OL]，https://mp.weixin.qq.com/s/dmDGWHVRer7Q7qFyeJqkdA（2025年1月1日读取）。

[11] 外教社，2024，第九届高校日语教师专业发展论坛暨日语骨干教师专业发展研修会圆满落幕 [OL]，https://mp.weixin.qq.com/s/aDIlQV6hAv9ZSGdyfl_8lQ（2025年1月1日读取）。

[12] 外研社日语，2024，第八届全国高校日语学科中青年骨干教师高级研修班成功举办 [OL]，https://mp.weixin.qq.com/s/c_aLkU06Dn3lZ6b8DUBnXA（2025年1月1日读取）。

[13] 外教社多语部，2024，研修通讯 | 第10届高校日语教师专业发展论坛暨骨干教师研修会圆满落幕 [OL]，https://mp.weixin.qq.com/s/5ZMfqiMR5wwOQFIhM9F9uA（2025年1月1日读取）。

[14] 外研社日语，2024，研修回顾 |2024年外研社高等学校多语种教师科研能力提升研修班（区域国别学方向）[OL]，https://mp.weixin.qq.com/s/lCC-QS4abG7ZdYDjG9aIjA（2025年1月1日读取）。

[15] 外研社日语，2024，2024年外研社“教学之星”大赛日语组全国总决赛圆满落幕 [OL]，https://mp.weixin.qq.com/s/Levkv679EH6Jpk4wKhgIRg（2025年1月1日读取）。

[16] 外教社多语部，2024，第十五届“外教社杯”全国高校外语教学大赛全国决赛、总决赛成功举办[OL]，https://mp.weixin.qq.com/s/eHkSIvhfVBE9QpdzlOO4ow（2025年1月1日读取）。

[17] 外研社日语，2024，获奖名单丨2024“外研社杯”全国高校日语学科课程思政教学设计大赛（日语专业组）[OL]，https://mp.weixin.qq.com/s/4bxfjjhlJ6oLY3ygGlsFnQ（2025年1月1日读取）。

[18] 外研社日语，2024，获奖名单丨2024“外研社杯”全国高校日语学科课程思政教学设计大赛（大学日语组）[OL]，https://mp.weixin.qq.com/s/CKzhBEv8xY13yibl7qRiLQ（2025年1月1日读取）。

[19] 外研社日语，2024，获奖名单丨2024“外研社·国才杯”“理解当代中国”全国大学生外语能力大赛（多语种组）日语国赛决赛暨颁奖典礼顺利举行[OL]，https://mp.weixin.qq.com/s/s0OMOxNKXUfZbMrJnJxyKA（2025年1月1日读取）。

[20] 外教社多语部，2024，2024年“大湾区杯”全国高校外语专业区域国别学知识能力竞赛决赛圆满落幕[OL]，https://mp.weixin.qq.com/s/DlqOYWyd_qEx8p2zdFDqOw（2025年1月1日读取）。

[21] 人民中国，2024，喜报丨第七届人民中国杯日语国际翻译大赛获奖结果公示[OL]，https://mp.weixin.qq.com/s/oax8tN7dOFqLkFRgCYz3IA（2025年1月1日读取）。

[22] 外研社日语，2024，全新升级丨《新标准日语教程第二册》（智慧版）U校园数字课程正式上线[OL]，https://mp.weixin.qq.com/s/QVy9vOGMJYBDdvrUtn2Afw（2025年1月1日读取）。

[23] 外研社日语，2024，全新升级丨《新经典日本语（第三版）》U校园数字课程正式上线！[OL]，https://mp.weixin.qq.com/s/uJMBqOBEs221rO3vRG8DFw（2025年1月1日读取）。

[24] 外研社日语，2024，重磅推荐丨日语专业系列教材《新经典日本语（第三版）》第二册正式出版！[OL]，https://mp.weixin.qq.com/s/5p0n4YPijdtw_i2jigR23A（2025年1月1日读取）。

[25] 外研社日语，2024，新书速递丨日语专业系列教材《新经典日本语（第三版）》第三册正式出版！[OL]，https://mp.weixin.qq.com/s/_uApQf4pUcDQm3wnDl87oQ（2025年1月1日读取）。

[26] 外研社日语，2024，重磅推荐丨衔接高中日语与大学日语的桥梁——《新一代大学日语预备册》正式出版[OL]，https://mp.weixin.qq.com/s/auy5pb401cccrQcOb03oqQ（2025年1月1日读取）。

[27] 外教社多语部，2024，承接基础，迈向进阶：实用基础日语教程（第二外语）第二册上市！[OL],https://mp.weixin.qq.com/s/FuRj-EhHOUkQcJ8fUTI0LQ（2025年1月1日读取）。

[28] 外研社日语，2024，U校园AI版交互式课件正式上线——《新经典日本语基础教程（第一册）》[OL],https://mp.weixin.qq.com/s/IegslxiOK6aFBasCWP6lCw（2025年1月1日读取）。

[29] 外研社日语，2024，《理解当代中国》系列数字教材出版啦！[OL]，https://mp.weixin.qq.com/s/8i1h12vCeCGmOkUFXvYoCw（2025年1月1日读取）。

第八节　朝鲜语[1]

一、年度情况概述

自中韩建交30多年以来，两国在文化、教育等领域的交流合作持续深化。教育部门高层间的互访机制愈加成熟，高等院校间的合作项目日益增多，留学生往来愈发频繁，这些因素共同推动了国内朝鲜语专业的蓬勃发展。然而，在当下生成式人工智能迅猛发展的浪潮中，朝鲜（韩国）语教育面临的挑战和发展任务愈加复杂且多样化。2024年，中国朝鲜（韩国）语教育界持续推进课程改革，积极组织各类学术会议、考试及竞赛活动，深化产教融合，追求教育范式与学科结构的革新。以下是其中的一些重要事件。

1. 课程设置

依据新文科建设的基本要求，朝鲜语专业在课程设置上进行了一系列调整。各高校以《普通高等学校本科专业类教学质量国家标准》《普通高等学校本科外国语言文学类专业教学指南》为指导，构建课程体系，改革教学内容与模式，推进课程革新。课程设置充分考虑到学科间的交叉融合，整合资源，设置跨学科课程；鼓励师生跳出传统框架，探索人文学科与社会科学、自然科学之间的结合点，从而充实并拓宽学生的知识视野。课程体系更加注重实践与应用能力的培养，增加了实践课程和实训环节，以此提高学生的语言应用能力和跨文化交际能力。同时，课程内容也更加多元化，采纳模块化课程设计，增设国际经济与贸易、法学、新闻等与跨学科相关的课程模块，使学生能够根据自己的兴趣和职业规划选择相应的学习模块，以培养学生的复合型能力。

除此之外，在“一带一路”倡议的带领下，课程建设也注重课程思政和文化自信的培养。例如，2024年12月，由北京大学王丹教授主持编写的《新

1　本节作者：金京善、耿嘉照，北京外国语大学。

经典韩国语精读教程6》正式出版，至此“新经典韩国语”系列主教材已具备完整体系。该套教材寓思政教育于语言教学之中，在教学内容的选取上体现思想性与教育性，为后续开展的韩国语系列课程提供了最新的课程思政理念，并将党的二十届三中全会强调的“构建更有效力的国际传播体系”领进课堂，落到实处。

2. 学术会议

2024年，中国朝鲜（韩国）语学界举办了一系列重要会议，为专家学者、教师、学生等提供了广泛的交流平台。

1）2024年京津冀韩国学学术研讨会

6月22日，由天津师范大学外国语学院主办的“2024年京津冀韩国学学术研讨会”在天津师范大学京津冀协同创新中心报告厅召开。继主旨报告后，会议分为三个专题分论坛，围绕相关议题进行了更加深入细致的探讨。本次研讨会的三个分论坛分别涵盖“语言学、韩国语教育、中韩翻译”“韩国文学、文学教育”“天津韩国学、韩国文化”等领域。第一分论坛由山东大学高红姬副教授进行总结发言。该分论坛共有8位发言人进行论文分享和报告，其中包括5位教授和3位博士研究生；研究主题侧重翻译研究，同时以多元化的视角广泛探讨了翻译学领域新方法和新成就。第二分论坛由中央民族大学崔鹤松教授做总结发言。该分论坛有来自国内8所院校的10名发言人，发表围绕韩国古典文学、韩国现代文学、韩中文学等多个主题。第三分论坛由上海外国语大学喻显龙博士做总结发言。该分论坛共发表13篇论文，呈现出主题丰富、发表者身份多元的特点。与会者积极分享了学界广泛关注的研究领域所取得的最新成果。本次研讨会为众多青年学者提供了展示其最新研究成果的平台，使他们能够与资深学者进行面对面的交流和讨论，促进了学术界“传帮带”的跨校、跨区域深度交流与合作。[1]

2）第十四届长江三角洲韩国语教学研讨会

6月28—30日，由中国韩国（朝鲜）语教育研究学会主办、教育部外指委非通用语种类专业教学指导分委员会指导、上海外国语大学东方语学院朝鲜语系承办的“第十四届长江三角洲地区韩国语教学研讨会”在上海外国语大学举行。会议主题为“固本创新：韩国（朝鲜）语专业的未来之路”。来自复旦大学、南京大学、国防科技大学、上海外国语大学、广东外语外贸大学、大连外国语大学、苏州大学、上海师范大学、南京师范大学、湖南师范大学、杭州师范大学等高校和科研机构的70多位专家学者参加了本次研讨会。专家学者们围绕朝鲜语专业的转型与发展、朝鲜语专业的课程思政与教材改革、智慧浪潮下的朝鲜语教育等三个主题展开了热烈的讨论，深入探讨了朝鲜语专业的当下问题和未来走向。[2]

3）2024新时代朝鲜（韩国）语教学改革与发展论坛暨《理解当代中国》韩国语系列教材发布会

8月20—21日，由教育部外指委、北京大学外国语学院、外语教学与研究出版社联合主办的“2024新时代朝鲜（韩国）语教学改革与发展论坛暨《理解当代中国》韩国语系列教材发布会”在北京中央社会主义学院举行。本届论坛以“立足国际传播 服务国家战略 共绘发展新篇”为主题，来自全国的70余位朝鲜（韩国）语教育专家学者、一线教师齐聚一堂，共同见证并庆祝《理解当代中国》韩国语系列教材正式出版，共同探讨探索学科建设新路径，共绘专业发展新篇章。

《理解当代中国》韩国语系列教材旨在将习近平新时代中国特色社会主义思想的学习与韩国语读写、演讲和翻译能力的培养有机融合，引导学生系统学习、深入领会习近平新时代中国特色社会主义思想的核心要义，学会用中国理论观察和分析当代中国的发展与成就，从跨文化视角阐释中国道路和中国智慧，坚定“四个自信”；帮助学生在内容学习的过程中进一步夯实韩国语基本功，提高韩国语听说读写译能力，重点掌握政治话语特别是中国时政文献的语篇特点与规律，培养时政文献阅读与翻译能力、时政话题公共演讲能力，提高思辨能力、跨文化能力和国际传播能力，成为有家国情怀、有全球视野、有专业本领的社会主义建设者和接班人。[3]

4）2024 年度韩国语教育国际学术研讨会

11 月 8—10 日，由中国韩国（朝鲜）语教学研究学会主办、浙江外国语学院承办的“2024 年度韩国语教育国际学术研讨会”在浙江外国语学院举行。会议以“交融・优化・创新：数字化时代背景下的韩国语教育”为主题。来自中国、韩国、日本、越南、泰国等国家 80 余所高校的 300 余名专家学者参加了研讨。研讨会设置了“新时代朝鲜语专业发展路径探索”“韩国语语言学研究新视野”“韩国语教育数字化融合与创新”“中韩人文交流与文明互鉴”等多个主题分论坛，专家学者们交流分享了韩国语语言学相关前沿问题、数字赋能韩国语教育、中韩文学与文化交流、中韩翻译与文明互鉴等方面的最新研究成果和教学经验。研讨会还设置了青年论坛暨韩国（朝鲜）语专业研究生论文竞赛，来自中韩 16 所高校的 30 名学子在分论坛做演讲分享。在闭幕式上，分论坛代表学者对各论坛的研讨成果进行了总结汇报。研讨会还举行了优秀论文及研究生优秀论文颁奖仪式。[4]

3. 考试与赛事活动

2024 年，与朝鲜语专业有关的考试与重要竞赛活动包括：

1）韩国语能力考试

4 月 14 日和 10 月 13 日分别在国内举办了第 93 届与第 96 届韩国语能力考试（TOPIK）。韩国语能力考试是由韩国教育部国立国际教育院主办的语言水平考试，旨在检验母语为非韩国语人士的韩语水平。报考韩国语能力考试的对象为韩国语学习者、赴韩留学生、欲就职于韩国企业或公共机关的在校生以及毕业生等。据韩国教育部统计，2024 年中国地区报名初级考试（TOPIK I）的考生人数共计 19,729 人，报名中高级考试（TOPIK II）的人数为 51,604 人，与 2023 年相比报名人数都有所减少，下降幅度分别约为 9.08% 与 3.15%。其中，初级考试通过率为 77.58%，中高级考试通过率为 57.23%，与 2023 年的通过率 84.97% 与 65.31% 相比，也有一定程度的降低。[5]

2）朝鲜语专业四、八级考试

4 月 20 日和 11 月 30 日分别举行了全国高等学校朝鲜语专业四级考试（简称 TKM-4）和八级考试（简称 TKM-8）。这是教育部组织实施的考试，是为了全面考查已经学完朝鲜语专业课程的学生是否达到教学大纲所规定的各项要求，考核学生的基础知识与基本技能，同时也是评估教学质量、推动各学校之间教学交流的一种手段。考试对象为高等学校全日制朝鲜语专业在校学生。从 2024 年的考试情况来看，朝鲜语专业四级的报名人数为 2,733 人，与 2023 年相比报名人数的下降幅度为 7.67%，而专业八级的报名人数为 1,861 人，与 2023 年的报名人数相比则上涨了 15.88%。其中专业四级考试的优秀率为 21.19%，与 2023 年相比提升了 4.99%，而专业八级考试的优秀率从 2023 年的 8.6% 提升至 2024 年的 10%。由此可以看出，在考生整体报名人数有所波动的情况下，专业四级和专业八级考试优秀率的提高同样为专业建设发出了一个积极的信号。

3）第二届中韩友好全国大学生韩语演讲比赛

5 月 19 日，由山东师范大学外国语学院主办，韩国学中央研究院、韩国旅游发展局山东办事处协办的“第二届中韩友好全国大学生韩语演讲比赛”全国总决赛在山东师范大学举行。本次大赛汇聚了复旦大学、中山大学、中国海洋大学、广东外语外贸大学、四川外国语大学等 53 所高校的 460 名选手报名参赛，经过评审专家公正、客观、严谨的层层评选，最终 15 名选手晋级全国总决赛。决赛采取选手线上比赛、评委线下评审的形式进行，由主题演讲和即兴演讲两个部分组成。最终中南林业科技大学的孟菁悦同学获得全国总冠军。[6]

4）2024 年外研社“教学之星”大赛韩语专业组

8 月 15—16 日，由北京外国语大学中国外语与教育研究中心、北京外国语大学中国外语教材研究中心、北京外国语大学中国外语测评中心和外语教学与研究出版社共同举办的 2024 年外研社“教学之星”大赛（多语种组）韩语全国总决赛在线上开赛。

39 名晋级韩语全国总决赛的参赛教师通过线上说课、教学展示、互动问答三个环节的展示，呈现了一场精彩绝伦的教学盛宴。各位教师结合习近平总书记在党的二十大报告中指出的新时代建设高质量教育体系的要求，通过精心打磨、严谨思考、科学设计的教学课程将语言文化与当代中国国情和文化融会贯通，运用多元丰富的教学手段、深入情境和潜移默化的教学方式充分展现了新时代高校外语教学思想性与科学性的统一，展示了高校外语教师的风采和精神面貌。参赛教师们精心设计教学，有机融入课程思政，创新使用数智化平台工具，展现技术赋能创新育人成果。

5）2024“外研社杯”全国高校朝鲜语专业课程思政教学设计大赛

10 月，为全面推进高校朝鲜语课程思政高质量建设，促进高校朝鲜语教师以习近平新时代中国特色社会主义思想铸魂育人，落实立德树人根本任务，外语教学与研究出版社启动“2024‘外研社杯’全国高校朝鲜语专业课程思政教学设计大赛”。本赛事旨在为高校朝鲜语教师搭建沟通交流课程思政育人实践的平台，提升课程思政建设的深入性、创新性和有效性。赛期内，来自全国近 60 所院校的教师报名参赛，凭借扎实的专业功底和出色的教学设计，摘得佳绩。

6）2024“外研社 · 国才杯”“理解当代中国”全国大学生外语能力大赛（韩国语组）

12 月 7 日，由北京外国语大学主办、外语教学与研究出版社承办的“2024‘外研社 · 国才杯’‘理解当代中国’全国大学生外语能力大赛”（多语种组）全国决赛暨颁奖典礼在北京外国语大学举行。大赛主题为“理解中国，沟通世界”。

多语种组韩国语全国决赛于 11 月 24 日启动，分为线上第一阶段和线下第二阶段比赛。国赛第一阶段设置汉外口译、定题演讲及回答问题三个环节；国赛第二阶段为决赛，设置汉外口译、即兴演讲及回答问题三个环节。两个阶段要求学生深入理解中国发展逻辑与改革成就，用世界听得懂的语言流利表达中国叙事，重点考查选手的语言综合运用能力、跨文化思辨能力、创新能力，鼓励引导大学生融会贯通用韩国语讲好中国故事、传播中国声音，向世界呈现中国之真、中国之善、中国之美。

本次大赛共有来自全国 97 所院校的 1,610 名选手报名参赛。在激烈角逐中，北京外国语大学的李傲嘉凭借出色的实力脱颖而出，斩获韩国语组全国总冠军。

二、热点问题剖析

1. 科技赋能下的朝鲜（韩国）语教学革新：与人工智能的合理融合与协同发展

随着新技术时代的到来，人工智能正深刻地改变着教育领域的面貌。依托于技术带来的数字化学习与学科之间的交叉融合，文科教育或将焕发新的生机。[7] 虽然人工智能技术已经广泛普及并应用于日常生活，但国内朝鲜语专业的教学资源还未能与人工智能技术深度融合。目前，朝鲜（韩国）语教学中使用的教材、学习资料仍多以传统纸质形式为主，缺乏与人工智能相关的互动式学习资源。并且，许多高校的朝鲜语专业教学平台在整合人工智能辅助教学工具方面存在滞后性，未能为教师提供便捷的人工智能教学应用接口。这种现状导致了目前教学内容单一、教学效果受限等问题。传统的授课模式显然已不再适合当下的教育环境，在科技赋能下的背景下，朝鲜（韩国）语教学亟须打造一种由教师主导、人工智能支持的动态课堂。首先，教材可以与人工智能技术结合使用。例如，韩国政府计划从 2025 年 3 月开始引入人工智能数字教科书供韩国小学三、四年级以及初一和高一学生使用，涵盖英语、数学、信息和韩国语等科目。该教材通过人工智能技术实现个性化学习体验，实时收集和分析学生表现数据，提供自适应学习内容，帮助教师根据学生表现调整教学策略。[8] 学校方面可以通过加强教师人工智能技能培训、开展相关讲座、建立教学资源共享平台等方式，提升朝鲜语专业教师对人工智能技术的认知，引导其采用人工智能技术来辅助朝鲜（韩国）语教学创新。例如，广东外语外贸大学南国商学院在2024年举办了题为“如何使用韩国语智能软件助力韩国语教育”的讲座，介绍了几款韩国开发的人工智能软件如Gemini、Clova X、Gamma等，并进行了操作演示。例如，Clova X通过大数据分析，不仅能够帮助学生起草文案和语篇，还可以辅助学生分析一系列课业难题。同时，它还能帮助学生理解语篇的内容，进行听写、语音和翻译练习。[9] 另外，朝鲜（韩国）语学界也对人工智能与教学的融合发展表现出极高的重视。在2024年度与朝鲜（韩国）语教育相关的学术研讨会中，《基础韩国语》课程群虚拟教研室负责人、中国韩国（朝鲜）语教学研究学会会长全永根教授以《韩国语阅读（1，2)》及课程依托的“名师云课荟萃”平台为例，分享了“名师云课荟萃”在实际课程教学中的应用和效果，说明了建立线上线下混合式教学模式的路径与过程；[10] 延世大学文科学院副院长、语言信息研究院副院长Kim Hansaem教授以“人工智能驱动韩国语教育的研究现状”为题，介绍了生成式人工智能在韩国语教育领域的应用研究成果，进一步探讨了生成式人工智能应用于韩国语教学的潜力。[11]

总之，我们既需要借助人工智能的力量推动朝鲜语专业教育范式的革新，全面优化文科育人体系，也要规避其可能带来的负面影响，合理将人工智能技术与传统教学相融合，实现二者的协同发展。

2. 困境下的朝鲜语专业出路：切实优化学科结构，大力培养复合型人才

自2000年以来，全国范围内有270余所高校先后增设了朝鲜语专业，而截至2024年，仅有121所本科院校仍开设朝鲜语专业。[12] 在“第十四届京津冀地区韩国语教育学术研讨会”上，全永根教授对各高校的区域分布及招生情况进行分析后指出：山东、吉林是关停专业数量最多的区域，江苏、山东地区是反映存在关停危机高校最多的区域。关停危机尤为严重的地区仍然是江苏，其中有30%院校的朝鲜语专业隔年招生，40%的院校明确表示该专业存在关停危机。此外，其他地区高校的朝鲜语专业也普遍面临极高的停

招风险。导致朝鲜语专业陷入困境的原因既包括专业本身属于非一流专业、缺乏“金课”与“名师”等主观因素，也包括无法顺应国家需求、吸引不到优质生源以及学生就业能力较弱等客观因素。从就业现状来看，随着机器学习和人工智能等技术的发展，需要较强分析能力和技术知识的新职位正在增加，一些传统文科职业如市场调研与文案撰写等正面临被自动化工具替代的风险。[13] 因此，单纯的朝鲜（韩国）语学习已经无法满足当下的社会需求。面对日益严峻的就业局面，朝鲜语专业应充分调整学科专业结构，培养出大量具备跨文化交流能力、全球视野和多元职业适应力的复合型人才。

为了响应教育部下发的《教育部办公厅关于做好 2024 年普通高等学校部分特殊类型招生工作的通知》中鼓励高校培养“小语种 +”复合型人才的政策，[14] 各高校应从课程体系和培养模式上进行学科结构优化。朝鲜语专业课程体系的设计应该涵盖语言基础知识、专业技能训练、跨文化交流等多个方面，在确保学生语言基础与文化素养全面提升的基础上，开设以社会需求为导向的实用型专业课程，坚持“应用 + 复合 + 创新”“外语 ++”融合式人才培养模式，使学生的专业技能得到强化和多元化发展。例如山东大学外国语学院的朝鲜语（朝英双语）专业采用双语教学模式，不仅提高了学生的语言应用能力，还为其未来在多语言环境中的工作和学习奠定了基础。黑龙江大学从 2024 级学生开始，朝鲜语专业在语言文学模块外，新增设国际经济与贸易、法学两个学科模块，学生可任选其一完成修读要求后，学校将发放“跨学科人才培养项目”证书，[15] 以此帮助学生更好地掌握跨学科知识和技能，增强其在朝鲜（韩国）语相关行业中的职业竞争力。此外，定期组织国际交流与学术活动，着重锻炼学生的语言实践能力，也是培养复合型应用人才的关键所在。如此不仅可以使本校教师了解到专业的最新发展趋势和研究成果，及时调整教学方法，也能帮助学生了解行业内的实际运作和需求，从而提升自身的专业能力。

随着科技推动社会的不断发展，朝鲜语专业的教育改革也应与时俱进，不断优化学科结构，持续输送专业复合型人才，才能使朝鲜语专业保留甚至拓展其存在的价值。

三、部分论文文献信息 [1]

文花，2024，浅议时政类翻译图书初审工作——以《习近平新时代中国特色社会主义思想学习问答》朝鲜文版为例 [J]，《韩国语教学与研究》（3）：154-160。

文慧，2024，朝鲜文学史课程思政的探索与实践 [J]，《韩国语教学与研究》（2）：92-95。

谢范范，2024，大学韩语教学中“中国文化失语”现象探索 [J]，《韩国语教学与研究》（2）：87-91。

[1] 北京大学外国语学院，2024，“2024 新时代朝鲜（韩国）语教学改革与发展论坛暨《理解当代中国》韩国语系列教材发布会”在京成功举办 [OL]，https://sfl.pku.edu.cn/xyxw/160682.htm（2025 年 1 月 17 日读取）。

[2] 天津师范大学外国语学院，2024，2024 年京津冀韩国学学术会议顺利召开——文明互鉴：中国韩国学的回顾与展望 [OL]，https://wgyxy.tjnu.edu.cn/info/1098/3245.htm（2025 年 1 月 17 日读取）。

[3] 上外东方语学院，2024，第十四届长江三角洲地区韩国语教学研讨会在上外成功举办 [OL]，https://mp.weixin.qq.com/s/NT4k7VznCLk8iCrFSWJZ3g（2025 年 1 月 17 日读取）。

[4] 浙江外国语学院，2024，2024 年度韩国语教育国际学术研讨会在浙外举行 [OL]，https://www.zisu.edu.cn/info/1011/21718.htm（2025 年 1 月 17 日读取）。

[5] 中国教育考试网，2024，考试介绍 [OL]，https://topik-main.neea.cn/html1/folder/1507/1511-1.htm（2025 年 1 月 17 日读取）。

[6] 山东师范大学外国语学院，2024，外国语学院成功举办第二届《中韩友好全国大学生韩语演讲比赛》全国总决赛 [OL]，www.sfl.sdnu.edu.cn/info/1160/10456.htm（2025 年 1 月 17 日读取）。

[7] 操若璠、宗晓华，2024，技术时代新文科建设的隐忧及化解策略 [J]，《教学研究》（4）：38-43。

[8] WORLDBANK.ORG，2024，Teachers are leading an AI revolution in Korean classrooms [OL]，https://blogs.worldbank.org/en/education/teachers-are-leading-an-

1 请于本书附录查看相关文献的详细摘要。

ai-revolution-in-korean-classrooms（2025 年 1 月 17 日读取）。

[9] 广东外语外贸大学南国商学院，2024，朝鲜语外教分享 AI 技术在教学中的创新应 用 [OL]，https://www.gwng.edu.cn/dyxy/2024/1105/c378a93620/page.htm（2025 年 1 月 17 日读取）。

[10] 广东外语外贸大学，2024，亚非学院院长全永根教授赴成都外国语学院参加教学研讨会并致辞演讲 [OL]，https://faas.gdufs.edu.cn/info/1126/2876.htm（2025 年 1 月 17 日读取）。

[11] 浙江外国语学院，2024，2024 年度韩国语教育国际学术研讨会在浙外举行 [OL]，https://www.zisu.edu.cn/info/1011/21718.htm（2025 年 1 月 17 日读取）。

[12] 阳光高考网，2024，专业知识库 [OL]，https://gaokao.chsi.com.cn/zyk/zybk/ksyxPage?specId=73383515（2025 年 1 月 17 日读取）。

[13] 张欣琪、刘业青、林杰，2024，国际比较视野下大学文科教育的困境与路径 [J]，《中国高教研究》（11）：77-83。

[14] 教育部，2024，教育部办公厅关于做好 2024 年普通高等学校部分特殊类型招生工作的通知 [OL]，http://www.moe.gov.cn/srcsite/A15/moe_776/tslxzs/202311/t20231110_1090010.html（2025 年 1 月 17 日读取）。

[15] 黑龙江大学外国语言文学学院（区域国别学院），2024，朝鲜语专业 [OL]，https://wwxy.hlju.edu.cn/info/1015/2553.htm（2025 年 1 月 17 日读取）。

第九节　欧洲非通用语[1]

一、年度情况概述

2024年正值新中国欧洲非通用语教育起步70周年。[2] 9—10月，北京外国语大学欧洲语言文化学院（简称“北外欧语学院”）先后举办70周年院庆大会、“全球文明倡议引领下的欧洲语言文化研究”主题论坛、全国欧洲非通用语相关学院院长座谈，以及波兰语、捷克语专业学术研讨会等一系列活动。全国欧洲非通用语教育界代表齐聚北外，共同回顾70年发展历程，探讨当前的机遇和挑战。

在专业建设方面，2024年度普通高等学校本科专业备案和审批结果显示，2024年我国未增设欧洲非通用语种本科专业。[3] 由于人工智能飞速发展和人才供需结构性变化，相关专业招生规模略有下降，转而探索内涵式发展模式，专业复合型特点日趋明显。例如，广东外语外贸大学（本节简称“广外”）于12月组建成立区域国别学院（国际关系研究院），下设外交学、国际政治、国际组织与全球治理等三个政治类本科专业，以及意大利语、波兰语、希腊语、塞尔维亚语、捷克语、克罗地亚语、匈牙利语和保加利亚语等八个语言类本科专业，拥有从本科到研究生的完整培养体系；北外向教育部提交新设“欧洲学”专业申请；北京第二外国语学院（本节简称“北二外”）开设葡萄牙语（国别与区域）专业、意大利语（人文交流）专业，并积极利用外部资源，与捷克查理大学语言预科中心签署联合培养协议，在贝尔格莱德建立首个大学生海外实习基地。

1　本节作者：董希骁，北京外国语大学。

2　1954年，北京大学率先在全国首设波兰语专业和捷克语专业。1956年，此二专业迁至北京俄语学院。

3　中华人民共和国教育部，2025，教育部关于公布2024年度普通高等学校本科专业备案和审批结果及《普通高等学校本科专业目录（2025年）》的通知[OL]，www.moe.gov.cn/srcsite/A08/moe_1034/s4930/202504/t20250422_1188239.html（2025年4月23日读取）。

在课程改革方面，各高校围绕课程改革促进教师发展，全面推动教材建设和相关教学研究工作。北外的李婧敬获第八届北京市高等学校青年教学名师奖，王怡然的“立陶宛语 1”获评 2024 年北京高校优质本科教案，王秋萍的“中级匈牙利语 1—2”获评 2024 年北京高校优质本科课程一般项目；广外杨菁的“‘理解当代中国’《葡萄牙语演讲教程》——第四单元绿色中国”获批广东省本科高校课程思政示范课堂；四川外国语大学（本节简称“川外”）陈旭的“基础乌克兰语 1”获评 2024 年重庆市高校一流本科课程。

在学科建设方面，北外欧语学院首位博士后（塞尔维亚籍）出站，研究生培养跨国合作日益紧密。例如，北外获批与希腊雅典大学联合开展“巴尔干研究人才的国际化培养”项目，大连外国语大学（本节简称“大外”）、天津外国语大学（本节简称“天外”）与米兰天主教圣心大学签订意大利语专业本硕连读项目协议，吉林外国语大学（本节简称“吉外”）与波兰托伦哥白尼大学签订本科 2+2 双学位联合培养项目。

在学术研究方面，2024 年全国高校非通用语专业教师发表在 SSCI、A&HCI、CSSCI 来源期刊（正刊）上的论文数量稳中有增，作者队伍年轻化趋势明显。北二外欧洲学院北部系当选波罗的海区域国别研究学术联盟副理事长单位。为表彰在传播波兰语言文化和促进中波友好交往方面所做的贡献，波兰总统分别为北外赵刚教授、李怡楠副教授和外教 Andrzej Czesław Ruszer 颁授波兰共和国军官十字勋章、骑士十字勋章和铜质十字贡献勋章，为广外茅银辉教授颁授波兰共和国骑士十字勋章。

在社会服务方面，北外师生在波兰总统、意大利总统、巴西副总统、塞尔维亚国民议会副议长访华期间提供翻译服务，并为“2024 年中非合作论坛北京峰会”“山西太原能源低碳发展论坛”“第三届‘一带一路’能源部长会议”“第二届链博会”等重大活动提供口译。上海外国语大学（本节简称“上外”）师生接待几内亚比绍总统来访，为《孔子学院》杂志和《人民日报》宣传片提供多语种译配，为“进博会”“上海国际旅游交易博览会”“首届世界古典学大会”提供翻译服务，葡萄牙语专业协助中小学开展欧洲非通用语教育。广外师生为意大利总统访华及广州图书馆语言学习馆提供服务。

大外师生为“夏季达沃斯论坛”提供志愿服务。川外师生为中东欧国家智库代表团提供翻译服务。天外志愿者为“2024 世界职业技术教育发展大会”提供服务。浙江越秀外国语学院师生为“柯桥时尚周”“中国国际黄酒产业博览会”提供志愿服务。

表 2.1　2024 年全国高校欧洲非通用语专业教师取得的重要教学和科研成果

著作（含编著、译著、教材）			
院校	作者	书名	出版社
北外	陈瑛（译）	《悲伤的物理学》	上海人民出版社
	董丹（第三编者）	《新课道意大利语》（共四册：A1、A2、B1、B2）	北京语言大学出版社
	董希骁（译）	《感伤》	湖南文艺出版社
	董希骁（第二译者）	《两个欧洲》	辽宁人民出版社
	金心艺（译）	《入夜的声音》	广西师范大学出版社
	李菁菁（译）	《柳迪娅·厄内曼的孤独生活》	中国国际广播出版社
	李婧敬（译）	《列奥纳多·达·芬奇之母卡特琳娜的微笑》	吉林美术出版社
	李怡楠（著）	《丝绸与琥珀的相遇：中波文学关系研究》	人民文学出版社
	李怡楠（主编）	《新经典波兰语综合教程 1》	外研社
	庞激扬（译）	《爱情的最后一夜 战争的最初一夜》	浙江大学出版社
	钱颖超（第二译者）	《电梯里的古希腊》	中译出版社
	苏诗越（译）	《明日雇员停摆事件》	新星出版社
	王弘毅（著）	《中等强国身份与图斯克政府时期的波兰多元平衡外交》	社会科学文献出版社

（待续）

（续表）

著作（含编著、译著、教材）			
院校	作者	书名	出版社
北外	徐伟珠（第一译者）	《“一带一路”框架下浙江与捷克经贸合作发展报告(2023)》	浙江大学出版社
	徐昕（译）	《脆弱的人》	南海出版公司
		《消灭所有野蛮人》	上海译文出版社
	许金菁（译）	《一个人・谁也不是・十万人》	浙江大学出版社
	陈晶晶（编）	《大学意大利语听说教程 2》	外研社
	骆天一 等（编）	《新经典萨摩亚语综合教程 2》	外研社
	李怡楠 等（编）	《新经典波兰语综合教程 1》	外研社
	张放 等（编）	《新经典爱尔兰语综合教程 1》	外研社
	叶志良（编）	《大学葡萄牙语 3》	外研社
	余韬洁（编）	《挪威语口语入门》	外研社
	张方方、庞若洋（著）	《巴西国家语言能力研究》	外研社
	张佳琛（译）	《逃出瓶子的精灵：一部关于“我”的哲学史》	新星出版社
上外	陈琰璟（译）	《超想和你做朋友》	天津人民出版社
	傅菡钰、徐亦行（编）	《葡萄牙语阅读教程 1》	上海外语教育出版社
	毛蕊（译）	《辛波斯卡：诗心独具的私密传记》	译林出版社

（待续）

（续表）

著作（含编著、译著、教材）			
院校	作者	书名	出版社
上外	瞿姗姗（译）	《中国历史：从上古至公元元年》（“卫匡国全集”第四卷）	浙江大学出版社
	徐亦行（第一作者）	《葡萄牙语小史》	上海外语教育出版社
	赵祯（译）	《我们的情感王国 II》	海豚出版社
	赵祯（第一译者）	《尘封的纪念物、挚友与梦》	东方出版社
广外	茅银辉、蒋涌、徐恒祎（主编）	《中东欧国家文化发展报告（2024）》	社会科学文献出版社
	杨菁、尚雪娇（编）	《中国当代社会与文化（葡萄牙语版）》	世界图书出版公司
川外	陈英（第一译者）	《自然故事》	译林出版社
	陈英（译）	《玫瑰的名字：图像小说 1》	上海译文出版社
	陈英（译）	《页边和听写》	人民文学出版社
	陈英（第一译者）	《玛丽安娜的漫长人生》	北京联合出版公司
	陈英（译）	《海上钢琴师》	湖南文艺出版社
	陈英（第一译者）	《暗处的女儿》	人民文学出版社
	陈英（第一译者）	《坦白》	上海译文出版社
	高京（编）	《乌克兰语口语教程》	世界图书出版公司
	刘梦茹、谌华侨（编）	《2023 金砖国家人文交流故事集》	商务印书馆

（待续）

（续表）

著作（含编著、译著、教材）			
院校	作者	书名	出版社
川外	游雨频（译）	《物托邦》	北京日报出版社
	游雨频（编）	《学生赛事与非通用语人才培养：实践与案例》	人民日报出版社
	赵学林（编）	《罗马尼亚语基础会话》	世界图书出版公司
北二外	邱贤玲（译）	《纳粹猎人扬·塞恩》	文化发展出版社
吉外	乌兰（第一译者）	《雅各布之书》	浙江文艺出版社
	孙廷琳（译）	《审判路易扎：恰佩克口袋故事集》	宁夏人民出版社
大外	孙傲（译）	《电影导演安东尼奥尼：一位有远见的诗人》	北京大学出版社

论文（SSCI、A&HCI、CSSCI）			
院校	作者	论文标题	刊名
北外	高如（一作）	旅意华侨学生的教育融入困境——基于田野调查的分析	《华侨华人历史研究》
		Representation of cultures in local Italian language textbooks for Chinese universities: A diachronic content analysis	*Italian Studies*
	李雪	20 世纪意大利史学演进路径探析	《史学月刊》
	李怡楠	从民族觉醒到主体自由——鲁迅与波兰文艺界跨越时空的对话	《中国文学研究》
	彭裕超	克服欧洲：塞尔维亚知识分子的文化探索	《读书》

（待续）

（续表）

论文（SSCI、A&HCI、CSSCI）			
院校	作者	论文标题	刊名
北外	覃方杏	China's 'do-as-I-do' paradigm: Practice-based normative diplomacy in the global South	*The Pacific Review*
	阙建容	从“民间舞”“民族舞”到“传统舞”：希腊基础教育中的传统舞与民族意识构建	《北京舞蹈学院学报》
	王弘毅（一作）	制度性领导者：西巴尔干绿色转型中的德国角色及其影响	《德国研究》
	王弘毅	安全文化退化、北约威慑东扩与欧洲安全结构转型——来自中东欧国家的动力	《欧洲研究》
	许金菁	卡尔维诺晚期创作的“物”书写及其本质	《外国文学》
	余丹妮	Genre as an act of positioning	*Written Communication*
	余丹妮（一作）	Can GPT-4 learn to analyse moves in research article abstracts?	*Applied Linguistics*
	余丹妮（一作）	Assessing the potential of LLM-assisted annotation for corpus-based pragmatics and discourse analysis: The case of apologies	*International Journal of Corpus Linguistics*
		Regular selves produced through genres: A socio-cognitive approach to the study of positioning acts in Italian rectors' inaugural speeches	*Discourse & Society*
		Developing local grammars of speech acts in Italian: The case of apology	*Lingua*

（待续）

（续表）

论文（SSCI、A&HCI、CSSCI）			
院校	作者	论文标题	刊名
北二外	高晶一	On the etymology of Tian Shan, Kunlun and Sayan mountains	*Central Asiatic Journal*
	张耀军、杜晓雪、高晶一	语言安全视角下全球语言民族主义新动向探析	《世界社会科学》
省部级以上科研项目			
院校	**项目负责人**	**项目名称**	**项目类别**
北外	赵刚	国际交流与研究项目	国家社科基金重大招标项目
		中宣部国际传播局项目	国家社科基金专项项目
	李怡楠	性别与文化：女性词作美感特质之演进	国家社科基金中华学术外译项目
广外	臧宇	2024 年广东省欧洲语言文化研究生学校	广东省研究生教育计划创新项目
		理解当代中国：欧洲多语种演讲课程教研室	广东省本科高校教学质量与教学改革工程建设项目

表 2.2　2024 年全国高校举办的与欧洲非通用语相关的重要活动

时间	活动名称	主办（承办 / 协办）单位
1 月 7 日	第二届“四有杯”全国高校西班牙语葡萄牙语教学技能大赛	北外
4 月 2 日	人类命运共同体理念融入意大利语教学的路径探索	川外
4 月 24 日	“世界希腊语日”活动	上外

（待续）

（续表）

时间	活动名称	主办（承办/协办）单位
4月26日	理解当代中国 口笔译实践与讲好中国故事	上外
5月16日	天津市与白俄罗斯莫吉廖夫州教育领域圆桌会议	天外
5月18日	第十一届全国高校葡语歌曲大赛	北外
5月31日	第二届全国高校葡语演讲比赛（总决赛）	上外
6月14日	以赛促学，意大利演讲比赛参赛经验分享	川外
6月21日	《理解当代中国：葡萄牙语读写教程》第二单元教学示范	上外
6月26日	天津市—莫吉廖夫州教育合作论坛	天外
7月5—6日	第六届中国葡萄牙语教学国际论坛	南开大学
7月10日	“数智赋能 合作创新”全国外语类专业“三进”教学虚拟教研室建设研讨会	上外、北外、川外
9月21日	北京外国语大学欧洲语言文化学院70周年院庆大会	北外
9月21—22日	“全球文明倡议引领欧洲语言文化研究”主题论坛	北外
9月22日	首届“荷兰语周”活动	上外
10月2日	白俄罗斯语小说集《生活的故事》首部中译本发布会	天外
10月17日	“卡蒙斯在中国·诗人诞辰500周年”研讨会	北外、中国传媒大学、葡萄牙卡蒙斯学会

（待续）

（续表）

时间	活动名称	主办（承办/协办）单位
10月18日	北外波兰语专业成立70周年暨波兰语言文学“传承、发展与创新”国际学术研讨会	北外
10月18日	世界意大利语周系列活动	上外，意大利驻沪总领馆
10月19日	中国高校匈牙利语言与文化教学研讨会	北外
10月20日	广外波兰语专业创立十周年庆典	广外
10月25日	“理解当代中国”浅谈官方文件葡译	上外
10月—11月	“辛波斯卡百年诞辰”展览	波兰共和国驻广州总领馆、广外
11月1日	“理解当代中国”意大利语系列教材《高级汉意翻译教程》第7单元课程设计及研讨交流	川外
11月12日	意大利《威尼斯双年展》复刊仪式暨纪念马可·波罗逝世700周年中意文化交流活动	大外
11月22日	第三届中国高校中葡笔译大赛	北外、澳门大学
11月22日	2024“外研社·国才杯”“理解当代中国”全国大学生外语能力大赛	外研社
11月24日	《理解当代中国：汉意翻译教程》第9单元课程设计及研讨交流	川外
11月29日	2024年北京外国语大学外国语言文学学科研究生高端学术论坛——西班牙语、葡萄牙语语言文学分论坛	北外
11月30日	上海市俄罗斯东欧中亚学会2024年度学术年会暨青年学术研讨会	上海市俄罗斯东欧中亚学会、上外

（待续）

（续表）

时间	活动名称	主办（承办 / 协办）单位
11 月 30 日	《海上颂歌》葡语诗歌诵读表演	葡萄牙艺术总局、葡萄牙文化部、东方葡萄牙学会、东方基金会、广外
12 月 2 日	歌唱美好，吟诵友谊——庆祝中匈建交 75 周年合唱节成功举办	北外、李斯特中心—匈牙利文化中心
12 月 3 日	非通用语教学经验分享座谈会	北二外
12 月 7 日	2024“外研社·国才杯”“理解当代中国”大学生外语能力大赛葡萄牙语组、意大利语组国赛	外研社、北外
12 月 20 日	《理解当代中国：汉葡翻译教程》第九单元课程设计及教学示范	上外

二、热点问题剖析

2024 年，全国欧洲非通用语教育界深入学习贯彻习近平总书记关于教育的重要论述，着力应对以下问题：

（1）探索创新人才培养模式。鉴于国家和社会对欧洲非通用语人才的需求已发生重大变化，应综合考虑招生、培养、就业全流程，积极探索大类招生和跨专业、跨学科培养模式，以期实现多元化高质量就业。同时，还须兼顾专业建设和学科发展，优化本科、硕士、博士阶段的衔接，为优秀毕业生提供更多深造机会，做到应用型人才和学术型人才培养并重。

（2）重视教师队伍梯队建设。欧洲非通用语师资队伍建设受政策影响较大，呈现阶段性起伏特征。须结合学校、专业、个人的长远规划，重视师资队伍年龄、职称、性别、学科背景的构成，为青年教师提供更多提升学历和丰富技能的机会，使其具有多元化发展的可能，避免同质化低水平竞争。

（3）增强区域国别研究能力。相关院校应立足各自优势，整合多学科资源，分领域、有特色地开展对象国家和区域研究。一方面，应结合国别特点，继续加强对各国语言、文学、历史、文化、经济、政治等方面基础信息的搜集和整理，并结合当前热点增加学术研究和资政成果产出。另一方面，须打破专业和学科壁垒，从交叉学科建设的视角出发，探索中东欧、巴尔干、北欧、东南欧、中欧等区域和次区域研究路径。

三、部分论文文献信息[1]

Gao, R., S. Cai & W. Zheng. 2024. Representation of cultures in local Italian language Textbooks for Chinese universities: A diachronic content analysis [J], *Italian Studies* 3: 318-337.

Yu, D., M. Bondi & K. Hyland. 2024. Can GPT-4 learn to analyse moves in research article abstracts? [J], *Applied Linguistics*: amae071.

Yu, D. & C. Vergaro. 2024. Regular selves produced through genres: A socio-cognitive approach to the study of positioning acts in Italian rectors' inaugural speeches [J], *Discourse & Society* 1, DOI:10.1177/09579265241252995.

高如，2024，旅意华侨学生的教育融入困境——基于田野调查的分析 [J]，《华侨华人历史研究》（2）：60-72。

李雪，2024，20 世纪意大利史学演进路径探析 [J]，《史学月刊》（2）：117-131。

李怡楠，2024，从民族觉醒到主体自由——鲁迅与波兰文艺界跨越时空的对话 [J]，《中国文学研究》（2）：169-178。

彭裕超，2024，克服欧洲：塞尔维亚知识分子的文化探索 [J]，《读书》（1）：152-159。

1　请于本书附录查看相关文献的详细摘要。

阙建容，2024，从“民间舞”“民族舞”到“传统舞”：希腊基础教育中的传统舞与民族意识构建 [J]，《北京舞蹈学院学报》（4）：148-157。

王弘毅，2024，安全文化退化、北约威慑东扩与欧洲安全结构转型——来自中东欧国家的动力 [J]，《欧洲研究》（5）：63-87。

许金菁，2024，卡尔维诺晚期创作的“物”书写及其本质 [J]，《外国文学》（1）：144-155。

张耀军、杜晓雪、高晶一，2024，语言安全视角下全球语言民族主义新动向探析 [J]，《世界社会科学》（5）：211-223。

第三章　基础外语教育教学

第一节　基础英语[1]

一、考试招生制度改革

1. 高考

2024年的全国高考报名人数为1,342万人，比2023年增加了51万人，报名人数再创历史新高。[1] 其中，湖南省高考报名人数为73万人，比2023年增加4.6万人；江西省高考报名人数为64.21万人，比2023年增加约5.8万人。[2]

2024年是全面贯彻落实党的二十大精神和习近平总书记重要讲话精神的关键之年，也是实施“十四五”规划、建设教育强国的砥砺奋进之年。2024年，黑龙江、吉林、安徽、江西、贵州、广西壮族自治区、甘肃作为第四批新高考改革省区，迎来首届新高考落地。截至2024年，全国已有21个省区落地新高考。2024年也是新高考改革实施十周年。教育部已分五批指导了29个省区进行高考综合改革，基本形成了分类考试、综合评价、多元录取的中国特色招生考试模式。截至目前，除西藏自治区和新疆维吾尔自治区外，其余29个省区已全部加入新高考改革行列。[3]

2024年高考使用的试卷共五类，分别是新高考Ⅰ卷、新高考Ⅱ卷、全国甲卷、全国乙卷、自主命题试卷。其中，广东、福建、河北、湖南、江苏、湖北、山东、浙江、安徽、江西使用新高考Ⅰ卷；海南、辽宁、重庆、吉林、黑龙江、甘肃、贵州、广西壮族自治区使用新高考Ⅱ卷；西藏自治区、四川使用全国甲卷；河南、山西、内蒙古自治区、宁夏回族自治区、青海、新疆维吾尔自治区使用全国乙卷；上海、北京、天津使用自主命题卷。[4]

2024年高考英语试题根据高校人才选拔要求和国家课程标准命制，结

1　本节作者：康艳、季军惠、许向涵，首都师范大学。

合各地高中英语教学实际，聚焦立德树人，加强教考衔接，发挥对教学的正向引导作用，服务拔尖创新人才选拔，助力教育高质量发展。首先，高考英语卷通过精选语篇，体现中华文明与世界文明的交流互鉴，引导学生增强国家认同和家国情怀，坚定文化自信，拓展国际视野。新课标Ⅰ卷语法填空题选取的语篇介绍了英国“丝路花园”的整体设计及其中新建成的玻璃温室，体现了古丝绸之路对英国园林艺术的独特影响，宣传了以和平合作、开放包容、互学互鉴、互利共赢为核心的丝路精神。新课标Ⅱ卷语法填空题选取的语篇报道了纪念中国古代作家汤显祖的雕塑和凉亭在英国作家莎士比亚故居落成的新闻，介绍了两位伟大作家之间的相似之处，展现了中西方文化的交流与融合。其次，高考英语卷注重体现国家发展和社会进步，有机融入社会主义核心价值观，引导学生坚定理想信念、提升品德修养。新课标Ⅰ卷读后续写题选取的语篇，讲述了作者在出差途中与出租车司机协商解决车费支付问题的故事，提示学生循着信任他人、遵守诺言的思路进行续写，引导学生培养诚实守信的美好品德。此外，高考英语卷继续加强内容和形式创新，优化试题设问角度和方式，增强试题的开放性和灵活性，引导学生进行独立思考和判断，培养逻辑思维能力、批判思维能力和创新思维能力。新课标Ⅰ卷阅读D篇选取的语篇探究生物样本数据的可用性，指出实证研究发现的问题并提出提高数据质量的措施，试题循着“了解现状—聚焦问题—分析原因—提出建议”的逻辑进行设计，考查学生对每个环节关键内容的准确理解，培养学生的科学探究精神，提升发现问题、分析问题、解决问题的能力。新课标Ⅱ卷阅读D篇选取的语篇探讨分析了当前人工智能的发展趋势和即将到来的人工智能革命，试题考查了推断理解词组意义、提炼概括关键信息、解读分析段落大意、总结归纳作者意图等问题，涵盖了分析、概括、推断等多种思维能力。[5]

2024年高考工作深入贯彻落实习近平总书记重要指示精神和党中央、国务院决策部署，坚持立德树人、五育并举，坚持改革创新、稳中求进，坚持回归课标课堂、适配学情教情。[6]英语高考深化基础性，强调综合性，语篇选材多样，贴近学生的生活实际，注重语境和语言运用，强化对学生思维能力的考查，在稳定中求创新。高考作为高利害考试，应持续推进考试形式和评价模式创新，突破传统命题思路，探索更多元化、更具开放性的试题形式，全面考查学生的英语综合运用能力和创新思维。

2. 中考

2024 年，各地中考英语试题坚持以习近平新时代中国特色社会主义思想为指导，全面贯彻党的教育方针，落实立德树人根本任务，体现《义务教育英语课程标准（2022 年版）》理念，旨在全面促进学生核心素养的培养与发展。各地中考英语试卷紧扣社会热点和生活实际，充分体现立德树人、发展素质教育的目标，深入考查了学生的关键能力与学科素养，题型稳中有变，发挥了积极的导向作用。各地中考试卷基本涵盖了语音、词汇、语法、听力、阅读、写作和口语交际等各个方面，试卷的情景化和育人功能突出，注重思维能力的考查。上海市中考英语在学科总分不变的基础上，增加了听说测试，笔试部分总分值下调。广州市中考英语的阅读语篇引导学生关注环保、文化传承等主题，渗透品德教育，试题全面考查了学生的理解、分析、比较等多种思维能力。[7][8] 2024 年是湖北省中考统一命题的第一年。中考试题凸显学科育人理念，注重学用融合、强化教考衔接。试题中的语篇涵盖“中华优秀传统文化”“环境保护”“健康饮食”“劳动实践”“太空科技”“抗挫体验”“自我成长”等主题。新中考对全省初中教学评价和教育教学改革产生了重要的影响。[9]

2024 年，各省市在推动课标落实和新教材使用、推动中考改革等方面举办了各类研讨会，为推动初中英语教育改革和新教材高效使用做出了努力。教师们在研讨中深入理解了新课标的基本理念，了解了新教材编写的指导思想、基本原则、体例及特点，学习如何用好、用足教材，提高学生的学习成效，谋划中考改革的大计。[10][11][12]

2024 年各地中考英语试题坚持依标命题，凸显育人功能，强调能力考查。这就要求教师回归课堂，落实课标要求，扎实教学，采用启发式、探究式教学方式，培养学生的高阶思维能力、创新精神和实际应用能力。

二、热点问题剖析

2024 年，与基础英语教学相关的热点问题是“新教材的出版和使用”和“人工智能辅助下的英语教学”。

1. 新教材的出版和使用

2024 年 8 月 2 日，教育部办公厅印发了《2024 年义务教育国家课程教学用书目录（根据 2022 年版课程标准修订）》。根据该目录，小学英语三年级至九年级共有 38 个版本的教材，出版单位包括北京出版社、北京师范大学出版社、人民教育出版社、外语教学与研究出版社等知名出版机构。[13] 多个版本的教材有助于各地根据自身的实际情况选择适合的教材，满足不同地区、不同学校以及不同学生的需求，促进教育多样化和个性化发展。

2024 年秋季学期，全国小学和初中起始年级学生（三年级、七年级）开始使用全新修订的英语教材。此次新教材的修订工作是围绕教育部 2022 年印发的《义务教育课程方案和课程标准（2022 年版）》开展的。新教材的编写以习近平新时代中国特色社会主义思想为指导，全面落实党的二十大精神，努力体现马克思主义中国化最新成果，体现党和国家对教育的基本要求，体现国家和民族基本价值观，体现人类文化积累和创新成果。各版本教材遵循课程方案和义务教育英语新课标的理念，以立德树人为根本任务，以培育学生英语核心素养为目标，在做好顶层设计的基础上，凸显教材结构的整体性，精选工具性与人文性相结合的教材内容，融入中华优秀传统文化、革命文化、社会主义先进文化的内容，深化爱国主义、集体主义、社会主义教育，结合英语学科特点充实德育要素，提升教材育人功能；注重密切联系学生学习、生活和思想实际，加强学习情境创设和任务设计，增强活动的实践性，激发学生的学习兴趣，指向对学生语言能力、文化意识、思维品质和学习能力的全面培养。[14][15][16]

新教材投入使用后，引发了社会各界的热议。不少家长反馈，新教材难度太大，词汇量增加，开篇就有长句子，对于零起点和基础薄弱的孩子来说学习困难，担心孩子花费过多时间在英语上，影响其他科目的学习，甚至可能失去对英语学习的兴趣。二、三、四线城市和农村地区的家长尤其担心，因为当地缺乏优质的英语教学资源和学习支持，孩子在面对难度提升的教材时压力倍增，无法跟上学习进度。[17][18] 实际上，新教材的编写基于国家课程标准，着眼于未来的社会需求，经过多轮专家论证，符合学生的认知水平和学习规律，旨在通过语言培养孩子的思维能力，让他们习惯用英语思考，为未来适应全球化社会奠定基础。新教材优势的发挥关键在于教师。广大一线教师应及时更新教学理念，积极理解教材的编写意图和内部逻辑，开发各种教学资源，根据学情创造性地用好教材、用活教材。

2. 人工智能辅助下的英语教学

在科技飞速发展的时代，人工智能正以其强大的能力重新定义教育的未来。近年来，教育领域开始探索如何利用人工智能优化教学。2024 年基础英语教育领域在引入人工智能辅助英语教学方面呈现出广泛应用、深度融合的特点。

各类中小学积极将人工智能引入英语教学，尝试利用人工智能技术提升英语教学效果。各级各类教研活动也针对人工智能在外语教学中的应用开展了研讨。5 月 15 日，北京市东城区教育委员会主办了“智慧成就课堂，创新引领未来”教育研讨会。本次研讨会旨在推动信息技术与教育更深层次的融合。灯市口小学教师在现场课中运用了“AI 听说课堂”迅速分析出学生的听读习惯、薄弱环节及潜在优势，实现对学生听读数据的实时追踪和精准把握，从而为学生提供个性化学习指导。5 月 22 日，北京市西城区教育研修院举办初二年级英语听说教学经验交流活动，以提升中学英语教师的听说教学实践与研究能力，推动人工智能技术在英语课堂教学中的深入应用，探索科技赋能下英语课堂更多的可能性。会上，北京师范大学附属中学和北京市第四十四中学两位教师分别做了题为《AI 听说教室使用》《AI 小助手 教学大改变》的分享，阐述了人工智能听说课堂在教学、备考方面发挥的作用。[19]

人工智能技术在教育领域的发展迅速，为中小学英语教学带来了诸多创新的可能性。从教学场景来看，人工智能可以为学生提供个性化学习支持，依据学生的学习进度、知识掌握程度及学习习惯，定制个性化学习方案，为其推送适配的学习内容，提升学习效果。人工智能可创造多样化的教学资源，如虚拟语言学习环境、互动动画课程等，使英语学习更加生动有趣。智能工具还能实时为学生提供学习反馈，使师生和家长及时了解学习情况，提高英语学习和教学的针对性。

人工智能对中小学英语教学的影响深远。广大英语教师应积极应对自身角色的转变，从传统的知识传授者转变为学习的引导者，以人工智能技术为依托构建全新的教学模式与方法，充分发挥人工智能技术对英语教学的推动作用，提高英语课堂的教学成效。

三、部分论文文献信息[1]

程晓堂、姚铄姿、谢诗语，2024，义务教育英语课程语言能力目标落实之路径 [J]，《外语教育研究前沿》（7）：19-24。

苗壮，2024，主题引领下英语课程育人的内涵与策略 [J]，《中小学外语教学》（中学篇）（5）：16-20。

钱小芳、陈易孜、高健敏，2024，义务教育英语新教材的分析与使用——基于生态给养理论 [J]，《中小学课堂教学研究》（12）：16-21。

王蔷、钱小芳、陈易孜，2024，融合语言文化·发展思维品质：义务教育英语新教材的变化与使用 [J]，《中小学管理》（8）：25-28。

徐浩，2024，教材使用研究新框架：透明度、饱和度、连续性 [J]，《基础外语教育》（6）：3-8。

[1] 澎湃新闻，2024，直击|2024年高考今日开考，1342万考生赶赴考场 [OL]，https://baijiahao.baidu.com/s?id=1801164947760697147&wfr=spider&for=pc（2025年1月2日读取）。

[2] 北晚在线，2024，多地公布2024高考报名人数 [OL]，https://baijiahao.baidu.com/s?id=1798922639108428425&wfr=spider&for=pc（2025年1月2日读取）。

1 请于本书附录查看相关文献的详细摘要。

[3] 中国教育在线掌上高考，2024，重磅！ 2024 年度高考十大事件，出炉！ [OL]，https://baijiahao.baidu.com/s?id=1819852984585635518&wfr=spider&for=pc（2025 年 1 月 2 日读取）。

[4] 中国教育在线掌上高考，2024，重磅！ 2024 年度高考十大事件，出炉！ [OL]，https://baijiahao.baidu.com/s?id=1819852984585635518&wfr=spider&for=pc（2025 年 1 月 2 日读取）。

[5] 扬子晚报，2024，权威解读：2024 年高考英语全国卷试题解析（节选）[OL]，https://baijiahao.baidu.com/s?id=1801338525972745591&wfr=spider&for=pc（2025 年 1 月 2 日读取）。

[6] 九派新闻，2024，教育部教育考试院：2024 年高考命题面向未来，鼓励学生破除唯一标准答案束缚 [OL]，https://baijiahao.baidu.com/s?id=1801191368472277928&wfr=spider&for=pc（2025 年 1 月 2 日读取）。

[7] 十六年教育馆，2024，从 2024 年上海中考英语分析对 2025 年中考的启示 [OL]，http://www.360doc.com/content/24/1203/23/75635893_1141088359.shtml（2025 年 1 月 2 日读取）。

[8] 冯晓颖，2024，守正中求稳定创新里求发展——2024 年广东省中考英语试卷分析及教学建议 [J]，《名师在线》（35）：2-4。

[9] 罗之慧、董晶，2024，2024 年湖北省中考英语命题改革实践探索及教学启示 [J]，《英语学习》（9）：28-31。

[10] 新浪网，2024，房县举行初中英语新教材新课标新中考研训 [OL]，https://finance.sina.com.cn/tjhz/2024-09-20/doc-incqstay4280195.shtml（2025 年 1 月 3 日读取）。

[11] 新浪网，2024，邵东市举办 2024 年初中新课标、新中考、新教材深度解读与教学策略研讨培训 [OL]，https://finance.sina.com.cn/tjhz/2024-10-21/doc-incthwvv2273416.shtml（2025 年 1 月 3 日读取）。

[12] 新浪网，2024，邵东市举办 2024 年初中新课标、新中考、新教材深度解读与教学策略研讨培训 [OL]，https://finance.sina.com.cn/tjhz/2024-10-21/doc-incthwvv2273416.shtml（2025 年 1 月 3 日读取）。

[13] 中华人民共和国教育部，2024，教育部办公厅关于印发《2024 年义务教育国家课程教学用书目录（根据 2022 年版课程标准修订）》的通知 [OL], https://hudong.moe.gov.cn/srcsite/A26/s8001/202408/t20240805_1144254.html（2025 年 1 月 3 日读取）。

[14] 王蔷、王琦 2024，落实立德树人根本任务编写培根铸魂英语教材——北师大版初中英语新教材编写思路与使用建议 [J]，《基础教育课程》（12）：10-16。

[15] 刘道义、葛炳芳，2024，立足国情、继往开来、守正创新：人教版义务教育英语新教材的编写理念、亮点及实施建议——人民教育出版社课程教材研究所研究员、编审刘道义访谈 [J]，《教学月刊・中学版（外语教学)》（6）：3-9。

[16] 搜狐网，2024，“张剑老师：外研版英语教材的革新之旅” [OL], https://www.sohu.com/a/826439788_122083915?scm=1019.20001.0.0.0&spm=smpc.csrpage.news-list.9.17358981431834Hbh86V（2025 年 1 月 3 日读取）。

[17] 网易，2024，2024 年新版英语教材被家长吐槽太难了，乡镇的孩子咋办？ [OL], https://m.163.com/dy/article/JBQG3FQV055682Y2.html?referFrom=（2025 年 1 月 3 日读取）。

[18] 今日头条，2024，新版中小学英语教材难度倍增，家长怨声载道，教材专家组深夜回应 [OL], https://www.toutiao.com/article/7415043790207042075/?upstream_biz=doubao&source=m_redirect&wid=1737539495516（2025 年 1 月 3 日读取）。

[19] 千龙网，2024，北京市各区相继开展英语教研活动，数字化教学遍地开花 [OL], https://china.qianlong.com/2024/0531/8273613.shtml（2025 年 1 月 2 日读取）。

第二节　基础日语[1]

一、年度情况概述

1.《义务教育日语课程标准（2022 年版）》《普通高中日语课程标准（2017 年版 2022 年修订）》2024 年再修订

为贯彻党的二十大精神，2022 年版的义务教育课程方案、各学科课程标准于 2022 年 10 月启动修订，2017 年版 2020 年修订的普通高中课程方案、各学科课程标准于 2023 年 3 月启动中期修订。

2024 年 7 月，党的二十届三中全会召开；9 月，全国教育大会召开。正在修订的义务教育与普通高中课程方案及各学科课程标准随即着手落实两个大会的精神。日语义务教育和普通高中日语课标的修订，主要体现在三个方面：一是根据党的二十大、二十届三中全会以及全国教育大会的精神调整有关表述；二是调整、修改课标文本部分内容、表述，以期更加科学、统一、完整；三是部分修改日语的表述，以期更加规范、地道。普通高中日语课程标准的修订，还重点修订了学业质量标准的描述、考试命题建议及样题，以期更好地指导相关工作的推进。截至笔者执笔时，两部课标的修订已接近尾声。

2. 日语教材

人民教育出版社根据《义务教育日语课程标准（2022 年版）》修订的《义务教育教科书 日语 七年级 全一册》于 2024 年 9 月正式启用。截至笔者执笔时，八年级、九年级全一册尚在修改中。教材的“编写说明”指出：“第一至第四单元分别对应生活、人文、社会、自然 4 个主题范畴[2]……主题页呈现该课的标题和学生需要完成的总任务……‘ステップ 1’和‘ステップ 2’

1　本节作者：林洪，北京师范大学。

2　此 4 个主题范畴为义务教育阶段和普通高中日语课标所提出。

是该课总任务的输入性环节，学生通过理解语篇、梳理信息、交流看法、提炼方法等学习活动，为完成后续任务作好准备。‘やりましょう’是该课总任务的输出性环节，学生可以充分利用输入环节获得的语言文化知识、解决问题的思路和方法等，通过自主学习、合作学习、探究学习等方式分工合作，共同完成该任务。”由此可见，该教材较好地体现了两部日语课标提出的“日语实践活动”思路。目前进入国家教材委员会审核程序的教材，仍只有人民教育出版社的义务教育阶段教材和普通高中教材。

3. 教研活动

2024 年，日语教研活动以线下为主。以下分四个方面按时间顺序做一简介。

1）教育主管部门组织的教研活动

尽管日语的教研体系尚不健全，但在 2024 年，有越来越多的教育主管部门关注日语教学、多语种教学，这一态势比 2023 年有更为明显的进展。

3 月，浙江省教育厅教研室主办、嘉兴教育学院和嘉兴外国语学校承办了 2024 年浙江省高中外语（日语）新课程新教材培训活动，主题为“基于意义加工的日语阅读教学”，这是浙江省教育厅教研室首次举办中学日语教研活动；广东省揭阳市教育局举办了 2024 年揭阳市日语学科高考备考和教研工作会议；上海市教师教育学院（上海市教委教研室）组织了以“人工智能技术赋能多语种学科教研”为主题的多语种系列教研活动，包括“教学研讨”“课堂展示”“课题研究”等多种形式；重庆市涪陵区教育科学研究所与涪陵区教师发展中心主办、涪陵二十中承办了涪陵区高中日语教学研讨会；山东省菏泽市教科院主办了 2023—2024 学年全市普通高中高三后期复习备考俄语、日语学科研讨会。

4 月，广东省深圳市教育科学研究院举办了“2024 年深圳市新高考背景下日语写作教学与备考”专题讲座，并组织了“高三日语写作”观摩课，通过多个学生日语作文的实例，参会教师一起探讨了日语作文题的命制、撰写、辅导、教学；上海市教师教育学院主办、上海市闵行区教育学院协办、上海市文来高中承办了2024年上海市中学日语学科教学展示活动。

5月，广西壮族自治区南宁市教育科学研究所主办了南宁市2024年高中日语学科“品质教研 深耕课堂”（五月）主题教研活动——基于核心素养提升的高中日语教、学、评一体化实施的实践研究；广东省基础教育教研基地在怀集县举办了高中日语教师教学能力大赛，在江门市举办了县（市、区）教研基地项目（江门江海）建设研讨活动；广东省中山市教研室日语学科中心教研组、“学业质量标准下的高中日语试题数据驱动命制研究”课题组赴揭阳市开展跨城联合教研活动。

6月，上海市教师教育学院、上海外国语大学主办，外语教育出版社教育培训中心承办了“人工智能赋能中学多语种教学”教师研修。

7月，江苏省徐州市教科院组织开展了多语种学科暑期教师业务能力培训，全市日语、俄语、西班牙语骨干教师参会；广东省深圳市龙岗区教师发展中心协同张秀红小语种名师工作室举办了高一、高二日语课堂教学研讨活动。

8月，内蒙古自治区赤峰市教育局举办了全市俄语、日语教师集中培训会；“2024—2025学年度上学期沈阳市日语学前周教研会”在辽宁省教研员的主持下召开。

9月，吉林省教育学院组织开展了“助推教学评一体化”教研实践活动暨吉林省中学日语“名师课堂”教学展示活动；内蒙古自治区赤峰市松山区教育局和松山区教育教学研究中心组织了以“强学科基地 锻优质教研 育松山名师”为主题的教育教学工作会议，高中思想政治、日语、俄语学科在分会场举办了教研活动。

10月，广西壮族自治区南宁市教科所主办、南宁市第二十四中学承办了高中日语学科“品质教研 深耕课堂”（十月）主题教研活动；广东省肇庆市教师发展中心举办了四个山区县教师全员轮训——高中日语学科面授培训活动；湖北省监利市教研室高中处于10月16—18日组织召开了全市“双语”学科教学研讨会；湖北省襄阳市教育科学研究院主办、襄阳市小语种中心教研组与襄阳市致远中学承办了全市高中小语种教研活动；辽宁省沈阳市教育研究院携手宋微名师工作室举办了沈阳市普通高中日语学科优秀课评比活动；山东省聊城市教育考试与教学研究院主办，临清市教育和体育局、临清市第三高级中学承办了聊城市高中日语教学研讨会。

11月，广东省深圳市宝安区教育科学研究院主办了宝安区2024—2025学年第一学期市–区–校三级联动高中日语教学研讨会；山东省菏泽市教育科学研究院组织开展了全市普通高中日语学科高三一轮复习研讨会；江苏省徐州市教科院举办了针对高中日语、俄语新教师的专业培训活动。

2）出版社组织的培训

1月，外语教学与研究出版社组织开展了“2024年高考日语综合改革专家解读及备考对策专题培训”。

3月，外语教学与研究出版社在线举办了“2024年高考日语综合改革专题培训”。培训内容围绕四个核心板块展开，包括“新题型试题特点”“新题型教学方法”“新题型备考规划”以及“新题型实战演练”，为日语教师提供全面的指导与支持。同月，由人民教育出版社主办的“2024年新课标、新高考背景下日语教学与评价巡回教师研修会”首站、第二站活动先后在广东省佛山市顺德区龙江中学、安徽省蚌埠禹王学校举行。

4月，由人民教育出版社主办的“2024年新课标、新高考背景下日语教学与评价巡回教师研修会”第三站活动暨辽宁省高中日语学科高三二模备考会在辽宁省沈阳市举行。

5月，外语教学与研究出版社举办河南外言教育集团线上教师培训；同月，举办北外国际教师“2024届日语高考新题型视阈下冲刺备考策略研讨会”。

6月，人民教育出版社举办了2024年第2期初中日语“人教云教研”。

7月，由人民教育出版社主办的“2024年人民教育出版社《义务教育教科书 日语》教材培训会暨中学日语教师研修会”在广东省广州市举行。

8月，由人民教育出版社主办的“2024年人民教育出版社《义务教育教科书 日语》教材培训会暨中学日语教师研修会”在云南省昆明市举行。

10月，外语教学与研究出版社举办了《新起点日语》教材系列培训第一期。同月，外语教学与研究出版社江苏徐州教研服务中心依次走进邳州市第二中学、邳州市第四中学、邳州市宿羊山高级中学、邳州市官湖高级中学和邳州市毓秀高级中学，与一线日语教师进行了面对面的深入交流，切实了解了当前高中日语教学的实际情况与迫切需求，并对提出的教学问题做出了可实施建议。同月，人民教育出版社举办了2024年第3期初中日语“人教云教研”。

11月，外语教学与研究出版社举办了《新起点日语》教材系列培训第二期。同月，外语教学与研究出版社组织陕西现代教育集团50余名教师进行了线上日语教师培训。此外，外语教学与研究出版社还在线上举办了“新题型背景下2025届高考日语三轮复习策略专题研讨会”。研讨会聚焦“高考日语三轮复习”，邀请多位日语界专家，与来自全国20多个地区的2,000余名高中一线日语教师共同探讨如何高效地进行三轮复习。

12月，人民教育出版社举办了第4期初中日语“人教云教研”。同月，外语教学与研究出版社举办了“北外国际‘高考专项教学与备考方法’线上教师培训”。

3）民间团体等组织的培训

8月，由北京外国语大学指导，全国基础外语教育研究培训中心多语种教育发展分中心、全国中等日语教学研究会主办，外语教学与研究出版社承办的“2024全国基础教育阶段多语种学科建设与教学发展研讨会”在北京举行。研讨会以“新课标、新教材、新课程”为主题，着眼于助力各校准确理解国家教育政策，全面落实国家人才培养要求。

11月，由上海教育国际交流协会、中等日语课程设置校工作研究会主办的“2024第十四届中学日语教育年度研讨会”在杭州英特外国语学校举行。

12月，由中国教育学会[1]外语教学专业委员会主办、深圳市建文外国语

1 中国教育学会是由从事教育教学研究与实践的学校、社会组织、相关企事业单位和个人自愿结成的全国性、学术性、非营利性社会组织，成立于1979年，拥有60个分支机构。中国教育学会外语教学专业委员会为其分支机构之一，成立于1981年，主要开展基础教育外语教学的理论研究，配合教育行政部门制订外语教师标准，通过学术年会、研讨会、观摩活动等形式，开展外语教研经验交流活动。

学校承办的“2024年全国中小学多语种课堂教学观摩示范暨优秀教学课例展示活动”在建文外国语学校举行。该委员会2023年首次面向日语、俄语教师组织活动。

2025年1月，由全国中等日语教学研究会主办、中山市小榄中学承办、外语教学与研究出版社协办的“全国中等日语教学研究会2024年年会”在广东省中山市举行。

此外，在2024年，各地日语教师继续成立了规模不等的联盟、共同体、名师工作室。例如：

3月22日，“湖湘中学日语教研共同体成立大会暨湖南省中学日语教育品质提升与创新发展研讨会”在长沙外国语学校召开。

另外，许多教培机构也展开了多种教研活动。

4）大学与中学的合作

2月，由江西师范大学外国语学院中等日语教育研究中心、南昌市复兴外国语学校主办，南昌市致远双语学校承办的“江西省第七次中学日语教师交流活动”在江西省南昌市致远双语学校举行。

3月，由兰州市外国语高级中学、兰州市外国语学校、西北师范大学外国语学院共同举办的“甘肃省第二届多语种教学研讨活动”在甘肃省兰州市举行；广东外语外贸大学日语学院教师赴惠州市博罗县华侨中学，面向高中日语教师和学生开展教学帮扶活动。

5月，由哈尔滨市师范大学、黑龙江教师发展学院、哈尔滨市朝鲜族第一中学校主办的“中学日语课程教学改革研讨会暨全国中等日语教学研究会黑龙江分会成立大会”在哈尔滨市朝鲜族第一中学校召开。

6月，由四川外国语大学日语学院主办的“2024年度重庆市高中日语教学研讨会”在该校举行。

7月，华南师范大学外国语言文化学院举办的“2024年中学日语、俄语教师发展研修班”在该校举行。

8 月，全国基础外语教育研究培训中心[1]多语种教育发展分中心及全国中等日语教学研究会主办、外语教学与研究出版社承办了全国基础教育阶段多语种学科建设与教学发展研讨会暨中学德语、法语、西班牙语课程标准教材发布会。

11 月，广东省高考研究会成立。日语学科专业委员会骨干人员由中山大学、华南理工大学、暨南大学、华南师范大学、广东工业大学、广东外语外贸大学、华南农业大学、广东海洋大学、广州大学、仲恺农业工程学院等广东省内各大高校的日语教师、省内各地中学的优秀骨干日语教师、日语教研员等组成。

二、热点问题剖析

1. 教学与研究过程中的主要问题

从笔者 2024 年参与的听课、评课，以及对一线教师教学论文、论著的审稿中可看出，就整体而言，日语教师们对两部日语课程标准的理解与把握还有进一步提升的空间。教学方面的主要问题在于，真正能够引发学生有效思考和讨论的教学手段仍然不足；就高中零起点突击日语高考的教学而言，真正有效调动学生学习行为的手段仍然不足。科研方面的主要问题是问题意识、研究方式的确定以及各个章节之间的逻辑性需要进一步提高。

2. 高考日语及题型的调整

2024 年 1 月 20 日，教育部教育考试院通过“中国考试”公众号发布了《2024 年高考综合改革适应性测试：日语科新课标试卷、专家解读及问卷调查》这一推文。2024 年 6 月，首次新课标日语试卷正式运用于高考中。有关

1 全国基础外语教育研究培训中心是由教育部指导、北京外国语大学主管、外语教学与研究出版社支持的一个全国性基础教育研究培训机构，于 2006 年 10 月由陈琳教授首倡创立。国务院原副总理李岚清同志为研究中心亲笔题写了铭牌。

部门没有正式发布题目及答案。一些省份反映尽管试题的题型有较大变化，但考生的成绩并没有出现明显的下滑，认为新题型试卷保持了与此前试题的难度；也有部分省份反映考生的成绩明显下滑，导致2024年9月开始的新生招收受到较大冲击。

就考题本身而言，如何在听力、阅读题中体现"解决问题"，特别是听力的第二节一题三问，需要进一步探索；语言运用题如何更好地与阅读题做好区分，如何真正做到"基于语篇"，需要进一步摸索；作文题如何更为有效地设置情境，让更多的考生可以基于自己的生活、基于自己的思考来写作，也需要进一步研究。

随着新题型的出现，目前各种模拟题和相关书籍、培训层出不穷，但质量堪忧。如何使一线教师具备判断良莠的"火眼金睛"，既是当务之急，又需要日积月累。

3. 学业水平考试

如前所述，虽然各省市的教研体系仍然没有全面建立起来，但在已设立教研员的地区或团队，相关的研究和培训已逐渐开展起来。例如，大连教育学院参加了辽宁省初中学业水平考试命题研究；黑龙江省组织了中考命题培训、学业水平考试题研讨、中考命题及批卷；四川省开始推动多语种学业水平考试工作；广东省深圳市组织了中考备考等工作。

4. 高中开始零起点突击高考日语

近年来，高考日语全国卷适度调整了难度，加之2024年正式启用了新题型试卷，有一批学校、家长认为高考日语的"红利"消失了，进而把目光转向"试题更加容易"的其他语种。

三、相关论文及研究成果简介

2024 年 8 月，《重启青春》情境创设型日语学习软件完整版正式发布，《中学生日语 综合练习》正式出版；“中国故事（日汉对照·赠音频）”[1] 出版。

2024 年，以“中学日语”“初中日语”“高中日语”“中职日语”为关键词，在中国知网共检索到 25 篇相关论文。其中关于课程标准、核心素养的论文有 5 篇，关于教材的论文有 1 篇，关于课堂教学的论文 8 篇，关于高考试题的论文有 2 篇，关于教师的论文有 5 篇，关于学生的论文有 3 篇，关于日语教学工作总结的论文有 1 篇。这些论文中含 6 篇硕士论文。

表 3.1　呈现了 2020—2024 年的相关文献情况。

表 3.1　2020—2024 年基础日语阶段相关文献数量统计

年份	中学日语	初中日语	高中日语	中职日语
2020	6	3	26	9
2021	3	1	8	9
2022	4	3	6	2
2023	8	3	20	10
2024	1	1	22	1

限于篇幅，以下选取两篇论文的文献信息，论文的详细摘要请见本书附录。

卢燕，2024，高中美术生选考日语的内外部动机及影响因素研究 [D]。硕士学位论文。青岛：青岛大学。

徐微洁、丁锐昀，2024，中学日语教科书中的中国形象研究——以人教版初、高中《日语》为例 [J]，《日语教育与日本学》第 22 辑：40-51。

1　这套图书抓住中国传统文化中的亮点以及当代中国发展的成就，用日语介绍，包括的主题有春节、汉字、新能源技术、数字经济等，涵盖古今。在介绍文化知识的同时，图书力求讲出中国文化的精神，讲出中国文化的核心价值，帮助青少年增进对中华文化的理解与认同，树立正确的人生观、国家观、文化观，增强国家认同感和家国情怀，坚定文化自信，在跨文化交流中坚守中国文化立场。

第三节 基础德语[1]

一、年度情况概述

1. 核心素养立意的中学德语教材相继出版

党的二十大明确指出，须加强教材建设和管理，加快建设高质量教育体系。在《普通高中德语课程标准（2017 年版）》颁布前，我国中学德语教材多为国外引进的资源，难以体现我国的国家意志与核心价值，也无法满足我国当前的人才培养需要。[1] 近年来，核心素养立意的本土中学外语教材及教辅资料建设得到高度关注。

经过多年研制，由大学及中学德语专家共同编写的中学德语教材相继出版。2024 年，上海外语教育出版社的“新启航德语系列”继续推出。该系列教学参考资料由浙江大学李媛教授任 C1—C5 册总主编，同济大学赵劲教授任 G1—G5 册总主编。

2024 年 8 月，国内首批中学德语课标教材《德语》由外语教学与研究出版社正式发布。德语课标教材初中分册总主编由南京大学孔德明教授担任，高中分册总主编为北京第二外国语学院刘学慧教授。同期发布的还有国内首批中学法语、西班牙语课标教材。[2]

上述新编中学德语教材以《普通高中德语课程标准（2017 年版 2020 年修订）》为指导编写，以德语学科核心素养为培养目标，融入国内外最新的外语教学理念，重视创设真实情境，旨在提高学生分析问题、解决问题的能力，促进自主学习和终身发展。

国家与社会发展对外语人才培养提出了新要求，核心素养立意的中学德语教材有助于推动课程改革与创新，切实提升育人效果。未来几年，配套资源建设、教师培训等工作也将同步推进。

1 本节作者：练斐、李媛，浙江大学。

2. 教师研讨：跨地区、跨学段、跨学科

2024 年度中学德语教学培训与交流研讨活动形式多样，重点议题包括数智化时代的德语教育挑战与转型、核心素养导向的教学实践、教材编写与研究等。

“人工智能”和“核心素养”是教师研讨会的两大关键词。4 月 22 日，来自浙江、上海、安徽三地的 DSD 项目学校校长、教师及出版社代表相聚嘉兴高级中学，围绕中学德语教育教学及其未来发展进行讨论，主题包括素养立意下中学德语“教学评”一体化改革、人工智能时代的教学资源建设以及跨校资源共享等。[3]8 月 5—8 日，2024 年外教社全国德语教师暑期研修班在贵阳举办。研修班同样关注人工智能时代的外语教育变革，以“数智时代的德语教学与研究”为主题，邀请中德两国的外语专家学者以及教育技术专家主讲，全国高校及中学德语教师共同研讨德语教学的数智化转型、人工智能在德语教学和科研中的应用等前沿主题。[4]11 月 24 日，“AI 赋能德语教学——2024 德语教学英特论坛”在杭州举行。公开课上，杭州英特外国语学校教师展示了如何用人工智能工具赋能课堂设计，例如准备教案、制作辅助音乐和教学材料等。除了大学、中学及泛教学领域的德语专家外，论坛还邀请到浙江大学教育学院翟雪松教授。翟教授通过具体案例，展示了元宇宙虚拟助教如何助力文科语言类和理工科实验类学生实现在线自主学习。[5]

“教材”是 2024 年度外语学界关注的另一大焦点。8 月 7—8 日，由北京外国语大学指导，全国基础外语教育研究培训中心多语种教育发展分中心、全国中等日语教学研究会共同主办，外语教学与研究出版社承办的“2024 全国基础教育阶段多语种学科建设与教学发展研讨会暨中学德语、法语、西班牙语教材发布会”在北京举行。会议以“新课标 新教材 新课程”为主题，围绕教育教学改革、课程建设与创新发展、教师能力提升与发展路径、多语种课堂教学创新实践等教育发展重点领域展开权威解读与深入探讨，从宏观、中观、微观多维度探索基础外语教育阶段多语种教育高质量发展的方向与目标、实践与路径，助力各校准确理解国家教育政策，全面落实国家人才培养要求。来自全国的 200 余位外语教育专家、中学校长、多语种学科教研

员和一线教师参会。与会者就各校办学经验、教研与教师能力提升、新编教材理念与使用等方面展开研讨。[2] 9月20—22日，由上海外国语大学大中小学外语国家教材建设重点研究基地和上海外国语大学外语教材研究院联合主办的“首届全国大中小学外语教材建设与研究高端论坛”在上海外国语大学举行。论坛主题为“外语教材建设与研究新路径”，200余名与会者围绕新形势下我国外语教育改革和教材建设的热点议题进行深入讨论。[6]12月20—22日，由北京外国语大学大中小学外语国家教材建设重点研究基地主办的“第二届全国外语教材研究学术研讨会”在海南大学举行。大会主题为“外语教材研究：新理念、新方法、新形态”，参会者超300人。大会研讨主题涵盖外语教材的多个重要领域，涉及英语、德语等多语种教材的编写研制、内容分析、使用评价等维度。大会期间，中外语言文化比较学会外语教材研究专业委员会正式成立。[7]

8月26—28日，“第十届亚洲日耳曼学学者大会”在青岛举行。这是亚洲地区日耳曼学研究领域的重要学术会议，旨在促进亚洲学者对德语语言、文学、文化学等领域的学术研究和交流。大会每三年举办一次，由中国、日本和韩国三国轮流主办。本次大会共有来自中国、韩国、日本、德国、波兰、蒙古、印度尼西亚等7个国家的200余名学者参会。杭州英特外国语学校的吴所谓作为唯一一位中学教师参会，在分论坛“德语专业共同体建设”参与圆桌讨论，向与会者介绍了中国中学德语的发展情况与教学特点。与会者认为，德语基础教育在东亚地区面临多重挑战，需要多方协作以优化教学资源、教师培训、综合性课程设置以及区域合作。[8]

3月30日，外语教学与研究出版社举办“2024年高考德语备考对策专题培训”。此次培训积极响应1月份发布的《2024年高考综合改革适应性测试：德语科新课标试卷、专家解读及问卷调查》，邀请了义务教育（德语）课程标准修订组专家、中学德语一线骨干教师，为指导高三备考的一线教师提供了针对性强的备考策略和教学建议。培训内容涵盖新课标背景下的命题方向、新题型特点分析、教学重点难点的把握以及高效复习方法等多个方面。此次培训不仅为高三备考教师提供了专业指导和教学资源，也搭建了一个充分交流与学习的平台，促进了全国中学德语教师的专业发展。

除研讨会与教师培训外，各方对外语教育教学科研项目的支持持续推进。北京德国文化中心·歌德学院（中国）与德国学术交流中心连续第四年启动德语教育教学研究项目申报工作，尤其鼓励高校与中小学研究人员联合组队申请。该研究项目最终共收到申报课题 20 余项，其中 6 个项目成功立项。[9]

3. 学生活动：多主题、多形式、多媒介

2024 年，中学德语学生活动与竞赛主题丰富，包括微视频、辩论赛、夏令营、风采大赛、奥林匹克竞赛等形式，对学生讲好中国故事、跨文化沟通、团队协作、媒介素养等方面的能力提出较高要求。

全国基础外语教育研究培训中心多语种教育发展分中心、外语教学与研究出版社等单位于年初发起“开心学德语，开心过春节”德语 Vlog 创作挑战赛，邀请全国德语学习者记录春节时光、用德语讲述中国故事。为方便选手备赛和学习有关节日及中国文化相关的德语表达，主办方提供了参考书单，包括《开心学德语（青少版）A1 学生用书》、“理解当代中国”系列《德语演讲教程》等。大赛共收到参赛视频作品 670 余份，中学德语组 40 人入围决赛。[10][11]

3 月 10 日，由德国外交部德国国外学校教育司（ZfA）主办的“中国青少年德语辩论赛”区域决赛在北京、上海和成都三个赛区同时举行。40 余名选手来自全国 20 所中学，各赛区分数最高的 4 名选手（全国共 12 名）晋级 5 月在南京举行的全国总决赛。总决赛前，主办方还为选手提供了为期三天的专项培训。本届决赛辩题包括“是否应该促进在农业中使用新的基因技术？”“学校是否应该教授电子竞技？”“是否该实行一周四天工作制？”等，辩题不仅考验学生的德语能力，也对思辨性、逻辑性和协作性提出了较高要求。[12][13]

6 月，由浙江大学德国文化研究所、北京德国文化中心·歌德学院（中

国）、杭州西诺教育咨询有限公司共同主办，杭州英特外国语学校协办的"2024 第八届可持续发展全国青年德语风采大赛"启动，主题为"向'新'而行，拥抱未来"。大赛贯彻以赛促学理念，为选手提供系列工作坊，助其深化对"新质生产力"概念的理解，并提高德语演讲和展示水平。来自全国 35 个城市及地区的 286 名选手参加海选，最终 16 组选手（青少年组和成人组各 8 组）晋级 11 月 23 日的线下决赛。选手就工业数字化、基础设施建设、新农村建设、可再生能源发展等议题进行深入讨论。[14]

7 月 15—22 日，"国际德语奥林匹克竞赛"（IDO）在德国哥廷根举行。该项赛事为全球规模最大、最具权威性的德语竞赛，每两年举办一次，2024 年的主题为"创造知识，成就未来"。来自 60 多个国家和地区的 100 名德语学习者齐聚一堂，代表我国参赛的是"全国德语奥林匹克竞赛"（NDO）A2 和 B2 级别冠军。除了语言水平外，大赛更是对选手创造力、文化理解力和团队协作能力的全方位考查。[15] 暑假期间，多个机构还组织了全国青少年德语夏令营、PASCH 全球青少年德语夏令营等活动，为全国德语学习者提供了沉浸式语言学习、跨文化交流的契机。[16]

二、热点问题剖析

1. AI 时代外语教育教学面临新机遇与新挑战

当前，全球进入数智时代，以知识为导向的教育方式已无法适应社会的快速发展。随着人工智能技术逐渐普及，机器翻译、智能语音识别、外语文本撰写和纠错等工作变得十分便利，几乎人人可及。当今的中学生作为"数字原住民"，对新技术接受度高、适应性强，获取信息的方式与渠道多元化，在外语学习过程中利用新技术查找信息、造句、翻译、撰文等情况也较为普遍。

在此背景下，越来越多人提出质疑：在机器翻译近乎实时的今天，还有必要投入大量时间学习外语吗？这一实用主义观点将语言简化为单纯的交流工具，而忽视了其文化价值和认知特点。学习外语不仅是为了提升个体的多语能力，更能培养其文化意识、思维品质、学习能力，促进跨文化交流。机器翻译难以代替面对面的沟通，过度依赖机器翻译也可能会加剧文化误解，导致文化的同质化和思维的单一化。人工智能时代，我们更需要深入发掘语言学习的育人价值，这也将打开外语学科的转型窗口。

目前，数字化、智能化、多模态的教学和学习资源正在涌现，例如数字教材、新形态教材、慕课等。融合人工智能技术搭建个性化学习系统，能够根据学习者的水平和进度自动调整教学内容难度和呈现方式，实现教学资源的“千人千面”。人工智能技术也正在革新传统的评估方式。通过自然语言处理和机器学习算法，机器可以为学习者提供智能化评估与反馈，成为学生的个性化学习助手。目前，浙江大学德语团队基于自建的全球最大规模的德语学习者语料库（CDLK），与浙江大学人工智能研究团队合作，正在研发德语写作智能反馈系统 Dr. Write，可实现与人工智能多轮对话、文本自动纠错等功能。华东师范大学的德语学者正在开发德语朗读测评网站，可自动为用户朗读的句子、单词及音素打分。此外，虚拟现实（VR）、增强现实（AR）等技术还能创造真实的语言学习和运用场景，为学习者提供沉浸式的学习体验。

人工智能技术正在重塑外语教育的生态格局。这种变革不是简单的技术叠加，而是教育理念和方法的根本性创新。这对教师的专业能力提出了更高要求。一方面，教师需要认识到学科变革的必然性，做好应对变革的思想准备；另一方面，教师需要提高个人的人工智能素养，学习并使用各种智能教学工具，将人工智能工具与传统教学方法有机融合，以实现更优的教学效果。

2. “小语种 +”复合型人才培养模式影响中学德语发展

受到 AI 技术快速发展、外语类保送新政策等多重影响，如何提高中学外语课程、高校外语专业的吸引力成为各学段教师所面临的一大挑战。近年来，全国多所高校推出“德语 +”双学士学位项目，持续探索复合型人才培养模式。除了《2023 中国外语教育年度报告》基础德语部分 [17] 提及的项目外，

2024 年全国新增多个双学士学位复合型人才培养项目，如复旦大学“德语—计算机科学与技术”项目、北京理工大学“德语＋车辆工程”项目等。[18][19]

现阶段，全国已初步形成三类“德语＋”复合型人才培养模式，即“德语—法律”“德语—经贸”“德语—理工”。但各高校在培养方案、学籍管理、专业教材建设等方面仍处于探索阶段。加之德语教师多为德语语言文学类专业毕业，缺乏法律、经济学、计算机科学与技术等领域的专业知识，面对跨学科专业外语教学时挑战较大。

为了更好地应对学科改革所带来的挑战，建议开设“德语＋”双学士学位项目的院校未来在三个方面建立合作机制，促进资源共享。首先，搭建国内高校合作平台，如成立“德语＋”双学位高校联盟，定期举办研讨会，分享各校在双学位项目的办学经验，共同商讨所面临的问题，推动课程资源共建共享。其次，深化与德语国家院校的合作，借力国际资源获得更多师资、材料、访学、实习等方面的支持。最后，加强与各地中学的合作，基于对中学生的需求分析、结合对接高校的专业办学特点，在中学阶段开设德语及专业衔接课程，探索构建大中小一体化贯通培养体系。高校开设“小语种＋”双学位复合型人才培养项目为中学生提供了更多升学选择，中学阶段的非英语语种课程和教学实验班预计也将越来越多。

3. 外语学科核心素养进入中国应用语言学理论自主知识体系

习近平总书记在 2022 年考察中国人民大学时指出：“加快构建中国特色哲学社会科学，归根结底是建构中国自主的知识体系。要以中国为观照、以时代为观照，立足中国实际，解决中国问题，不断推动中华优秀传统文化创造性转化、创新性发展，不断推进知识创新、理论创新、方法创新，使中国特色哲学社会科学真正屹立于世界学术之林。”[20]

2024 年，以德语为例对核心素养导向的中国外语教育的论述被收入《中国应用语言学理论和实践创新手册》。该手册是浙江大学紧扣服务中国自主知识体系建构任务组织编写的成果，依托德语、俄语、日语、法语教育近些年来的发展特点，提炼了中国外语专业人才培养的四个特点。其中，核心素养既是我国教育改革的基石，也是各学科发掘育人价值的重要抓手，实施并发展核心素养导向的教育路径有助于解决中国外语教育现存的两大挑战：1）在培养个体综合能力、促进可持续发展的过程中，尚未充分发掘外语学科的育人价值，以促进学生形成正确价值观、必备品格和关键能力；2）外语课程长期以目标语国家为中心，中国国情、中华文化融入课堂的育人实践不足，学生在理解中国、用外语讲好中国故事方面存在能力短板。[21]

在核心素养体系中，外语学科共享语言能力、文化意识、思维品质、学习能力四个学科核心素养，与高等教育阶段的教育目标相衔接，体现了跨学段的连贯性，并在育人理念、认识论、方法论等层面体现出中华优秀传统文化精髓。相较于国际其他能力框架，中国核心素养体系更注重培养学生的品德修养、文化传承与家国情怀。学科核心素养概念不仅充分体现了学科的育人价值，也为核心素养的落地提供了保障。此外，课程设置、教材编写、教师培训、评价改革及国际对话等路径也为理念落地提供了抓手。

发展核心素养导向的外语教育是我国教育改革历程中的一次重要探索。将核心素养纳入《中国应用语言学理论和实践创新手册》既是对核心素养“立足中国实际，解决中国问题”的肯定，也有助于推动我国学者更加系统、全面地梳理核心素养的学理内涵与学科实践，为未来的外语学科发展提供理论指导。

三、部分论文文献信息[1]

本节摘录6项发表于2024年的基础德语相关研究信息，包括2篇德语SSCI/A&HCI论文、2篇德语硕士学位论文、1篇英语会议集论文、1篇中文期刊论文。摘录文章的主题涉及中学生的德语书面语发展特点（负迁移效应、介词的使用）、学业拖延与学业成绩的关系、课堂教学以及中学德语教师情感研究。

Li, Y. & X. Zhang. 2024. Negativer syntaktischer Transfer im Schriftdeutschen

1　请于本书附录查看相关文献的详细摘要。

als Tertiärsprache von chinesischen Lernenden: Eine korpusbasierte Querschnittstudie [J]. *Muttersprache* 3: 227-250.（论文名称汉译：中国德语学习者三语德语书面语中的句法负迁移：一项基于语料库的共时研究）

Li, Y. & J. Zhao. 2024. Gebrauch deutscher Präpositionen bei chinesischen Deutschlerner/-innen im Rahmen der konzeptuellen Metapherntheorie – am Beispiel von um und in im Vergleich zu deutschen Muttersprachler/-innen und Deutschlerner/-innen mit anderen Erstsprachen [J]. *Revista de Lenguas para Fines Específicos* 1: 62-83.（论文名称汉译：概念隐喻视角下中国德语学习者对介词 um 和 in 的使用特征研究——与德语母语者及其他母语背景德语学习者的比较分析）

Chen, F. & F. Lian. 2024. What makes Chinese secondary school German teachers feel bad: A qualitative study of teachers' emotions [J]. *The Proceedings of 2023 Youth Academic Forum on Linguistic, Literature, Translation and Culture*: 16-22.

陈姿锟，2024，拖延与学业成绩的关系：Grit 的调节作用 ——以西南地区中学德语学习者为例 [D]。硕士学位论文。重庆：西南大学。

李晓，2024，基于表现性任务评价的初中德语听说课实践研究 [J]，《教育参考》（6）：67-72。

陶娇沁，2024，学业拖延与成绩的关系：自我调节学习的中介效应 ——以西南地区中学德语学习者为例 [D]。硕士学位论文。重庆：西南大学。

四、结语

2024 年，我国中学德语学科建设展现出强劲活力，整体呈现出以下新态势。第一，外语教育不断深化核心素养导向改革，核心素养立意的中学德语学习材料相继出版，配套资源建设及教师培训等工作同步进行，核心素养已被纳入中国应用语言学理论自主知识体系。第二，人工智能技术给德语教育教学带来新挑战与新机遇，德语工作者积极应对，主动求变。第三，全国多所高校相继推出“德语 +”双学士学位项目，推动复合型人才培养，为中学生升学提供更多机遇。

---

[1] 练斐、李媛，2023，基础德语 [A]。载王文斌、徐浩（编），《2022 中国外语教育年度报告》[C]。北京：外语教学与研究出版社。151-159。

[2] 外研社多语言，2024，新课标 · 新教材 · 新课程——2024 全国基础教育阶段多语种学科建设与教学发展研讨会暨中学德语、法语、西班牙语课标教材发布会成功举办 [OL]，https://mp.weixin.qq.com/s/kjmg8tx_45IA0dHtSBO9lA（2025 年 1 月 26 日读取）。

[3] 嘉兴市教育局，2024，嘉高这场论坛联动长三角 共促德语教育创新发展 [OL]，https://www.jiaxing.gov.cn/art/2024/5/9/art_1554996_59640337.html（2025 年 1 月 26 日读取）。

[4] WExpress，2024，报名通知 | 2024 年外教社全国德语教师暑期研修班——数智时代的德语教学与研究 [OL]，https://mp.weixin.qq.com/s/9QsLGKzDBQEQgN6gmlniyg（2025 年 1 月 26 日读取）。

[5] 杭州英特外国语学校，2024，AI 赋能德语教学——2024 德语教学英特论坛成功举行 [OL]，https://mp.weixin.qq.com/s/Mg0kjdbJffR5TAvmYY-fOQ（2025 年 1 月 26 日读取）。

[6] 上海外国语大学外语教材研究院，2024，首届全国大中小学外语教材建设与研究高端论坛顺利召开 [OL]，https://ilmd.shisu.edu.cn/index.php?a=show&catid=23&id=186（2025 年 1 月 26 日读取）。

[7] 外研社外语学术科研，2024，第二届全国外语教材研究学术研讨会暨中外语言文化比较学会外语教材研究专业委员会成立大会成功举办 [OL]，https://mp.weixin.qq.com/s/-PTWQkGzxp-i0B_BAQe9VA（2025 年 1 月 26 日读取）。

[8] 杭州英特外国语学校，2024，最新！亚洲唯一中学代表！是她 [OL]，https://mp.weixin.qq.com/s/fCvdCS6zfxZtFqMFhaa8Vg（2025 年 1 月 26 日读取）。

[9] 歌德德语世界，2024，招募信息 | 2024 年度德语教育教学研究项目 [OL]，https://mp.weixin.qq.com/s/8hXJUS86Fw0Hv5M4p0sKyg（2025 年 1 月 26 日读取）。

[10] 外研社德语，2024，“开心学德语，开心过春节”德语 Vlog 创作挑战赛开始报名啦 ~[OL]，https://mp.weixin.qq.com/s/8zARauFw7su7rYi6xTuB7Q（2025 年 1 月 26 日读取）。

[11] 外研社德语，2024，获奖名单公布！“开心学德语，开心过春节”德语 Vlog

创作挑战赛中学德语组获奖名单！ [OL]，https://mp.weixin.qq.com/s/VjD_knH7gzUJfipZG2tKig（2025 年 1 月 26 日读取）。

[12] DSD 德语项目信息平台，2024，2024 年青少年德语辩论赛区域决赛顺利举行 [OL]，https://mp.weixin.qq.com/s/yQX6zUr5oOE4zDYHnAtqLw（2025 年 1 月 26 日读取）。

[13] 南京外国语学校，2024，中学德语界最高规格赛事圆满收官 | 2024 年中国青少年德语辩论赛全国总决赛在南外举行 [OL]，https://mp.weixin.qq.com/s/_2TCkCfvqeu4Qm7vUlxB2Q（2025 年 1 月 26 日读取）。

[14] 浙大德国学研究所，2024，2024 第八届全国德语风采大赛决赛获奖名单公布 [OL]，https://mp.weixin.qq.com/s/N0_GSCj8Z5H4cuBsyoHHrg（2025 年 1 月 26 日读取）。

[15] 歌德德语世界，2024，从 NDO 到 IDO：00 后登上德语国际舞台 [OL]，https://mp.weixin.qq.com/s/4KLG1rClB4OzodPrLPRqrw（2025 年 1 月 26 日读取）。

[16] 歌德德语世界，2024，歌德学院 2024 年全国青少年德语夏令营于杭州英特外国语学校成功举办 [OL]，https://mp.weixin.qq.com/s/T9w9jubEfowTx_25UPZH7A（2025 年 1 月 26 日读取）。

[17] 练斐、李媛，2024，基础德语 [A]。载王文斌、徐浩（编），《2023 中国外语教育年度报告》[C]。北京：外语教学与研究出版社。150-159。

[18] 复旦大学外国语言文学学院，2024，2024 年正式启动招生！复旦大学新增四个"外语类专业 + 计算机科学与技术"双学士学位项目！ [OL]，https://dfll.fudan.edu.cn/54/7e/c27750a676990/page.htm（2025 年 1 月 26 日读取）。

[19] 北京理工大学外国语学院，2024，外国语学院获批两项双学士学位复合型人才培养项目 [OL]，https://sfl.bit.edu.cn/xyxw/8c94e84b6b1e4ea79dd784810ef74ab3.htm（2025 年 1 月 26 日读取）。

[20] 中共中央党校，2022，习近平在中国人民大学考察时强调 坚持党的领导传承红色基因扎根中国大地 走出一条建设中国特色世界一流大学新路 [OL]，https://www.ccps.gov.cn/xtt/202204/t20220425_153723.shtml?（2025 年 1 月 26 日读取）。

[21] 李媛、练斐，2025，核心素养导向的中国外语教育——以德语为例 [A]。载董燕萍、何莲珍（编），《中国应用语言学理论和实践创新手册》[C]。杭州：浙江大学出版社。140-164。

第四章　职业外语教育教学

第一节　公共英语[1]

一、年度情况概述

职业教育公共英语教学在2024年平稳发展，国家职教政策落实到职教公共英语教学的实践中，在资源建设、考试评价、以赛促学、教学研究等领域取得了一系列成果。在此过程中，教育部职业院校外语类专业教学指导委员会（简称“教育部职业院校外指委”）继续发挥研究、咨询、指导、服务等作用，各出版社、学术机构、职业院校以及广大职教公共英语教师通过不同的方式发挥各自的作用，共同推动全国职业教育公共英语教学持续不断地进步。

1. 资源建设

虽然新形态教材是发展方向，实际在用的职教公共英语教材目前还是以纸质教材为主。自2019年《职业院校教材管理办法》颁布以来，教育部要求“凡选必审”，进入课堂的教材都需要经过严格的选用审核，各职业院校公共英语教材基本都是选用公开出版的通用教材。配合职教本科的发展，有关出版社在2024年出版了针对职教本科公共英语教学的教材，在职教本科公共英语教材编写上进行了尝试（见表4.1）。在职教专科公共英语教材方面，复旦大学出版社出版了由黄光芬、黎明担任主编的《新时代高职国际英语综合练习及考试指南（思政版）》。该教材结合思政教育，注重培养学生的英语应用能力，同时强化价值观引领。与此同时，在线课程的数量不断增加、质量逐步提升，多门公共英语在线课程出现在2024年公布的“2023年

1　本节作者：常红梅，北京联合大学；马俊波，深圳职业技术大学；傅帅，北京联合大学。

职业教育国家在线精品课程”名单中，这些在线课程通常都可以共享使用。名单中的外语精品课程覆盖广泛领域，紧密对接国家战略和新兴行业需求，以岗课赛证融通为理念，融合家国情怀、国际视野和职业素养，充分运用信息技术与人工智能教学工具，展现了职业教育课程内涵丰富、教学创新和智能化发展的新趋势（见表 4.2）。[1]

表 4.1　职教本科公共英语教材

教材名称	总主编	总主编单位	出版单位	简介
《先声英语》系列（职业本科）	常红梅	北京联合大学	高等教育出版社	该系列教材根据职业本科教育的特点，旨在培养学生的英语综合应用能力，内容涵盖听、说、读、写等方面，注重实用性和职业性。
《21 世纪大学英语综合教程 4（职业本科版）》	崔卫等	山东职业外贸学院等	复旦大学出版社	该教材根据教育部关于加快发展职业本科教育的精神编写，突出立德树人，注重实用性和针对性，结合语言基础能力与实际涉外交际能力的培养。
《21 世纪大学英语教学参考书 2（职业本科版）》	崔卫等	山东职业外贸学院等	复旦大学出版社	该教材为教师提供教学参考，包含教学计划、背景知识、课文详解及练习答案等，配套丰富的教学资源。

表 4.2　2023 年职业教育国家在线精品课程（公共英语类）

课程名称	申报单位	课程负责人
高职英语	唐山工业职业技术学院	杨丽丽
英语（一年级上学期基础模块 1）	乡宁县职业中学	郭洪湄
英语	江苏省徐州财经高等职业技术学校	张辰昀

（待续）

（续表）

课程名称	申报单位	课程负责人
大学英语（Ⅰ、Ⅱ）	常州信息职业技术学院	曹兰
高职英语（通识篇）	滨州职业学院	赵玉霞

2. 主要考试

在校职教专科生参考最多的两个水平考试是大学英语四、六级考试和高等学校英语应用能力考试，部分有学业提升需求的职教专科生还会参加各省组织的专升本英语考试以及出国留学所需的托福考试、雅思考试等。自 2019 年职业教育作为一种类型教育确立后，高职师生越来越关注有职业特色的英语水平考试。实用英语交际职业技能等级证书和国际人才英语考试均考查学生使用英语解决职场实际问题的综合能力，职业特色非常鲜明，代表着职教英语水平考试的发展方向。这两项考试在职业院校的关注度和参考人数均逐年稳步增长。

1）实用英语交际职业技能等级证书

实用英语交际职业技能等级证书 (Vocational English Test System，简称 VETS) 由北京外研在线数字科技有限公司研发，是教育部职业教育发展中心授权发布参与 1+X 证书制度试点的职业技能等级证书，也是目前 1+X 证书制度试点中唯一的英语类职业技能等级证书。VETS 考试分为初级、中级和高级三个级别，分别对应中等职业学校、高等职业学校和应用型本科高校的在校生、毕业生和社会成员。该考试每年举行两次，2024 年的考试安排如表 4.3 所示。[2]

表 4.3　2024 年 VETS 考试安排

考试日期	考试科目
2024 年 5 月 25 日	实用英语交际职业技能等级考试（高级）
2024 年 5 月 26 日	实用英语交际职业技能等级考试（初级）
	实用英语交际职业技能等级考试（中级）

（待续）

（续表）

考试日期	考试科目
2024 年 11 月 16 日	实用英语交际职业技能等级考试（高级）
2024 年 11 月 17 日	实用英语交际职业技能等级考试（初级）
	实用英语交际职业技能等级考试（中级）

2）国际人才英语考试

国际人才英语考试简称国才考试，由北京外国语大学中国外语测评中心研发，除国才初级、国才中级、国才高级、国才高端和国才高翻五个类别外，还提供国际人才行业英语考试（石油石化），并和四川省高等教育学会高校外语专业委员会联合主办职场英语沟通能力认证考试（四川新三级），可用于评价四川省职业院校学生在日常接待和熟悉的工作场合运用英语开展工作的能力，其“服务职场”的核心理念与职业教育的类型特色非常吻合。该考试 2024 年的考试安排如表 4.4 所示。[3]

表 4.4　2024 年国才考试安排 [1]

考试日期	考试科目
2024 年 6 月 1 日	国才初级
2024 年 6 月 1 日	国才高级
	国才中级
	国才高端
2024 年 6 月 2 日	高翻笔译
	高翻交传
	高翻同传
2024 年 11 月 30 日	国才初级
	国才高级
	国才中级

1　除集中机考外，还于 5 月 25 日和 11 月 23 日设立了居家网考。

3）高等学校英语应用能力考试

高等学校英语应用能力考试分 A 级和 B 级两个级别，曾经是全国高职公共英语教学的检测考试，年考试量高峰时达 400 万左右，目前在部分省市仍有一定的影响力。[4] 该考试的采用和实施由各省、市、自治区的教学主管部门负责，适用于各地区高等职业院校，考生自愿报名参加，各地的主持机构及考试安排也有所不同。

3. 主要赛事

“以赛促教、以赛促学”已深入职教师生人心，受到很多职业院校及师生的重视，成为职业教育高质量发展的重要抓手。各职业院校普遍意识到英语技能比赛对提升本校公共英语教学质量的作用，积极参与各类英语技能比赛。职教公共英语教学领域的赛事虽不算多，但覆盖面广，参赛院校的数量比较多、参赛比例比较高，主要赛事简介如下。

1）世界职业院校技能大赛英语口语组比赛

世界职业院校技能大赛英语口语组比赛由原全国职业院校技能大赛英语口语组比赛升级而来，是世界职业院校技能大赛赛项中唯一的语言类比赛，分为省赛和全国总决赛两个阶段。全国总决赛由教育部、国家发展改革委、科学技术部等部委联合主办，江西省教育厅、南昌市人民政府、教育部职业院校外指委承办，江西外语外贸职业学院、高等教育出版社等协办，于 2024 年 10 月 29—31 日在江西外语外贸职业学院举行，来自全国各地职业院校 61 支队伍参加了比赛。本届英语口语组比赛由师生 2—4 人组队进行英语角色扮演，还原真实生活、职场情境，讲述职场故事、中国故事。最后，6 个团队获金奖，9 个团队获银奖，15 团队获铜奖，获奖名单见表 4.5。

表 4.5　世界职业院校技能大赛英语口语组比赛决赛获奖名单

团队	奖项
江西外语外贸职业学院	金奖
成都职业技术学院	

（待续）

（续表）

团队	奖项
江苏联合职业技术学院苏州旅游与财经分院	金奖
新疆职业大学	
湖南铁道职业技术学院	
贵阳职业技术学院	
江西旅游商贸职业学院	银奖
安徽城市管理职业学院	
广东省外语艺术职业学院	
深圳职业技术大学	
南通职业大学	
山东商务职业学院	
甘肃财贸职业学院	
济南工程职业技术学院	
新疆师范高等专科学校	
绍兴职业技术学院	铜奖
平凉职业技术学院	
武汉城市职业学院	
武汉铁路职业技术学院	
上海工商外国语职业学院	
天津市职业大学	
上海民航职业技术学院	
铜仁幼儿师范高等专科学校	
泉州经贸职业技术学院	
河南经贸职业学院	
内江卫生与健康职业学院	
重庆旅游职业学院	
北京经济管理职业学院	
浙江经贸职业技术学院	
长沙民政职业技术学院	

2）2024“中国教育电视台 · 外研社杯”职场英语挑战赛

“2024‘中国教育电视台 · 外研社杯’职场英语挑战赛”由中国职业技术教育学会指导，中国教育电视台和外语教学与研究出版社联合主办，参赛对象为高等职业学校（含本科职业院校）全日制在籍学生，包括演讲、写作和短视频三项赛事，分校赛、省赛和全国决赛三个阶段进行，该比赛不分英语专业组和非英语专业组。其中，短视频大赛共收到 131 个院校 210 个团队的作品，最终 3 个团队获全国特等奖，7 个团队获全国一等奖，25 个团队获全国二等奖，119 个团队获全国三等奖，特等奖名单见表 4.6（其他名单略）。[5] 写作大赛全国决赛有来自全国 28 个省、自治区、直辖市的 90 名选手参加，最终决出全国特等奖 10 名，一等奖 15 名，二等奖 25 名，三等奖 39 名，特等奖获奖名单见表 4.7（其他名单略）。[6] 演讲大赛全国决赛有来自全国 30 个省、自治区、直辖市的百余名选手参加，最终决出全国特等奖 8 名，全国一等奖 12 名，全国三等奖 65 名，特等奖获奖名单见表 4.8（其他名单略）。[7]

表 4.6　短视频大赛部分获奖名单

选手	指导教师	学校	奖项
陈安莉、沈雨佳、涂越、Rosemond Owusu	胡贞贞、梁金柱	成都纺织高等专科学校	特等奖
杜基伟、王楚轩、党雪岩、罗云彤、刘润卿	侯杰、陈航	郑州电力高等专科学校	
李鑫、侯焙盈、罗一鸣、曲吉加参	刘书含、曾芸	四川西南航空职业学院	

表 4.7　写作大赛部分获奖名单

选手	指导教师	学校	奖项
李晓玉	栾丽梅	河北工业职业技术大学	特等奖
宋梦康	李莹坤	洛阳科技职业学院	
朱琦	闫素	武汉软件工程职业学院	
陈张奕	雍瑾	江苏经贸职业技术学院	

（待续）

（续表）

选手	指导教师	学校	奖项
李甲琪	赵汗青	山东交通职业学院	特等奖
陈永芮	姜姗杉	山东商务职业学院	
李越	邓建兰	广安职业技术学院	
钱政赫	张畅	天津职业大学	
汪钰	陈璐	温州商学院	
刘梓彤	程少云	浙江药科职业大学	

表 4.8 演讲大赛部分获奖名单

选手	指导教师	学校	奖项
丁寒焜	何飞云	浙江建设职业技术学院	特等奖
郭勇涵	陈锦英	广东工贸职业技术学院	
刘杨羽	翟立	南通师范高等专科学校	
刘沐清	胡梦莹	芜湖职业技术学院	
谢舒颖	袁晓雪	广东职业技术学院	
徐菲阳	刘友全	常州纺织服装职业技术学院	
戚锦澜	古珊珊	赣州师范高等专科学校	
贺勇	朱旻	浙江交通职业技术学院	

3）第四届“外教社 · 词达人杯”全国大学生英语词汇能力大赛

“第四届‘外教社 · 词达人杯’全国大学生英语词汇能力大赛”由上海外国语大学中国外语战略研究中心、上海外国语大学中国外语教材与教法研究中心和上海外语教育出版社联合举办，包括高职高专非英语专业组，分校赛、省赛和全国决赛三个阶段进行，均采用线上方式举行。全国总决赛于2024 年 5 月 25 落幕，高职高专非英语专业组共 346 名选手获奖，其中特等奖 10 名、一等奖 40 名、二等奖 98 名、三等奖 198 名，特等奖获奖名单如表 4.9 所示（其他奖项名单略）。[8]

表 4.9　“外教社 · 词达人杯”全国大学生英语词汇能力大赛特等奖获奖名单

选手	学校	奖项
赵一凡	山东商业职业技术学院	特等奖
宫凤娇	山东中医药高等专科学校	
吴赫蔓	上饶幼儿师范高等专科学校	
何家豪	山东商业职业技术学院	
张贝宁	上海工商外国语职业学院	
徐卉	武汉商贸职业学院	
宋子泓	广东环境保护工程职业学院	
戴征方	萍乡卫生职业学院	
曹兴旺	江苏航运职业技术学院	
靳龙飞	国防科技大学（武汉校区）	

4. 学术会议

职业外语教育的学术会议多由教育部职业院校外指委、有关学术团体及各出版社组织，这些会议通常都包括外语专业和公共英语的议题。2024 年全国性职业外语教育学术会议按时间顺序列举，如表 4.10 所示。

表 4.10　2024 年全国性职业外语教育学术会议

时间	会议名称	会议主题 / 议题	主办、承办单位
2024 年 3 月 28—31 日	教育部职业院校外语专业教学指导委员会 2024 年度工作会议暨教育数字化背景下的职业外语教育高质量发展论坛	全面总结教育部职业院校外指委 2023 年度重点工作，系统规划 2024 年度工作计划，深入探讨教育数字化背景下职业外语教育高质量发展的路径和方案	教育部职业院校外指委主办，上海外语教育出版社承办，高等教育出版社、外语教学与研究出版社、北京语言大学出版社和大连理工大学出版社协办

（待续）

（续表）

时间	会议名称	会议主题 / 议题	主办、承办单位
2024 年 4 月 12—13 日	2024 年新时代职业教育外语教学改革与发展高端论坛	标准引领，数字赋能，产业育人	中国职业技术教育学会主办，中国职业技术教育学会外语教育工作委员会承办，外语教学与研究出版社协办
2024 年 5 月 24 日	第三十三届“说专业·说课程·说专业群·说教材”研讨会	英语教育：数智赋能 创新育人	中国职业技术教育学会主办，中国职业技术教育学会外语教育工作委员会承办，外语教学与研究出版社、济南工程职业技术学院协办
2024 年 10 月 13 日	职业本科外语教学改革与发展研讨会	职业本科教育外语教学改革与发展	教育部职业院校外指委主办，南京工业职业技术大学和外语教学与研究出版社共同承办

二、热点问题剖析

生成式人工智能的发展突飞猛进，其在外语教育中的应用是近几年外语教育研究的热点，但在职教公共英语教学中的应用研究还比较匮乏，须加强理论学习和应用实践。“一带一路”倡议的稳步落实和“职教出海”的逐步深化，可能会对职教公共英语教学的对象、场景及目标带来一些影响，须对这些可能的影响预先研判并提前做好对应的准备。

1. 人工智能应用于职教公共英语教学的探索

2022 年，人工智能公司 OpenAI 发布的 ChatGPT 以前所未有的生成能力、广泛的应用场景以及可像人类一样互动的自然语言交互模式，开启了新一轮大语言模型技术浪潮，开始改变现在乃至未来人类社会的生产生活方式。国内大语言模型的发展也非常迅速，已涌现出如 Kimi、豆包、文心一言、讯飞星火等众多知名的中文大模型人工智能平台，引领着中文大模型技术不断创新和应用不断拓展。以 ChatGPT 为代表的大语言模型能模仿人类语言和思维，具有理解和处理自然语言的能力，可以实现语音识别、自然语言对话等功能，从而可以为教育者提供更加准确、全面的语言知识和教学资源，成为重要的语言教育工具。近几年，像 ChatGPT 这样的大语言模型在语言教学中的应用，已成为全球学术界热议的话题。[9] 在语言教育领域，有人担忧过度依赖技术可能导致人际互动缺失和思维发展受影响，但越来越多的人开始接受以 ChatGPT 为代表的人工智能技术在生活中的存在，并开始探索其在语言教学中的应用领域、场景、方式等。

国内外语界也在积极关注生成式人工智能的发展及其在外语教学中的应用，总体呈现积极拥抱、积极应变的态势，既有对宏观影响的讨论，也有尝试将人工智能技术用于精读教学和语言技能训练等具体领域。[10] [11] [12] 但纵观职业外语界，已经发表的有关人工智能技术应用与职业外语教育的研究还非常少，在中国知网上以“人工智能在高职外语教育中的应用”为主题检索词，只找到 4 篇相关文章。[1] 在以 ChatGPT 为代表的生成式人工智能技术扑面而来的时代背景下，职教公共英语教学不可能置之度外。职教公共英语教学中长期存在一些困难，如班级人数多、教师工作量大等问题，更需要人工智能技术来赋能，将教师从手工作文批改等琐碎工作中解脱出来，将时间投入更需创意的教学设计中。因此，当前职教公共英语教师亟须加强将人工智能技术应用于职教公共英语教学的探索，结合已发表的研究成果和现有的实践经验，利用人工智能技术针对性解决教学中的现实问题。

2.“职教出海”对职教公共英语教学的影响研判

2024 年 8 月，教育部提出“职教出海”2.0 版本，要求将职业教育国际

1　2025 年 1 月 10 日查询。

化作为肩负国之大者的重任，以服务中国特色大国外交，服务国家产能合作，服务“一带一路”的倡议，服务人类命运共同体建设为根本任务，以东盟、中亚为先行区，经略周边，带动非洲和“一带一路”共建国家，将职业教育国际化作为学校转型升级、提高办学水平的重要标准，推进中国技术输出、标准输出、价值输出。[13]

在中国从“本土型”大国向“国际型”强国转型时，外语教育在服务“引进来”战略的同时，更需要考虑国家的“走出去”战略问题，正如李宇明所言，“外语是国家行走的先遣队，国家到哪里，外语就应当先走到哪里”。[14][15] 当然，“职教出海”的任务首先是由面向建筑、高铁、新能源汽车等这些广受“一带一路”地区欢迎的专业来承担，培养相关领域的国际化人才。这些专业的毕业生在赴外工作或对外联络时，掌握必要的英语工作语言必不可缺，公共英语教学应服务好这些专业学生出海的需要，对“职教出海”带来的影响及时研判。

“职教出海”对公共英语教学带来的影响目前来看包括以下几个方面。首先，交际对象的改变。过去的英语交际对象以讲英语的西方国家人士为主，在“职教出海”的背景下，职教毕业生将来的交流对象则更可能是非洲、亚洲、南美等地人士。其次，交际场景的改变。过去主要是到英语国家学习或工作时使用英语，“职教出海”的职教毕业生则更可能是在非英语国家使用英语。最后，交际目的的改变。过去学习英语的目的主要是学习西方先进的技术，“职教出海”的职教毕业生使用英语则是为了输出中国的产品、技术、标准，讲好中国故事，提升中国的国际形象。这些变化对职教相关专业公共英语教学的课程设置、教学目标、教学内容等均提出了新的要求：在课程设置上应力避“一刀切”，在国家标准的总体框架下开设校本特色的课程，更好地满足专业、行业和地区的英语需求；在教学目标上，需要强化职场涉外沟通、多元文化交流的英语学科核心素养；在教学内容上，需要增加区域国别的内容以及相关专业的行业知识。

三、部分论文文献信息[1]

宾科、杨敏迎、张启然、张放，2024，《实用英语交际职业技能等级标准》的研制与验证——背景、过程与特色 [J]，《外语教育研究前沿》（4）：18-24，94。

常红梅、樊星，2024，职业教育外语教材中的中华文化融入与呈现研究 [J]，《北京联合大学学报（人文社会科学版）》（2）：89-99。

高宝立、王琪、金东贤，2024，“一带一路”建设背景下的高职院校跨文化教育 [J]，《清华大学教育研究》（3）：104-110。

凌来芳，2024，职教本科公共英语课程定位与课程标准建设研究 [J]，《天津职业大学学报》（6）：62-66。

孟文涛、潘能超、庞夏雯、郑阳美、李丹，2024，基于公共英语教学体系重构的城市轨道交通专业学生职业英语能力培养研究 [J]，《城市轨道交通研究》（5）：222-223。

曾用强、胡淼、王维芳、张放，2024，《实用英语交际职业技能等级标准》的确立依据与内涵解读 [J]，《外语教育研究前沿》（4）：25-32，94。

---

[1] 21 世纪英语报，2024，常红梅：精品课程展现职教外语新趋势 [OL]，https://mp.weixin.qq.com/s?__biz=MjM5MDM1Mjk2Ng==&mid=2652941565&idx=1&sn=fe649bbe7f470062bdc180a2c3db231f&chksm=bce9994a90b0a1a30a4bb11ea64c71d80a4d1fb2cdf1eaccad3e422def5fb8222ae5d3501c88&scene=27（2025 年 1 月 21 日读取）。

[2] 北京外研在线数字科技有限公司，2024，通知公告 [OL]，https://www.vets.cn/（2025 年 1 月 7 日读取）。

[3] 中国外语测评中心，2024，国才动态 [OL]，https://etic.claonline.cn/c/detail/12/1252/a284df1155ec3e67286080500df36a9a（2025 年 1 月 8 日读取）。

[4] 杨志强、曾用强、陈刚，2022，高等学校英语应用能力考试公平性研究 [J]，《外语测试与教学》（4）：18-27。

[5] “中国教育电视台·外研社杯”职场英语挑战赛组委会秘书处，2024，2024“中

1　请于本书附录查看相关文献的详细摘要。

国教育电视台·外研社杯”职场英语挑战赛短视频大赛获奖名单公布 [OL]，https://vep.fltrp.com/contents/311779415078080512（2025 年 1 月 9 日读取）。

[6] “中国教育电视台·外研社杯”职场英语挑战赛组委会秘书处，2024, 2024“中国教育电视台·外研社杯”职场英语挑战赛写作大赛全国决赛获奖名单公布 [OL], https://vep.fltrp.com/contents/326637419149529088（2025 年 1 月 9 日读取）。

[7] “中国教育电视台·外研社杯”职场英语挑战赛组委会秘书处，2024，2024“中国教育电视台·外研社杯”职场英语挑战赛演讲大赛全国决赛获奖名单公布 [OL], https://vep.fltrp.com/contents/329171419143475200（2025 年 1 月 9 日读取）。

[8] 外教社 WExpress，2024，第四届“外教社·词达人杯”全国大学生英语词汇能力大赛四号通知 [OL]，https://mp.weixin.qq.com/s/rxft8Y8xAt72depXqWs5FQ（2025 年 1 月 10 日读取）。

[9] 焦建利、陈婷，2023，大型语言模型赋能英语教学：四个场景 [J]，《外语电化教学》（2）：12-17。

[10] 胡加圣、戚亚娟，2023，ChatPT 时代的中国外语教育：求变与应变 [J]，《外语电化教学》（1）：3-6。

[11] 文秋芳，2024，人工智能时代的英语教育：四要素新课程模式解析 [J]，《中国外语》（3）：10-18。

[12] 许家金、赵冲、孙铭辰，2024，《大语言模型的外语教学与研究应用》[M]。北京：外语教学与研究出版社。

[13] 搜狐网，2024，教育部职成司司长彭斌柏：实施“职教出海”2.0 版本；将职业教育国际化作为学校转型升级、提高办学水平的重要标准 [OL]，https://www.sohu.com/a/800093300_121124333（2025 年 1 月 11 日读取）。

[14] 沈骑、鲍敏，2018，改革开放以来的中国外语教育规划 [J]，《语言战略研究》（5）：21-31。

[15] 李宇明，2010，中国外语规划的若干思考 [J]，《外国语》（1）：1-8。

第二节　英语专业[1]

一、年度情况概述

在党的二十大和全国职业教育大会精神以及国家职业教育相关政策的指导下，全国职业院校英语类专业建设不断深化产教融合，提升专业适应性，专业建设得到了进一步发展。各职业院校不断提升英语类专业内涵建设，推动大数据、人工智能等新技术在语言教学中的应用，例如利用人工智能技术进行口语练习、语音识别等方面的教学创新等。本节综述 2024 年我国高等职业院校英语类专业建设和发展情况，包括与英语类专业建设相关的职业教育政策、国家级项目、英语类专业建设活动、学术讲座和论坛等。

1. 国家政策

1）《中共中央关于进一步全面深化改革 推进中国式现代化的决定》

2024 年 7 月 15—18 日，党的二十届三中全会在北京举行。会议审议并通过了《中共中央关于进一步全面深化改革 推进中国式现代化的决定》，对进一步全面深化改革、推进中国式现代化做出了战略部署。该决定明确提出，加快构建职普融通、产教融合的职业教育体系。[1] 此次大会是对新时代加快构建高质量职业教育体系、加快建设教育强国做出的一次重大战略决策和重要动员部署。在以中国式现代化全面推进强国建设、民族复兴伟业的伟大进程中，职业教育责任重大、使命光荣。职业教育是教育强国战略的重要组成部分，没有高质量的职业教育，就没有教育强国。[2]

2）《关于加强市域产教联合体建设的通知》

2024 年 10 月 21 日，教育部办公厅印发《关于加强市域产教联合体建设的通知》，提出以产业园区为基础，聚焦区域主导产业，坚持以教促产、以

1　本节作者：常红梅，北京联合大学；王月会，北京经济管理职业学院；傅帅，北京联合大学。

产助教，深化产教融合、产学合作，着力加强市域产教联合体内涵建设，统筹规范现有市域产教联合体，有序培育建设新一批市域产教联合体，把市域产教联合体建设成为产教融合新形态、区域发展新机制。全面推进职业学校专业、课程、教材、师资、实习实训五大关键要素改革，推动职业教育从知识传授向综合技能提升转变。不断深化多主体合作办学、合作育人、合作就业、合作发展，引导职业学校由“基础好、条件好”向“服务好、支撑好”转变，推动职业学校扎根区域、融入产业，走出一条职业教育助推地区产业发展、地区产业发展厚植职业教育根基的双赢之路。[3]

人才培养改到要处是专业，改到深处是课程，改到痛处是教师，改到实处是教材，改到难处是实践。推动职业教育高质量发展，必须狠抓专业、课程、师资、教材和实践改革等内涵建设，打造与产业高度匹配的“金专业”，打造与岗位对接的“金课程”，打造技艺精湛的“金教师”，打造新形态的“金教材”，打造开放共享的“金基地”。抓好“五金”这个新时代职业教育的“新基建”，让职业教育质量有根本性、基础性、保障性的支撑和条件。[4]

以上文件的颁布对职业外语教育具有引领性作用。新时代职业外语教育需要对接国家战略需求，培养高素质外语人才，提升教育的针对性和实效性，为中国式现代化贡献力量。要不断深化产教融合，对接产业需求，优化专业设置和人才培养模式，培养具有国际视野、创新精神的外语人才，以推动新质生产力的发展。要结合国家外交政策和“职教出海”战略，积极推动国际话语权的提升与中国故事的传播，培养能向世界讲好中国故事、提升中国国际话语权和文化软实力的高素质外语人才。要落实“三大全球倡议”和构建人类命运共同体，培养具有家国情怀、国际视野、中华文化意识、跨文化交流能力的复合型外语人才，以支持全球发展、安全和文明倡议。

2. 国家级项目

2024 年 12 月 9 日，根据《教育部办公厅关于开展 2023 年职业教育国家在线精品课程遴选工作的通知》（教职成厅函〔2023〕26 号）要求，在各省级教育行政部门和全国行业职业教育教学指导委员会、教育部职业院校教学（教育）指导委员会推荐的基础上，经专家遴选和公示等程序，教育部决定认定 914 门课程为 2023 年职业教育国家在线精品课程。[5] 在此次遴选中，20 门外语课程凭借其卓越的优势和鲜明的特色脱颖而出，获得此项殊荣，其中英语类专业课程 13 门（见表 4.11）。

表 4.11 2023 年职业教育国家在线精品课程（英语专业类）

课程名称	申报单位	课程负责人
商务谈判英语口语	天津商务职业学院	冯岩岩
跨境电商实用英语	义乌工商职业技术学院	盛湘君
跨境电商英语	安徽工商职业学院	刘莉雯
外贸英文函电	滁州职业技术学院	齐巧云
外贸英语函电	黎明职业大学	陈黎莉
酒店服务英语（中高职一体化课程）	江西旅游商贸职业学院	何丽娜
工程英语口语	山东水利职业学院	李晓冉
商务英语函电	河南工业职业技术学院	王冕
通信网络英语	湖北省邮电学校	李澜
机电行业英语	湖南工业职业技术学院	彭新竹
航空维修工程英语	长沙航空职业技术学院	田娟
外贸英语函电	广东轻工职业技术学院	项伟峰
客舱服务英语	陕西职业技术学院	任静

本次入选的外语精品课程覆盖广泛，既有传统的特色课程，也涌现了一批精准对接国家战略和实体经济发展新需要的课程，涵盖了商务、外贸、通信、航空、机电、工程、旅游等多个关键领域。外贸和商务英语课程占据了较大比例，尤其是多门外贸函电课程，凭借其深厚的传统优势，成功入选榜单。此外，还有多门为电信、航空航天等国家战略性产业培养高技能人才的行业英语课程，如通信网络英语、航空维修工程英语、工程英语口语等。这些特色课程的入选凸显了外语教育在教育强国建设中的责任担当。入选外语课程内涵丰富，注重价值引领，巧妙将家国情怀、国际视野、职业素养、创

新创业等育人目标有机融入课程体系。在课程设计上，入选课程普遍秉承岗课赛证融通的理念，基于行业的真实岗位，结合实战赛事、岗位证书的要求，以真实任务为驱动，借助多元化的课程资源，实现价值引领、知识传授和技能训练。此次入选的课程更加注重充分运用信息技术，构建集信息化、仿真性、职业化于一体的教学环境，实现线上线下混合式教学的深度融合。总体而言，本次入选的职业教育外语精品课程以其覆盖领域的广泛性、课程内涵的丰富性、育人功能的显著性以及对新技术的应用，展现了职业教育的新特点和新趋势。随着人工智能技术的不断进步，这些课程可以通过 AI 伴学、技能图谱，以及多样化的人工智能教学工具等创新手段，实现智能化的迭代升级，在培养适应未来社会发展的高素质技术人才中发挥更大的作用。[6]

3. 专业建设活动[1]

1）加强成果示范，主持策划并出版高质量研究著作

2024 年，教育部职业院校外指委常务副主任委员兼秘书长常红梅教授领衔编写并出版了《职业教育外语类专业教学标准的研制及阐释》以及《职业院校外语类专业高职毕业生社会需求与培养质量跟踪评价报告（2020—2023）》两本高质量研究著作，对深化外语教学改革、找准办学定位、凸显办学特色、完善专业内涵、提高复合型外语人才的培养质量起到了良好的引领作用。

2）深化三教改革，积极组织开展专项课题研究

2024 年，教育部职业院校外指委以课题为抓手深化三教改革，落实“五金”建设要求，深化专业质量与内涵建设；强化对科研成果转化的指导，切实提高外语类专业科教融汇的能力；组织完成职业院校外语教育改革研究课题、外语职业教育产教融合专项课题、职业教育外语类课程与专业课程思政建设研究课题以及职业教育英语课程标准与外语类专业教学标准专项课题共

1　本部分信息来自教育部职业院校外指委 2024 年工作总结。

四批课题的验收工作，组织“三融”外语教学改革专项课题申报工作，组织职业教育新标准下外语教学改革与研究课题的中期检查等工作。

3）助力“职教出海”，服务国际化人才培养

教育部职业院校外指委积极助力“职教出海”，服务国际化人才培养。指导第二届“中文＋职业技能”教育国际合作交流系列活动，研讨交流“中文＋职业技能”教育，培养“一带一路”建设急需的、“掌握中文、精通技能”的本地化专业技能人才。参加新时代高等职业外语教育改革与国际化高质量发展研讨会，并就人工智能与外语教育教学深度融合、推动外语教育改革新生态、提升外语服务职业教育国际传播能力及影响力等主题进行发言。

4. 重要会议及论坛

1）2024 年新时代职业教育外语教学改革与发展高端论坛 [7]

2024 年 4 月 12—13 日，由中国职业技术教育学会主办、外语教育工作委员会承办、外语教学与研究出版社协办的“2024 年新时代职业教育外语教学改革与发展高端论坛”在河南郑州举行。论坛以“标准引领 数字赋能 产业育人”为主题，采用“线上＋线下”并行的方式进行，万余名职业院校外语教师参会，为新时代职业教育的高质量发展集众智、聚合力、谋良策。

中国职业技术教育学会会长、教育部原副部长鲁昕，教育部职业教育与成人教育司副司长李英利，河南省委教育工委副书记，省教育厅党组书记、厅长毛杰，教育部外指委主任委员、北京外国语大学副校长孙有中，河南省教育厅党组成员、副厅长朱自锋，中国教育电视台副台长吕学武，有色金属工业人才中心党委副书记、纪委书记、副主任宋凯，外语教学与研究出版社党委副书记、副董事长、总编辑刘捷等领导嘉宾出席了论坛。本届论坛的举办，以“标准引领 数字赋能 产业育人”的探索与创新，踏响以教育强国推动中国式现代化建设的铿锵步伐，取得了丰硕的会议成果。期待以本届论坛为契机，广大职业院校共创更多交流互鉴、共建共享新模式与新路径，共绘职业教育高质量发展新蓝图，共谱外语教育创新育人新篇章。

2）深化现代职业教育体系建设改革现场推进会[8]

2024年7月30日，“深化现代职业教育体系建设改革现场推进会”在福建晋江召开。会议强调，要深入贯彻党的二十大和二十届三中全会精神，学习习近平总书记提出的“晋江经验”和“不求最大，但求最优，但求适应社会需要”的办学理念，创新职业教育人才培养模式，培养更多高技能人才、能工巧匠、大国工匠。教育部党组成员、副部长吴岩出席会议并讲话。

吴岩指出，自2022年12月中办、国办印发《关于深化现代职业教育体系建设改革的意见》以来，建设8个省域现代职业教育体系建设试点、2个国家级行业产教融合共同体、28个国家级市域产教联合体，职业教育服务区域经济社会发展和国家战略的能力不断增强。他强调，构建职普融通、产教融合的职业教育体系，要做好五方面工作。一是做实“一体”，探索省域现代职业教育体系建设改革试点。二是建强“两翼”，主动布局市域产教联合体，有序建设行业产教融合共同体。三是办好三件大事。认真谋划“新双高”建设，积极推动“职教出海”，高质量举办世界职业技术教育发展大会。四是打通“四链”，实现“教育链、人才链、产业链、创新链”在纵向上内部融通，在横向上相互打通。五是打造“五金”。打造“金专、金课、金师、金地、金教材”，以教学关键要素“小切口”全面推动职业教育“大改革”。

15个省级政府及教育行政部门、27个市级政府及园区管委会、30家企业、35所院校和61家行（教）指委的相关负责人参加了会议。

3）2024年全国职业教育科（教）研工作会议[9]

2024年11月14—15日，“2024年全国职业教育科（教）研工作会议”在山东济南召开。教育部党组成员、副部长吴岩在会上指出，没有高水平的教育科研，就没有高质量的教育发展。职业教育科研对职业教育发展至关重要。职业教育科研目前存在“散”“弱”“虚”的问题，与发展要求相比还存在差距。职业教育研究要转变范式、转变认识、转变方式、转变习惯，努力走出舒适圈，开启职业教育科研的自我革命。同时，吴岩明确提出了当前职业教育研究要重点关注的15个领域，包括立德树人研究，职业教育定位研究，产教融合研究，职普融通研究，职业院校的标准、适配性、培养规格研究，中等职业教育发展研究，综合高中研究，“新双高”研究，职业本科教育研究，等等。

科（教）研工作是职业教育事业的重要组成部分，对职业教育改革发展具有重要的支撑、驱动和引领作用。改革开放特别是党的十八大以来，我国职业教育科（教）研工作取得了长足发展和显著成就，为推进职业教育改革发展发挥了不可替代的重要作用。但面对新形势、新任务，我国职业教育科（教）研工作仍存在一些短板和差距，应进一步开展有组织的科（教）研工作，创新研究范式和方法，建立成果发布制度和转化机制，切实发挥“存史”“预警”“导引”等作用。[10]

教育部职业院校外指委受邀参会并传达了会议精神。

4）2024 年世界职业技术教育发展大会 [11]

2024 年 11 月 20—22 日，以“创新赋能未来 技能塑造人生”为主题的“2024 年世界职业技术教育发展大会”在天津举行。1,200 余位国内外代表出席会议，其中包括来自全球 100 多个国家和地区的 600 多位境外嘉宾，覆盖政府官员、驻华使节、国际组织和院校代表等。会议推出了“会、盟、奖、赛、展、刊”职业教育六大国际公共产品，搭建起全球职业教育界交流分享的全新国际平台。本次大会让世界的目光再次聚焦中国职业教育。

近年来，我国持续深化职业教育改革，建成世界规模最大的职业教育体系。中国特色职业教育发展道路和模式基本形成，对世界职业教育发展的塑造力日益增强。

大会通过的《世界职业技术教育发展天津共识——32 国部长宣言》，提出了世界职业教育发展的理念、愿景、倡议和行动，为世界职业教育发展画出更大同心圆，汇聚磅礴力量。

教育部部长怀进鹏在大会上做主旨报告时指出，中国积极推动职业教育高质量发展，把制度建设、体系建设、质量建设、环境建设作为现代职业教育发展的根本保障、战略支撑、核心追求、重要基础，推动职业教育实现“办学能力高水平、产教融合高质量”。

大会期间，教育部职业教育发展中心发布的《中国职业教育发展报告》显示，经过多年实践，中国逐渐形成了“政府主导、学校主体、产教融合”的职业教育发展模式。截至2023年，中国共有职业学校（含技工学校）11,133所，在校生近3,500万人，形成了中职、专科、本科完整的层次体系。在发展规模上，职业教育分别撑起中国高中阶段教育和高等教育的“半壁江山”。近年来，现代制造业、战略性新兴产业和现代服务业70%以上的新增一线从业人员来自职业院校。目前，中国已建成世界上最大规模的职业教育体系。

教育部职业院校外指委受邀参加大会并主持专题研讨二“可持续发展的机制：全球视野与国际合作”。

5）教育部职业院校外语类专业教学指导委员会2024年度工作会议暨教育数字化背景下的职业外语教育高质量发展论坛[12]

2024年3月28—31日，由上海外语教育出版社承办，高等教育出版社、外语教学与研究出版社、北京语言大学出版社和大连理工大学出版社协办的“教育部职业院校外语类专业教学指导委员会2024年度工作会议暨教育数字化背景下的职业外语教育高质量发展论坛”在浙江杭州举办。会议全面总结教育部职业院校外指委2023年度重点工作，系统规划2024年度工作计划，深入探讨教育数字化背景下职业外语教育高质量发展的路径和方案。

常红梅教授代表教育部职业院校外指委做了题为“履职尽责 融合创新 构建外语教育高质量发展新生态”的工作报告。教育部职业院校外指委圆满完成了2023年的工作计划，包括完善职业教育外语教育教学标准建设、深入推进外语教育教学改革、加强师资队伍建设等十件大事，助力外语职业教育高质量发展。2024年，教育部职业院校外指委还将结合教育部年度工作重点，围绕“一体、两翼、五重点”的职业教育改革新阶段重大举措，以及加快构建央地互动、区域联动、校政行企协同的现代职业教育体系建设改革11项重点任务做文章，继续贯彻落实教育部职业院校外指委2021—2025年工作规划中的各项工作任务，包括坚持立德树人，充分发挥外语课程育人功能；推进项目引领，提升教育强国建设支持力；做好组织贯标，确保教学标准落地与执行；继续深挖内涵，服务产教融合与科教融汇；立足宏观把握，扩大外语类专业布点范围；聚焦培根固本，指导“三教”改革多维度提升；围绕树立典型，丰富指导形式与内容；拓展交流互鉴，推进服务国家战略大思考。

6）第十八届全国职业院校外语教育发展院长 / 系主任高级论坛[13]

2024 年 3 月 30 日，由教育部职业院校外指委、上海外国语大学共同主办，绍兴职业技术学院、上海外语教育出版社承办的“第十八届全国职业院校外语教育发展院长 / 系主任高级论坛”在杭州举行。本届论坛以“教育数字化背景下的职业外语教育高质量发展”为主题，设主旨报告、专题报告、嘉宾访谈三大模块，围绕职业教育人才的多元培养路径、校企合作人才培养模式、职业教育提质培优、贯通培养、“职教出海”等多个议题展开深入探讨。共有 500 余位职业院校外语教学负责人相聚论坛，共商职业外语教育发展新格局，为职业外语教育的高质量发展出谋划策，贡献智慧和力量。本次论坛通过多形式的研讨活动，探讨了职业外语教育在校企合作、就业对接等各方面的丰富话题。职业外语教育具有跨区域、跨行业的特点，具有很强的职业性、针对性与灵活性，做好职业外语教育离不开多方的共同努力。职教人具有对接国家战略的境界、不畏艰难的热情，只要久久为功，一定能实现职业教育高质量发展的美好愿景。

7）第三十三届“说专业 · 说课程 · 说专业群 · 说教材”研讨会[14]

2024 年 5 月 24 日，由中国职业技术教育学会主办的“第三十三届‘说专业 · 说课程 · 说专业群 · 说教材’研讨会”在山东济南举行。本届研讨会以“英语教育：数智赋能 创新育人”为主题，推动智能技术与教育教学深度融合，促进职业教育英语教学深化改革、创新发展，响应“一带一路”多语种人才培养倡议，助力“职教出海”国家战略，为培育发展新质生产力注入新动能。

中国职业技术教育学会会长、教育部原副部长鲁昕，山东省教育厅总督学王志刚，济南市教育局党组成员、副局长王志国，外语教学与研究出版社副总编辑彭冬林，济南工程职业技术学院党委书记刘雅涵等出席会议。来自全国 21 个省、自治区、直辖市 305 所中、高职院校的教师代表及山东省内相关教育行政部门、协会的领导、专家600余人线下参会，研讨会英语教学案例展示环节同步线上直播，累计观看人次达4万。本次会议立足数字经济时代职业教育现代化发展的挑战和机遇，为教育强国背景下职业教育外语教学实现数字化转型、服务新质生产力发展指引方向，为广大教师提供可参考、可借鉴的外语课堂智慧教学成果与范式，助力院校培养家国情怀与国际视野兼具、语言素养与创新精神兼备的高素质技术技能人才。

5. 职业技能大赛

2024年9月26日，教育部印发《2024年世界职业院校技能大赛实施方案》。这一方案称，从2024年起，将全国职业院校技能大赛升级为世界职业院校技能大赛。高职英语类技能大赛作为职业技能大赛重要组成部分，对高职英语教学发挥着重要的引领作用，能够有效指导和促进高职英语教学改革与发展。

1）2024年世界职业院校技能大赛英语口语组比赛[15]

2024年10月29—31日，“2024年世界职业院校技能大赛”总决赛争夺赛高职组教育与体育赛道二英语口语组比赛在江西外语外贸职业学院举行。来自全国各地职业院校的61支参赛队伍齐聚英雄之城南昌，淋漓尽致地展现了语言之美、职业之美、青春之美、协作之美。

2024年英语口语组比赛由教育部、国家发展改革委、科学技术部等部委单位主办，江西省教育厅、南昌市人民政府、教育部职业院校外指委承办，江西外语外贸职业学院、高等教育出版社协办。

作为国赛唯一的语言类比赛，英语口语组比赛立足学科，助力学生英语语言能力的全面发展，提升其讲好中国故事、传播好中国声音的能力，对推动职业教育国际交流合作、教育创新、人才培养以及提升教育教学质量具有重要意义，为扩大我国高等职业教育影响力，推动中国职教、中国技术、中国标准“走出去”贡献了力量。

本届英语口语组比赛由2—4人组队进行英语角色扮演，集竞技性、观赏性、艺术性、文化性于一体，还原真实生活、职场情境。

选手们集思广益，与队伍成员协作设计场景内容，凭借精湛的英语语言技能，结合肢体、表情等表演技巧，全面展现专业技能、职业素养、应用价值、协同配合及创新创意，讲述了精彩而深刻的职场故事、中国故事，展现了中国智慧，提供了中国方案，彰显了激扬青春、循梦而行的昂扬姿态。这是广大职业院校学生将青春奋斗融入国家民族发展历程的缩影。

“2024 年世界职业院校技能大赛”英语口语组比赛不仅是一场英语技能比赛，更是一次文化交流盛会。它提升了选手们的英语实际应用能力，增强了他们的团队协作精神和创新思维能力，更为选手们的职业生涯和个人成长提供了宝贵舞台，为他们开启了一扇通往光明未来的大门。

经过三天的激烈比拼，遵照《2024 年世界职业院校技能大赛制度汇编》，“2024 年世界职业院校技能大赛”总决赛争夺赛高职组教育与体育赛道二英语口语组比赛评出金奖 6 个、银奖 9 个、铜奖 15 个。获奖名单如表 4.12 所示。

表 4.12　2024 年世界职业院校技能大赛英语口语组比赛获奖名单 [1]

序号	学校	姓名	指导教师	奖项
1	江西外语外贸职业学院	何艺晴、吴怡蕾、吴业凤、李杨洋	陈婷、徐佳	金奖
2	成都职业技术学院	欧阳珊珊、陈恒志、邓琳睿、蒲希晨	余莉莎、刘海燕	金奖
3	江苏联合职业技术学院苏州旅游与财经分院	夏雯萱、仓恬、袁顺燕	郭看、金逸勤	金奖
4	新疆职业大学	闫祖旻、马梅、西尔扎提江・买买提热夏提、阿依努尔・阿不都	李妍、宁洁	金奖
5	湖南铁道职业技术学院	熊玮萱、左钰、万中奇、胡智谦	王秀娟、王咏梅	金奖

（待续）

1　名单来自《关于 2024 年世界职业院校技能大赛总决赛获奖名单的公示》。

（续表）

序号	学校	姓名	指导教师	奖项
6	贵阳职业技术学院	罗海宾、韦嘉	郭艺榕、罗嘉钰	金奖
7	江西旅游商贸职业学院	黎聿相、刘雪雯、钟怡菲、雷晓欣	陈磊磊、刘晶晶	银奖
8	安徽城市管理职业学院	冯延华、李华生、叶子洋、洪畅	葛琼、喻凤	银奖
9	广东省外语艺术职业学院	陈小捷、林天因、陈映灵、覃鹏飞	曹丹、邓凡琼	银奖
10	深圳职业技术大学	江展濠、钟乐迎	张任然、吴娅妮	银奖
11	南通职业大学	王玥、杨灵箫、潘静	陆清泉、刘万生	银奖
12	山东商务职业学院	何晴晴、姜晓凡、汤子豪、张亚拿	张爱惠、乔立军	银奖
13	甘肃财贸职业学院	仇家莹、刘柯楠、许嘉怡	董雅兰、程放	银奖
14	济南工程职业技术学院	王语涵、李颜如、冯昱翔、徐安然	满悦媛、安坤	银奖
15	新疆师范高等专科学校	马景涛、麦吾兰江·麦麦提图尔荪、樊可如怡	王洁、聂瑞雪	银奖
16	绍兴职业技术学院	卜思雨、胡子轩、管安逸、赵嘉乐	高亚红、杜夫利	铜奖
17	平凉职业技术学院	丁勇强、靳俏、刘亦芳、马艺心	李巧红、杨柳娜	铜奖
18	武汉城市职业学院	夏婧怡、高磊、邹冰祺、李星辰	陈紫薇、董瑶	铜奖
19	武汉铁路职业技术学院	余俊利、周子萱、李可欣、朱彦宥	周卓英	铜奖
20	上海工商外国语职业学院	魏海伦、张贝宁、赵雨轩、李泽宝	许欣燕、吕旻	铜奖

（待续）

（续表）

序号	学校	姓名	指导教师	奖项
21	天津市职业大学	麦合丽娅·亚力坤、盛博涵、尹子珂、林欣乐	张畅、张妍	铜奖
22	上海民航职业技术学院	张钰琳、胡嵘、任柯宇、朱意灵	姜明、王鑫	铜奖
23	铜仁幼儿师范高等专科学校	张栩婷、易行宇、陈俊杰、苏芯	田萃薇、白静	铜奖
24	泉州经贸职业技术学院	翁子昂、张英来、余炜城、赵翼琳	叶雅观	铜奖
25	河南经贸职业学院	杜雨昕、陈招娣、王锦玉、王伊凡	刘会、孙同	铜奖
26	内江卫生与健康职业学院	张桃、王静涵、张思思、方钦	黄宇婷、胡媛媛	铜奖
27	重庆旅游职业学院	余彤彤、魏润熙、秦世达	彭耀霖、赵义强	铜奖
28	北京经济管理职业学院	晋怡然、雅阁、白蔺羽	闫晗、张彤	铜奖
29	浙江经贸职业技术学院	应璐阳、过馨睿、范天琦、林俊豪	邱月、沈碧萍	铜奖
30	长沙民政职业技术学院	邢晓妍、颜露、王炜光	游娟、万文依	铜奖

二、热点问题剖析

近年来，职业外语教育的热点问题包括“英语类专业进一步深化产教融合”“数字赋能外语教育教学改革”等。

1. 英语类专业进一步深化产教融合

职业院校英语类专业为响应社会需求，促进职业教育服务国家经济社会发展，扎实推动职业教育高质量发展，不断深化产教融合。产教融合为高职英语类专业发展带来了新机遇。通过与企业、行业协会等建立紧密的合作关系，学校能够及时了解产业发展动态与人才需求变化，将产业界的新技术、新方法、新规范融入专业建设与人才培养过程中；企业可以为学校提供最新的行业动态信息、真实的业务案例、实习岗位以及兼职教师等，实现专业与产业的协同发展。

北京经济管理职业学院应用英语专业依据“立足北京、服务首都”的专业定位，深入推进国际化产教融合，着力培养具有国际视野和跨文化交际能力的双语幼教人才。应用英语专业校企深度融合取得了显著成效，与合作企业携手建立了覆盖北京地区15所国际幼儿园的实习基地网络，为首都高品质民生建设提供了有力支撑。[16] 北京青年政治学院旅游英语专业成立国际文旅服务贸易产业学院，通过深化产教融合和校企合作，开展旅游英语专业建设和人才订单培养，向社会输送更多的国际化技术技能人才，服务北京国际文旅服务贸易合作和企业“走出去”。[17] 河北对外经贸职业学院英语教育专业积极建立校企合作机制，确保学生能够在真实的工作环境中应用所学知识。学院与国内外企业、教育机构建立了长期的合作关系，共同建设实习实训基地，为学生提供真实的幼儿英语教学环境。通过定期实习和实训，确保学生能深入了解岗位需求，掌握必要的教学技能，提升职业素养和实际操作能力。浙江工商职业技术学院应用英语专业以本土龙头企业为中心，整合本地优秀行业资源，创新从半工半读到全工的“1+1+0.5”产教融合人才培养模式。以市场和岗位需求为导向，优化进阶式课程体系，深化产教融合课程内容建设，实施基于真实任务的“模仿 + 创作”相结合的项目教学法，推行“引进来走出去”“线上线下”双元师资建设，构建标准化仿真实践教学环境，培养满足用人单位需求的高技能人才。绍兴职业技术学院商务英语专业持续深化产教融合、校企合作，提升专业人才培养的岗位适切性。与多家企业联合培养，共同制订课程标准、共编教材、共同备课、共同授课、共同评价，实现校企深度融入课堂教学。[18]

2. 数字赋能职业外语教育教学改革

习近平总书记指出："教育数字化是我国开辟教育发展新赛道和塑造教育发展新优势的重要突破口。"2024 年 1 月 30—31 日，"2024 世界数字教育大会"在上海举行。大会以"数字教育：应用、共享、创新"为主题，重点围绕教育数字化与学习型社会建设、人工智能与数字伦理等议题进行深入交流讨论。[19] 2024 年全国教育工作会议指出，要不断开辟教育数字化新赛道，坚持应用为王，走集成化道路，以智能化赋能教育治理，拓展国际化新空间，引领教育变革创新。

数字化转型是世界范围内教育转型的重要载体和方向。党和国家高度重视职业教育数字化转型，将其作为数字中国建设的重要组成部分。纵深推进职业教育数字化转型是提升职业院校关键办学能力的主要抓手，是深化职业教育领域综合改革的重要支撑，是打造终身学习的重要基座，从时空上双重赋能学习型社会建设，拓展了职业教育国际化新空间。纵深推进职业教育数字化转型、扩优提质，将让更多人获得职业发展能力，开辟职业教育发展新赛道，塑造职业教育发展新优势。

随着人工智能技术的快速发展，教育领域正经历深刻的变革。在外语教学中，AI 智能学伴、AI 口语陪练、FiF 口语训练系统等信息化教学手段的出现，为传统教学模式带来了革命性的变化。学生对外语学习的需求更加多样化和个性化，人工智能技术能够提供更加精准和个性化的教学服务。随着信息技术的飞速发展，职业外语教育教学日益依赖数字化教学资源，如在线课程平台、虚拟语言实验室、英语学习 APP 等。这些资源丰富了教学内容呈现形式，使教学突破时间与空间限制，实现个性化与自主化学习。例如，许多高职院校与教育科技企业合作，开发具有专业特色的英语学习软件，学生可随时随地进行听说读写训练，并获得即时反馈与评价。

随着信息技术的不断进步和广泛应用，数字化转型已成为教育领域转型的重要途径和方向，教育数字化已经成为教育领域的重要发展方向，而产业数字化转型也对高职院校的人才培养模式产生了深远影响，同时，也给传统的外语教学带来机遇和挑战。

三、部分论文文献信息 [1]

常红梅、穆洁华，2024，职业教育外语类专业国际传播能力培养内涵与路径研究 [J]，《北京教育（高教）》（5）：77-79。

吴鹏、张洋，2024，工程教育认证背景下高职院校专业英语教学改革研究 [J]，《教育理论与实践》（30）：61-64。

[1] 中国政府网，2024，《中共中央关于进一步全面深化改革 推进中国式现代化的决定》（2024 年 7 月 18 日中国共产党第二十届中央委员会第三次全体会议通过）[OL]，https://www.gov.cn/zhengce/202407/content_6963770.htm?slb=true（2025 年 1 月 16 日读取）。

[2] 中国教师报，2024，2024 职业教育“高光时刻”[OL]，http://chinateacher.jyb.cn/zgjsb/html/2024-12/25/content_644241.htm?div=-1（2025 年 1 月 16 日读取）。

[3] 中华人民共和国教育部，2024，教育部办公厅关于加强市域产教联合体建设的通知 [OL]，http://www.moe.gov.cn/srcsite/A07/s7055/202411/t20241111_1162340.html（2025 年 1 月 16 日读取）。

[4] 中国教师报，2024，2024 职业教育“高光时刻”[OL]，http://chinateacher.jyb.cn/zgjsb/html/2024-12/25/content_644241.htm?div=-1（2025 年 1 月 16 日读取）。

[5] 中华人民共和国教育部，2024，关于公布 2023 年职业教育国家在线精品课程名单的公告 [OL]，http://www.moe.gov.cn/jyb_xxgk/s5743/s5744/202412/t20241209_1166281.html（2025 年 1 月 16 日读取）。

[6] 21 世纪英文报，2024，精品课程展现职教外语新趋势 [OL]，https://paper.i21st.cn/story/178059.html（2025 年 1 月 16 日读取）。

[7] 外研职教，2024，标准引领 数字赋能 产业育人 | 2024 年新时代职业教育外语教学改革与发展高端论坛成功举办 [OL]，https://mp.weixin.qq.com/s?__biz=MjM5NjE3NzAxNw==&mid=2651095321&idx=1&sn=a686d6454e8a3c05e7aba8861860373a&chksm=bd1d140f8a6a9d19afd94960f9c224ba8f699e21c3f5a35bd94070dff5e68f662ca13b1f7b4b&scene=27（2025 年 5 月 15 日读取）。

[8] 中华人民共和国教育部，2024，深化现代职业教育体系建设改革现场推进会召开 [OL]，http://www.moe.gov.cn/jyb_zzjg/huodong/202407/t20240731_1143650.html（2025 年 1 月 16 日读取）。

1 请于本书附录查看相关文献的详细摘要。

[9] 新华网，2024，2024 年全国职业教育科（教）研工作会议在济南举办 [OL]，https://www.xinhuanet.com/edu/20241116/91106d03228647498591fb7300ce22c4/c.html（2025 年 1 月 16 日读取）。

[10] 中国教师报，2024，2024 职业教育“高光时刻”[OL]，http://chinateacher.jyb.cn/zgjsb/html/2024-12/25/content_644241.htm?div=-1（2025 年 1 月 16 日读取）。

[11] 中华人民共和国教育部，2024，2024 年世界职业技术教育发展大会在天津举行 [OL]，http://www.moe.gov.cn/jyb_xwfb/xw_zt/moe_357/2024/2024_zt20/mtjj/202412/t20241217_1167347.html（2025 年 1 月 16 日读取）。

[12] 上海外语教育出版社，2024，教育部职业院校外语类专业教学指导委员会 2024 年度工作会议暨教育数字化背景下的职业外语教育高质量发展论坛在杭州成功举办 [OL]，https://mp.weixin.qq.com/s?__biz=MzA4NTk1NTY1MA==&mid=2247509682&idx=1&sn=4f5194365cb442fd04dfbbe1a1b1089a&chksm=9ea3aa37195923c2429cdce53a7c81036479ad244b5374283963f285d70c5605dfb3330a871b&scene=27（2025 年 1 月 16 日读取）。

[13] 上海外语教育出版社，2024，教育数字化背景下的职业外语教育高质量发展——第十八届全国职业院校外语教育发展院长 / 系主任高级论坛成功举办 [OL]，https://mp.weixin.qq.com/s?__biz=MzU1MDkxMTIwMg==&mid=2247500310&idx=1&sn=0fdc94aa19edf4501361b97ca80bb017&chksm=fb9bef9bccec668db021f47be5e5145faf927041750d391a26b8646399a5406241de5c1fa12e&scene=27（2025 年 1 月 16 日读取）。

[14] 中国职业技术教育学会，2024，英语教育：数智赋能 创新育人 | 第三十三届“说专业・说课程・说专业群・说教材”研讨会成功举办 [OL]，https://www.chinazy.org/info/1040/16718.htm（2025 年 1 月 16 日读取）。

[15] 高等教育出版社，2024，技炫青春 能创未来 | 2024 年世界职业院校技能大赛英语口语组比赛顺利举办 [OL]，https://mp.weixin.qq.com/s/_kJDy8-Lu-STMZQHcPm71g（2025 年 1 月 16 日读取）。

[16] 北京经济管理职业学院外语与学前教育学院，2024，国际化跟岗实习 塑造幼教双语人才—外语与学前教育学院与企业联合开展跟岗实习活动 [OL]，https://wyx.biem.edu.cn/info/1080/2087.htm（2025 年 1 月 16 日读取）。

[17] 北京青年政治学院国际学院，2024，学院召开国际文旅服务贸易产业学院及专业建设推进会 [OL]，https://www.bjypc.edu.cn/gjxy/xwdt/dde0dd4700504aad910cb7a53b2d6978.htm（2025 年 1 月 16 日读取）。

[18] 常红梅，2024，《职业院校外语类专业高职毕业生社会需求与培养质量跟踪评价报告（2020—2023）》[M]。北京：北京语言大学出版社。

[19] 中国政府网，2024，2024 世界数字教育大会在沪举办 [OL]，https://www.gov.cn/yaowen/tupian/202401/content_6929182.htm#1（2025 年 1 月 16 日读取）。

第三节 非通用语专业[1]

一、年度情况概述

随着“一带一路”倡议的深入实施、全球经济一体化进程的加快和人类命运共同体的构建，我国高等职业外语教育所起的作用更加突出。培养国际化外语人才以加快推进“一带一路”倡议，为高等职业外语教学改革指引了新方向。我国开设外语专业的高等职业院校纷纷响应“一带一路”倡议，优化人才培养方案，完善教学体系，加强师资队伍建设，积极探索“外语＋”人才培养模式，大力建设非通用语专业，构建起“外语＋专业”“专业＋外语”“外语＋外语”等多种创新型高等职业外语人才培养体系，已取得显著成果。[1]

1. 重要会议及论坛

1）2024年国际职业教育合作发展对话会（中国—东盟）[2]

2024年5月9日，由广西壮族自治区教育厅、自治区商务厅、中国—东盟职业教育研究中心与中智科技集团有限公司指导，广西国际商务职业技术学院与中智科技集团有限公司联合主办的“2024年国际职业教育合作发展对话会（中国—东盟）”在南宁举行，会场设在广西国际商务职业技术学院东盟校区。来自中国及东盟国家政府部门、国内职业院校和行业企业的近200人参会，共同探讨职业教育高质量发展新举措，不断深入探索职业教育国际合作新路径。本次对话会以“命运与共，共建家园；深化合作，守望互鉴”为主题，大会旨在通过会议交流、主旨报告、启动仪式、圆桌对话等多种形式，推出一系列合作成果，培育一批标志性、引领性项目，打造职业教育现代化国际合作样板，服务构建新时代中国—东盟命运共同体。此次对话会既

1 本节作者：常红梅，北京联合大学；王月会，北京经济管理职业学院；傅帅，北京联合大学。

是对党的二十大精神的一次实际贯彻落实，也是对中国—东盟职业教育交流合作发展的一次助力推动。会议的成功举办将进一步启迪思维、凝聚智慧、交流经验、融合资源，加快构建职业教育国际合作新发展格局。

2）“一带一路”高职外语创新发展高端论坛[3]

2024年10月26日上午，“‘一带一路’高职外语创新发展高端论坛”在黎明职业大学举行。“2024‘一带一路’暨金砖国家技能发展与技术创新大赛”外语职场综合技能应用（英语和日语）赛项总决赛近150名指导老师和黎明职业大学外语与旅游学院全体教师参加了本次论坛。本次论坛在“2024‘一带一路’暨金砖国家技能发展与技术创新大赛”外语职场综合技能应用（英语和日语）赛项决赛期间举办，旨在激励师生扎根中华文化、开拓国际视野，引导高校主动服务国家战略和区域发展，深化人才培养综合改革，推动赛事成果转化和产学研用紧密结合，为高校外语教育领域的专家学者、教师和学生提供一个交流与合作的平台，共同探讨职教发展的新思路、新模式和新途径。

3）第二届全国高职西班牙语人才培养高质量发展研讨会[4]

2024年12月28日，由浙江越秀外国语学院主办的“第二届全国高职西班牙语人才培养高质量发展研讨会”召开。会议以“人工智能时代的应用西班牙语人才培养”为主题，吸引了来自全国各地的西班牙语教育专家、高职院校教师、企业代表及学术专家。本次研讨会为高职西班牙语教育提供了宝贵的理论与实践指导。与会代表一致认为，只要保持专业自信，积极拥抱新技术，深化产教融合，优化教育资源配置，高职西班牙语教育的未来将更加光明。研讨会圆满落幕，大家表示会议注入了新的活力，期待明年再次相聚，共同推动高职西班牙语教育的发展。

4）中国—东盟教育交流周系列活动[5]

2024年8月21日，“2024中国—东盟教育交流周”如期开幕。2024年是中国—东盟教育交流周连续举办的第17年。17年春华秋实，硕果盈枝，作为中国—东盟政府间唯一以教育为主题的交流合作平台，交流周以教育交流为纽带，拓展产业、旅游、医疗卫生、科学研究等领域务实合作，为构建更为紧密的中国—东盟命运共同体发挥了积极作用。教育是中国—东盟人文交流的重要组成部分，人才是中国和东盟国家发展的重要支撑。近年来，各级教育合作不断深化，人才培养和科技合作取得丰硕成果。在有关各方的共同努力下，中国—东盟教育交流周已成为双方政府间教育合作最具影响力的平台。贵州作为教育交流周的永久举办地，与东盟地缘相近、文缘相连、商缘相通，在推动中国与东盟教育合作中发挥了重要作用。

2. 专业活动[1]

2024 年 8 月 24 日，“第二届‘中文 + 职业技能’教育国际合作交流系列活动”在贵阳举行。活动旨在为“走出去”院校搭建项目签约和需求对接平台，并交流分享推进“中文 + 职业技能”可持续发展的经验，共同探讨资源机制建设、标准化建设等问题。教育部职业院校外指委受邀参加并研讨交流“中文 + 职业技能”教育，培养“一带一路”建设急需的、“掌握中文、精通技能”的本地化专业技能人才。[6]

2024 年 10 月 26—27 日，“2024‘一带一路’暨金砖国家技能发展与技术创新大赛”之外语职场综合技能应用（英语和日语）赛项决赛通过线上线下混合的方式成功举办。通过竞赛形式，该赛事激励学生扎根中国文化、开拓国际视野，引导学校主动服务国家战略和区域发展，深化人才培养综合改革，推动赛事成果转化和产学研用紧密结合。教育部职业院校外指委受邀参加并担任评委。[7]

3. 学生赛事

2024 年 10 月 12—14 日，由中国日语教学研究会、中日职业教育联盟、华东师范大学日语教学研究中心共同主办的“第十二届全国职业院校日语演讲与情景剧大赛”全国总决赛在华东师范大学大学生活动中心举行。来自全

1　本部分信息来自教育部职业院校外指委及各专委会 2024 年工作总结。

国15个省市40所职业院校的近250名师生参加了比赛。全国职业院校日语演讲和情景剧大赛是目前国内唯一以职业院校日语专业学生为参赛对象的全国性赛事，已成功举办11届。本次大赛分个人和团体两个赛项，个人赛重点考查学生日语表达及应变能力，团体赛重点考查学生日语综合应用水平、职业素养和团队协作能力。大赛旨在以赛促练，以赛促教，以赛促学，集中展现职业院校日语专业师生风采，促进职业院校与行业企业产教融合，更好地为中国经济建设和社会发展服务。经过紧张激烈的角逐，来自江西外语外贸职业学院、山东外国语职业技术大学、广东省外语艺术职业学院、广东科学技术职业学院、嘉兴市秀水中等专业学校的五名参赛选手获得了演讲比赛的特等奖；浙江省平湖市职业中等专业学校、湖南外国语职业学院、浙江旅游职业学院、武汉职业技术学院、广东科学技术职业学院将职业特色和日语表演有机结合，获得了情景剧大赛的特等奖。[8]

二、热点问题剖析

1.“职教出海”助推“一带一路”倡议

2024年11月14日，教育部召开发布会介绍世界职业技术教育发展大会的有关情况。教育部职业教育与成人教育司司长彭斌柏在会上指出，当前，“职教出海”已成为教育“走出去”的生力军。中国200多所职业院校在全球70多个国家和地区建设500多个办学机构和项目，建设了34个“鲁班工坊”、39个“丝路学院”、10个“郑和学院”、17个“现代工匠学院”、38个“班墨学院”和若干所工程技术大学，分享中国职业教育发展经验和成果，为当地培养急需的技能人才，服务高质量共建“一带一路”。下一步，教育部将出台职业教育海外办学条件标准、专业标准、人才培养标准、职业资格认证标准等，进而有效推广中国教育、中国观念和中国价值。

教育部积极谋划职业教育国际合作整体布局，与非洲、中亚、东南亚、欧洲等国家和地区开展“中国—东盟职业教育联合会”“未来非洲职业教育合作”计划等重点职教合作项目，区域职教合作机制不断完善。多所职业院校在境外设立办学机构和项目，涌现出“鲁班工坊”等一批境外办学品牌。[9]

近年来，党和国家全面统筹职业教育“引进来”“走出去”，搭建国际合作交流平台，凝聚全球职业教育资源，主动分享中国职教方案，携手世界各国共同推进职业教育更高质量发展。2024 年“职教出海”稳步推进，坚持“教随产出、校企同行”，实施“多品牌、多模式”发展策略，加强对职业学校境外办学国别、区域布局的规划和指导。当前，我国逐渐形成更全方位、更宽领域、更多层次、更加主动的职业教育对外开放局面，积极构建开放互鉴、更具韧性的职业教育国际合作体系，中国职业教育国际影响力大幅度提高。[10]

2. 加强面向东盟的国际传播人才培养的思考 [11]

东盟是中国特色大国外交的重要面向，是我国构建人类命运共同体的重要实践平台，也是维护我国改革发展稳定所必需的和平安宁国际环境的现实需要。面向东盟的国际传播人才培养工作是服务国家外交战略的重要工作，具有至关重要的战略意义。

一是利用好国家战略的特殊机遇。广西身处中国与东盟交往的前沿，承担着国家外交重要使命，要利用好国家战略的特殊机遇。中国—东盟博览会永久举办地落户南宁，每年定期举办国家级展会，东盟政要和友人往来不绝，是展示中国国家形象的重要阵地。广西广播电视台、南宁广播电视台多年来承担多个国家面向东盟的重大外宣任务，为促进中国与东盟国家民心相通、文明互鉴发挥了重要的桥梁纽带作用。广西高校应该进一步发挥区域优势，主动承担面向东盟的国际传播人才培养重任，大力参与政府、企业和新闻媒体面向东盟的传播工作，为国家外宣工作提供坚实的人力支撑。

二是发挥协同培养的育人机制。面向东盟的国际传播人才培养需要具备复杂的知识结构，包括外交、外语、小语种、国别、传媒等。仅仅依靠高校的单一专业师资力量很难完成好人才培养任务。一要高校内部有跨院系师资共享的灵活机制，协调有关专业师资共同参与人才培养；二要整合地方新闻媒体的记者资源，发挥他们丰富的实际工作经验优势，反哺课堂；三要整合有关外贸企业的行业资源，发挥他们在对接东盟业务上的便利优势，为高校国际传播人才提供丰富的实践机会。

三是当好中国—东盟人文交流的使者。面向东盟的国际传播人才培养，要充分发挥好广西高校这一人文交流重要纽带的优势，进一步激发广西高校的文化交流、宣传展示、教育熏陶功能，通过精心组织各种活动向东盟来华留学生展示中华文明优秀成果，展示文明大国、东方大国、负责任大国和社会主义大国形象；同时开展形式多样的中国与东盟国家的文化交流活动，形成美美与共、各美其美的文化交流格局。

---

[1] 常红梅（主编），2024，《职业院校外语类专业高职毕业生社会需求与培养质量跟踪评价报告（2020—2023）》[M]。北京：北京语言大学出版社。

[2] 中国教育在线，2024，2024年国际职业教育合作发展对话会（中国—东盟）在广西国际商务职业技术学院举行[OL]，https://article.xuexi.cn/articles/index.html?art_id=9906617312544l9578&item_id=9906617312544l9578（2025年1月16日读取）。

[3] 黎明职业大学，2024，黎明职业大学举办“一带一路”高职外语创新发展高端论 坛[OL]，https://www.lmu.edu.cn/wyly/info/1087/2836.htm（2025年1月16日读取）。

[4] 浙江越秀外国语学院，2024，我校举办第二届全国高职西班牙语人才培养高质量发展研讨会[OL]，https://www.zyufl.edu.cn/news/2024/1231/c2721a71583/page.htm（2025年1月16日读取）。

[5] 光明网，2024，聚焦2024交流周｜不以日月为限，持续推动中国—东盟教育互促共荣[OL]，https://baijiahao.baidu.com/s?id=1808183480499137839&wfr=spider&for=pc（2025年1月16日读取）。

[6] 多彩贵州网，2024，聚焦2024中国—东盟教育交流周 第二届“中文+职业技能”教育国际合作交流系列活动成功举办[OL]，https://baijiahao.baidu.com/s?id=1808343903427048994&wfr=spider&for=pc（2025年1月16日读取）。

[7] 黎明职业大学外语与旅游学院，2024，2024“一带一路”暨金砖国家技能发展与技术创新大赛外语职场综合技能应用（英语和日语）赛项总决赛在黎明职业大学开幕[OL]，https://www.lmu.edu.cn/wyly/info/1087/2835.htm（2025年1月16日读取）。

[8] 华东师范大学外国语学院，2024，华东师大成功举办第十二届全国职业院校日

语演讲和情景剧大赛 [OL]，https://mp.weixin.qq.com/s?__biz=MzIzMzEwMTA3Mw==&mid=2650807835&idx=2&sn=867a8835114a8874bf568c56f0c7fa78&chksm=f2f058ce50606e32ce01be2260cc4f785936a30e8a105c1a862a07a4948af29e4795f6642ba8&scene=27（2025 年 1 月 16 日读取）。

[9] 中华人民共和国国务院新闻办公室，2024，教育部举行 2024 年世界职业技术教育发展大会新闻发布会 [OL]，http://www.scio.gov.cn/xwfb/bwxwfb/gbwfbh/jyb/202411/t20241118_873779.html（2025 年 1 月 16 日读取）。

[10] 中国教师报，2024，2024 职业教育“高光时刻”[OL]，http://chinateacher.jyb.cn/zgjsb/html/2024-12/25/content_644241.htm?div=-1（2025 年 1 月 16 日读取）。

[11] 中国教育新闻网，2024，加强面向东盟的国际传播人才培养的思考 [OL]，http://www.jyb.cn/rmtzcg/xwy/wzxw/202412/t20241217_2111284236.html（2025 年 1 月 16 日读取）。

第五章　外语教师教育与发展

第一节　高校外语教师[1]

一、年度情况概述

在 2024 年全国教育工作会议精神的指导下，我国高校外语教师教育与发展取得了全面进步。通过国家政策支持和多层次学术交流，外语教师在教学创新、课程开发、学科交叉融合以及数字化能力提升方面实现了显著发展。2024 年，高校外语教师教育以“弘扬教育家精神，服务国家战略”为核心目标，紧密结合高等教育现代化需求，在政策制定与实施、学术活动开展等方面取得了丰硕成果。

1. 教师教育政策

1 月 11 日，在 2024 年全国教育工作会议上，教育部明确提出全年教育工作重点任务，部署了优化教师资源配置、强化师德师风建设等措施。会议强调，要以教育家精神引领强化高素质教师队伍建设，大力弘扬与践行教育家精神，拓展教师队伍培养培训新思路，推进教师资源配置优化和管理制度改革，营造尊师重教、尊师重道社会风尚，以教师之强支撑教育之强。[1] 8 月 26 日，《中共中央 国务院关于弘扬教育家精神加强新时代高素质专业化教师队伍建设的意见》发布，成为年度最具影响力的文件之一。文件提出教师是教育发展的基石，强调通过优化教师评价机制、完善培训体系和深化教育教学改革等手段，不断提升教师的思想政治素质和专业能力。[2] 在此背景下，高校教师发展中心陆续推出专题培训项目，涵盖数字化教学能力提升、课程思政建设和跨学科课程开发等内容，为教师的职业成长提供了有力保障。

1　本节作者：张琳涛，安徽师范大学；傅帅，北京联合大学。

2. 学术研讨

1）外语教师研修班

5 月 12 日和 18 日，由外语教学与研究出版社主办的“全国高校外语教研室主任系列研修班”分别在线上和线下举行，主题为“创新教研组织，提升数字素养”。[3] 此次研修班吸引了全国各地的教研室主任和骨干教师参加，重点探讨教育数字化转型与教学组织管理的关键问题。通过案例分享和实践展示，参训者深入了解了如何利用数字化资源优化教学效果，并推动基层教学组织建设的现代化发展。

7 月 20—25 日，“2024 年暑期全国高校外语教学研究与教师发展系列研修班”以“敢为 善为 有为”为主题，围绕外语课程思政建设、跨学科融合和教学设计优化等核心议题开展培训。[4] 活动采用专题报告、小组讨论、案例分析等多种形式，专家学者分享了大量实际案例和教学经验，为参训教师提供了系统的教学创新路径和方法。

9 月 10—12 日，“全国高校‘行业 + 外语’学科融合‘双师双能型’教师培训班”在北京举办。[5] 培训班围绕行业语言需求分析、跨学科课程设计与数字化教学资源整合应用，旨在培养具备外语教学能力和行业知识的“双师双能型”教师。培训班还重点介绍了如何精准对接行业需求，推动复合型外语人才的培养。

2）外语教育学术研讨会

10 月 19—20 日，“2024 中国英语教学研讨会”在大连外国语大学举行，主题为“交叉融合、协同创新：全面提高人才自主培养质量”。[6] 此次会议吸引了来自全国各地的专家学者，围绕如何通过学科交叉融合创新路径构建中国特色的外语人才自主培养体系进行了深入讨论，并提出了一系列关于课程设计与教学改革的新观点。

10 月 18—20 日，“外语学科智能化转型发展高层论坛暨第十一届全国语言教育研讨会”在四川外国语大学举行。[7] 会议聚焦任务型教学理论与实践，探讨了如何将立德树人教育理念融入课堂教学，并通过案例分析和实践展示为高校外语教师提供了可行的教学方法。

11 月 8—10 日，“中国高等教育学会外语教学研究分会 2024 年学术年会”在重庆召开，主题为“数智时代外语教育变革与创新”。[8] 会议围绕前沿技术的运用、教学理念革新和教学方法创新展开讨论，为高校外语教育的数字化转型和高质量发展提供了宝贵的实践经验。

12 月 20—22 日，“第二届全国外语教材研究学术研讨会暨中外语言文化比较学会外语教材研究专业委员会成立大会”在海口召开，主题为“外语教材研究：新理念、新方法、新形态”。[9] 与会者围绕如何构建兼具本土化和国际化特色的外语教材体系展开热烈讨论，为未来教材建设和使用提供了重要参考。此次会议标志着外语教材研究专业委员会的成立，也为相关领域的深入研究和实践提供了新的平台。

3. 科研项目申请

8 月 8 日、9 月 11 日和 10 月 15 日，2024 年全国教育科学规划项目（本节简称“全规划”）、教育部人文社会科学研究一般项目（本节简称“教育部人文”）和国家社会科学基金项目（本节简称“国社科”）的评审结果陆续公布。2024 年度与教师相关的课题数量与 2023 年相比有所增加，但高校外语教师相关课题数量则略有减少。根据官方网站数据[10][11][12]，三类项目的各级别项目选题中，与教师相关的项目共 138 项（全规划：教育部人文：国社科=51 ：79 ：8），比 2023 年增加 10.4%。与高校外语教师相关的项目共五项（全规划：教育部人文：国社科 =0 ：3 ：2），比 2023 年减少一项。在教育部人文方面，电子科技大学张铁夫的“高校外语教师人工智能素养内涵、测评及提升研究”，武汉大学黄敏的“数字化转型下高校外语教师数字素养评估框架与提升机制研究”获得规划基金项目。西安外国语大学陈文婷的“基于全球图景的我国高校外语教师数字素养框架构建研究”获得青年基金项目。在国社科方面，北京工商大学甘凌的“高校外语教师语言测评素养评价指标体系的构建及应用研究”，上海外国语大学李晶洁的“基于多模态语料库的外语教师课堂元话语研究”获得一般项目。以上项目关注高校外语教师在新时代背景下多维度素养的提升与发展，深入探讨高校外语教师在人工智能技术应用、数字化转型、语言测评能力以及课堂教学交流等方面的实际需求与培养路径，有助于提升高校外语教师对教育技术变革的适应能力，增强我国外语教育在全球化背景下的竞争力，并为教育政策制定与教师培训提供理论支持。

4. 实践活动

9 月 10 日，由外语教学与研究出版社主办的“2024 年全国高校外语课程思政教学案例大赛”获奖名单公布，主赛道评选出特等奖 107 名，一等奖 212 名，二等奖 442 名，三等奖 779 名；“理解当代中国”赛道评选出特等奖 30 名，一等奖 65 名，二等奖 100 名，三等奖 180 名。赛事旨在通过搭建沟通交流课程思政育人实践的赛事平台，全面提升课程思政建设深入性、创新性与有效性，助力高校服务国家战略、培养堪当民族复兴重任的时代新人。[13]

12 月 6 日，“2024 年外研社‘教学之星’大赛”全国总决赛在北京举行。19 支教师团队参赛，8 万余名教师观摩交流，共同探讨数智化外语教学和国际化人才培养的创新思路。最终，北京邮电大学团队夺冠，中南林业科技大学和东华理工大学团队获亚军，南京医科大学、西南财经大学和北京邮电大学团队获季军。[14]

12 月 8 日下午，“第十五届‘外教社杯’全国高校外语教学大赛”决赛及颁奖典礼在上海举行。本次大赛设英语、商务英语、翻译、日语四个专业组，79 位优秀教师参赛，展现了良好的育人、学科、教学、信息及科研素养。总决赛说课环节还引入人工智能辅助，鼓励选手结合专业知识与创新思维，展示人类智慧的独特价值。[15]

二、热点问题剖析

1. 教育家精神的弘扬与践行

2024 年 8 月 6 日，《中共中央 国务院关于弘扬教育家精神加强新时代高素质专业化教师队伍建设的意见》发布，为新时代教师队伍建设指明了方向。在此背景下，如何在外语教师队伍中深入弘扬与践行教育家精神，成为教育界广泛关注的焦点。这一任务不仅要求外语教师具备高尚的师德，还须在教学实践中体现教育家的智慧和风范。教育家精神的核心在于育人情怀、专业追求和实践智慧。这意味着外语教师须从多个方面努力实现这一目标。教师应将立德树人作为根本任务，通过课程思政将社会主义核心价值观融入外语教学。在课堂上，教师需要以榜样的力量感染学生，将“德育”与“智育”紧密结合，使学生在学习语言知识的同时树立正确的世界观、人生观和价值观。专业能力的提升是弘扬教育家精神的关键。外语教师不仅要具备扎实的语言教学能力，还须具备跨学科视野和实践创新能力。当前，跨文化交际能力、数字化教学技能和课程开发能力已成为教师专业发展的重要方向。通过参加高质量的学术研讨会、教师研修班和专业培训，教师可以在不断更新知识结构的同时，学习先进的教学方法和理念，为学生提供更高质量的教育服务。教育家精神的践行还须体现在教育实践的智慧运用上。教师需要深入理解学生的学习需求，注重个性化教学设计和互动反馈，激发学生的学习兴趣和自主学习能力。例如，在数字化教育转型的背景下，外语教师可以灵活运用大数据和人工智能技术，分析学生的学习行为，为其提供精准的学习支持。同时，通过创新教学模式，如任务型教学、案例教学和项目学习等，教师可以帮助学生在实际运用中掌握语言技能。在践行教育家精神的过程中，外语教师也面临一些现实挑战。部分教师在思想认识和实践能力上与教育家精神的要求尚存差距，尤其是在教学创新、数字化资源整合和课程思政建设等方面，仍须进一步加强。对此，政策的支持和教育机制的完善至关重要。健全教师评价体系，提供专项培训资源，构建优质教学平台，这些举措可以为教师弘扬教育家精神提供更坚实的保障。教育家精神的弘扬与践行不仅是外语教师教育与发展的新要求，也是推动高质量教育体系建设的重要路径。通过师德建设与专业能力的双向提升，外语教师可以在教学实践中不断展现教育家的智慧与风范，为新时代教育强国建设做出更大贡献。

2. 外语教材建设与高校外语教师发展

新时代背景下，外语教材建设与高校外语教师发展紧密相连，协同共进，共同影响着外语教育事业的发展。有学者指出，外语教材建设对高校外语教师发展的促进作用主要体现在提升专业知识、专业能力、道德情操与情感认同感几个方面。[16] 外语教师要提升教材的使用能力，首先应深入研究国家或教育部的纲领性文件，如《大学英语教学指南（2020 版）》等，同时加强对相关外语教学理论的研读，从而更好地指导教学实践，提升自身专业知识。而教材的整体规划、内容选编、活动安排等环节则为教师提供了实践专业知识的重要机会，提升教师基于本土情境有效使用教材促进学生学习的专业能力，甚至实现教学与科研的良性互动。在此过程中，教师也会深刻认识到自己使用教材进行思政育人的重要使命与责任感，激发工作的主观能动性。同时，为克服教材使用中的各种困难，教师也需要学会与同事、专家甚至教材编写者沟通协调，从而提高团队合作意识与人际交往能力。此外，高校外语教师的实践经验对外语教材建设也具有重要的推动作用。高校外语教师长期从事一线教学工作，具有丰富的教学实践经验。他们对学生的认知特点、学习需求、学习难点等有着深刻的理解，能够将这些实践经验融入教材建设，使教材更贴合学生的实际学习情况，从而提高教材的实用性和针对性。[17] 随着教育改革的不断推进，高校外语教师不断学习和探索新的教学理念和方法，如任务型教学法、项目式学习、翻转课堂等。这些创新的教学理念和方法可以为教材建设提供新的思路和方向，促使教材内容和形式更加多样化、现代化，更好地适应新时代外语教学的需求。此外，不同地区的高校外语教师对当地的教育环境、文化背景和学生特点有着深入的了解，他们能够结合本地实际情况，对教材进行本土化和特色化的改编和创新。总之，外语教材建设与高校外语教师发展相辅相成，只有二者协同共进，才能更好地适应新时代外语教育的要求，助力培养出更多高素质的外语人才，为国家的对外开放和国际交流做出更大贡献。

三、部分论文文献信息[1]

Bao, J., G. Hu. & D. Feng. 2024. *En route* to becoming researcher-teachers? Chinese university EFL teachers' boundary crossing in professional doctoral programs [J]. *System* 127: 103514.

Gao Y., Q. Wang. & X. Wang. 2024. Exploring EFL university teachers' beliefs in integrating ChatGPT and other large language models in language education: A study in China [J]. *Asia Pacific Journal of Education* 1: 29-44.

Li, Y., & L. Xu. 2024. Exploring the influence of teachers' motivation, self-efficacy, and institutional support on their research engagement: A study of Chinese university EFL teachers [J]. *System* 121: 103272.

Liu, Y., & W. Ren. 2024. Task-based language teaching in a local EFL context: Chinese university teachers' beliefs and practices [J]. *Language Teaching Research* 6: 2234-2250.

Zhang Y., J. Peng. & Y. Zheng. 2024. Teachers' perceptions of implementing digital multimodal composing in tertiary classrooms: Voices from Chinese EFL teachers [J]. *International Journal of Applied Linguistics* 4: 1265-1282.

满静、战菊，2024，大学英语教师学术发展中的信念与实践探究：基于教师访谈的质性分析 [J]，《外语教育研究前沿》（3）：60-67。

王雪梅、周茂杰，2024，高校外语教师数智素养：内涵、框架与发展路径 [J]，《外语界》（5）：33-40。

张虹、王文斌、刘伟，2024，我国高校外语教师队伍结构与教学现状调研报告 [J]，《外语教学与研究》（5）：755-766。

张虹、徐浩，2024，《高校外语教师专业素养标准》的确立依据及其内涵解读 [J]，《外语教育研究前沿》（2）：20-28。

曾艳钰，2024，跨学科发展背景下高校外语教育与教师发展 [J]，《外语与外语教学》（3）：11-19。

1 请于本书附录查看相关文献的详细摘要。

[1] 中华人民共和国教育部，2024，2024 年全国教育工作会议召开 [OL]，https://www.gov.cn/lianbo/bumen/202401/content_6925504.htm（2025 年 1 月 16 日读取）。

[2] 中华人民共和国国务院，2024，中共中央 国务院关于弘扬教育家精神加强新时代高素质专业化教师队伍建设的意见 [OL]，https://www.gov.cn/gongbao/2024/issue_11566/202409/content_6973187.html（2025 年 1 月 16 日读取）。

[3] 高等英语教学网，2024，研修通知 | 2024 年全国高校外语教研室主任系列研修班 [OL]，https://heep.fltrp.com/contents/280584722306961408?type=1&utm_source（2025 年 1 月 16 日读取）。

[4] 高等英语教学网，2024，2024 暑期研修 | 促学评价助提升，精研教学育人才——记“以学习为导向的评价在高校英语教学设计中的应用研修班”[OL]，https://heep.fltrp.com/contents/278420905611366400（2025 年 1 月 16 日读取）。

[5] 外研社外语学术科研，2024，服务“四新”建设 | 2024 年全国高校“行业+外语”学科融合“双师双能型”教师培训班圆满举办 [OL]，https://mp.weixin.qq.com/s?__biz=MjM5ODcwMjgzMw==&mid=2651655551&idx=2&sn=15223b536153d108a414855900620f1b&chksm=bd3f16e18a489ff7d23cb3430043a1ee77e757091c860d357d4c87dc1db152bfbe6497e2185f&scene=27（2025 年 1 月 16 日读取）。

[6] 大连外国语大学，2024，交叉融合、协同创新！中国英语教学研讨会在我校召开 [OL]，https://www.dlufl.edu.cn/info/1046/12426.htm（2025 年 1 月 16 日读取）。

[7] 中国语言教育研究会，2024，探索外语学科智能化转型新路径 展望外语教育智能化发展新前景——四川外国语大学成功举办“外语学科智能化转型发展高层论坛暨第十一届全国语言教育研讨会”[OL]，https://cale.sisu.edu.cn/xsyw/82010904a2ea47099a9f4e4faeba2f1a.htm（2025 年 1 月 16 日读取）。

[8] 四川外国语大学，2024，中国高等教育学会外语教学研究分会 2024 年学术年会在重庆举办 [OL]，https://mp.weixin.qq.com/s?__biz=MzA4ODQ0NDIyMA==&mid=2654423289&idx=1&sn=ba8c16c62ed1bed06f37ef18b7b9f803&chksm=8a92bf31fd67f6ce4d5941358e9f69ee11f3c607351ca7937bb067f55e6254641c7085d25706&scene=27（2025 年 1 月 16 日读取）。

[9] 海南大学，2024，第二届全国外语教材研究学术研讨会 暨中外语言文化比较学会外语教材研究专业委员会成立大会在海口举行 [OL]，https://mp.weixin.qq.com/s?__biz=MzA4ODQ0NDIyMA==&mid=2654423289&idx=1&sn=ba8c16c62ed1bed06f37ef18b7b9f803&chksm=8a92bf31fd67f6ce4d5941358e9f69ee11f3c607351ca7937bb067f55e6254641c7085d25706&scene=27（2025 年 1 月 16 日读取）。

[10] 全国教育科学规划领导小组办公室，2024，2024 年全国教育科学规划立项名单公布 [OL]，https://onsgep.moe.edu.cn/edoas2/website7/level3.jsp?id=1723102722489410.html（2025 年 1 月 3 日读取）。

[11] 中华人民共和国教育部，2024，教育部社科司关于 2024 年度教育部人文社会科学研究一般项目立项的通知 [OL]，http://www.moe.gov.cn/s78/A13/tongzhi/202409/t20240913_1150871.html（2025 年 1 月 3 日读取）。

[12] 全国哲学社会科学工作办公室，2024，2024 年国家社会科学基金年度项目立项结果公布 [OL]，http://www.nopss.gov.cn/n1/2024/1015/c431027-40339832.html（2025 年 1 月 3 日读取）。

[13] 高等英语教学网，2024，获奖名单公布！ 2024 年全国高校外语课程思政教学案例大赛 [OL]，https://heep.fltrp.com/contents/293244405706526720?type=1（2025 年 1 月 5 日读取）。

[14] 外语教学与研究出版社，2024，【获奖名单 + 冠军视频】“星”耀赛场展育人风采，数智融合筑创新课堂——2024 年外研社“教学之星”大赛全国总决赛举办 [OL]，https://heep.fltrp.com/contents/325920306474651648（2025 年 1 月 5 日读取）。

[15] 新浪上海，2024，第十五届外教社杯全国高校外语教学大赛全国决赛、总决赛成功举办 [OL]，https://sh.sina.com.cn/news/k/2024-12-10/detail-incyxwes8726595.shtml?cre=tianyi&mod=pchp&loc=9&r=0&rfunc=6&tj=cxvertical_pc_hp&tr=12（2025 年 1 月 5 日读取）。

[16] 徐锦芬，2023，外语教材建设：教师专业发展新途径 [J]，《外国语》（6）：12-19。

[17] 杨姗姗、束定芳、王蓓蕾，2023，高校外语教师教育者在教材编写中的专业发展研究 [J]，《外语教学》（6）：49-55。

第二节　基础外语教师[1]

一、年度情况概述

2024年，基础外语教育迎来特殊发展机遇。人工智能技术以其独特的优势，在教育资源优化、个性化教学以及高效精准评价等方面引领着教学方式的深刻变革。这一年，教育改革步入关键阶段，全新版义务教育英语教材的启用，标志着基础外语教学目标、内容、方式的全面改革，这为基础外语教师的专业成长和发展带来了不小的挑战。在全球化背景下，培养学生的跨文化沟通能力与全球胜任力的重要性更加凸显。基于此，国家高度重视基础外语教师的教育质量和专业成长，出台了一系列积极有效的政策措施。基础外语教师培训也日益呈现出系统化、专业化和持续化的特点，针对如何高效使用新教材的专项培训蓬勃开展。此外，基础外语教学的相关竞赛与观摩活动也大量涌现，有力推动了教师之间的互动学习，激发了教学创新的活力。

1. 基础外语教师教育相关政策

为深入推进“国家优秀中小学教师培养计划”（简称“国优计划”），推动高水平高校为中小学培养研究生层次高素质教师，教育部启动了第二批试点，支持内地11所“双一流”建设高校和两所香港地区高校承担培养任务。同时，省级教育行政部门可推荐优质中小学作为“国优计划”教育实践学校，与试点高校共同实施培养工作。试点高校将优化培养过程管理，构建特色课程体系，支持跨校培养探索，并规范相关学位授予。此外，“国优计划”研究生将享受免试认定中小学教师资格改革政策，各地将开辟从教服务“绿色通道”，积极推动其到中小学任教，探索建立“订单”培养合作关系。

6月，国务院办公厅转发教育部等部门制定的《教育部直属师范大学本

1　本节作者：卿婕，北京市第35中学；张静静，北京市陈经纶中学；崔琳琳，首都师范大学。

研衔接师范生公费教育实施办法》。该办法提出，从2024年起，国家在6所教育部直属师范大学实施本研衔接师范生公费教育（本科4年，教育硕士研究生2年），支持符合条件的公费师范生免试攻读本校全日制教育硕士研究生再履约任教，由中央财政承担学生在校期间学费、住宿费并给予生活费补助。

8月6日，《中共中央 国务院关于弘扬教育家精神加强新时代高素质专业化教师队伍建设的意见》发布，要求以习近平新时代中国特色社会主义思想为指导，强化理想信念教育，加强师德师风建设，提升教师专业素养，优化教师管理和资源配置，营造教育家成长的良好环境，并加强教师权益保障。同时，意见提出厚植尊师重教文化，加大教师荣誉表彰力度，创新教师宣传工作，讲好中国教育家故事。

此外，国家继续加大对乡村教师队伍建设的支持力度。2024年“特岗计划”计划招聘37,000名教师到乡村学校任教。2024年“乡村优秀青年教师培养支持计划”遴选300名乡村教师，强化对乡村优秀青年教师的培养发展和激励支持，促进专业成长，发挥示范引领作用。同时，2024年“银龄计划”招募7,000名银龄讲学教师，发挥优秀退休教师引领示范作用，支持农村地区教育发展。

总之，2024年，国家在构建高质量教师教育体系上持续发力，强化激励机制，精进培训质量，并着力提升教师社会地位与待遇。这一系列综合措施为包含外语教师在内的全体中小学教师创造了全面的政策支持与广阔的发展契机。

2. 外语教师的教育和培训

2024年，基础外语教师教育和培训聚焦基础外语教学的核心挑战、新兴趋势与未来方向，广泛探究了新教材的高效实施策略，培训活动更加多元化、智能化、持续化。

1）“国培计划”

2024年，“国培计划”在基础外语教师培训上持续深化，目标清晰，注重实效与引领。例如，11 月 2 日，河南省省级名师培育对象专项培训计划（小学英语）在北京外国语大学国际会议中心开班。来自郑州、开封、洛阳等 18 个地级市、县级市共计 51 名教师参加了开班仪式。此次培训聚焦省级名师培育对象的核心素养与关键能力，以落实义务教育英语新课标、深化新课改为主线，践行“教、学、评一体化”教学方法，助力打造省级小学英语学科教学创新引领团队，并发挥其示范引领作用。12 月 5 日，由贵州省教育厅主办、北京外国语大学教育培训中心承办的贵州省“国培计划（2024）”中小学英语教师培训项目（初中班）在北京外国语大学国际会议中心启动。来自贵州全省 9 个地级市及自治州的 500 名初中英语骨干教师接受了为期多日的培训，内容涵盖新课标要求、教学难点破解及综合素养提升等方面。

2）“歆语工程”

2024 年，“歆语工程”针对外语教育相对薄弱的地区开展了涵盖教师培训、支教帮扶和志愿服务等多项活动。7 月 8 日和 8 月 25 日，“歆语工程”江苏淮安实践团与河南兰考实践团分别开展了为期一周的支教之旅。7 月 19 日，“歆语工程”湖南省初中英语骨干教师培训项目在北京外国语大学开班，来自湖南省多个地区的 70 名初中英语骨干教师参加了此次培训。此外，“歆语工程”还组织实践团成员开展了诸多志愿服务活动。

3）其他培训项目与活动

随着义务教育阶段新教材投入使用，关于如何高效使用新教材的培训活动蓬勃开展。例如，12 月 13 日，外语教学与研究出版社在青海省举办了高中新教材线下培训活动，重点围绕新教材的特点、教学理念及教学策略进行深入解析。通过分组磨课、互动研讨等形式，教师们积极参与，深入探讨教学设计优化，有效提升了自身的教学能力和专业素养。来自西宁市、海东市等 8 个市（州）的教研员及骨干教师共 120 余人参加了该活动。

北京师范大学“四有”好老师启航计划旨在引导和鼓励优秀毕业生投身中西部、基层等祖国最需要的地方，为乡村振兴造血赋能。2024 年，北京师范大学不仅为赴基层任教的英语教师提供了系统的岗前公益培训，还通过设立“青年教师成长工作室”等形式，为他们在职后的专业成长提供持续支持。

3 月 13 日，北京教育学院举办“北京市中小学卓越教师涵养项目”年度首场活动。此次活动包括学员代表的个人总结发言、特级教师和教育学院专家的分享交流，以及关于教育思想凝练路径与方法的讲座。该项目于 2023 年启动，按需定制“一人一案”，通过多元化、立体化研修活动及个性化组织方式，促进教师成长。

7 月 13—14 日，北京教育学院在房山、门头沟、平谷、延庆等四区同步举办 2024 年北京市新课改暑期特级教师工作坊。活动围绕“新课程视域下的育人方式变革”，由 25 名特级教师等领衔，为近千名教师带来了 25 场实训，涉及中小幼全学段的语文、数学、英语、体育与健康、信息技术、心理健康等多个学科。

3. 专业活动与学术交流

2024 年，面向基础外语教师的各类竞赛与学术交流活动在既往积累的坚实基础之上，展现出品牌特色更加鲜明、专业深度进一步增强、辐射范围继续扩大的风貌。这些活动不仅促进了教师间的深度互动与智慧碰撞，更成为推动外语教育创新发展的重要引擎。

1）专业活动

2024 年 4 月 9 日，北京教育学院等单位联合主办的“北京市基础教育新任教师第八届‘启航杯’教学风采展示活动”启动。此次赛事以实训为导向，强化数字技术赋能，通过人工智能辅助数据分析，提炼新教师特征，为专业成长提供建议。北京 16 区及燕山、经开区共推 839 件作品线上展示。

2024 年 10 月 20—23 日，“第十八届全国高中英语教师教学基本功展示暨教学观摩研讨会”在云南省昆明市召开。此次会议吸引了来自全国各地的英语教育领域权威专家、各级英语教研员，以及来自全国 28 个省、自治区和直辖市的高中英语骨干教师及参赛代表，共计 400 余人参加。会议涵盖专家学术报告、现场说课展示、现场授课展示、教师课后反思、专家现场指导与点评、研讨与互动等内容。该赛事的初中组比赛于 4 月 23—26 日在广东省广州市举行，小学组比赛于 5 月 26—29 日在山东省青岛市举行。

2024 年 12 月 27 日，由北京外国语大学、外语教学与研究出版社主办的“2024‘外研之星’全国英语阅读教学课例大赛”总决赛在苏州举行。该赛事吸引了全国中小学近千个参赛团队踊跃参与，涌现出众多优秀课例。决赛现场设两个分会场，近 500 名教师亲临现场观摩；活动同步进行现场直播，吸引了 2.6 万人次观看。

2）学术交流

2024 年 5 月 16—17 日，由北京外国语大学主办的“第十六届全国英语自然拼读与分级阅读教学研讨会”在北京外国语大学举行，来自全国各地近千名中小学英语教研员、校长、教研主任、一线骨干教师和高校研究者参会。会议以“多元、融合、创新——新课标背景下英语阅读教学新思路”为主题，分享了新课标颁布以来英语阅读教学研究的最新成果，重申了新课标背景下英语阅读教学的意义和方法，介绍了跨学科主题教学的最新理论，分专题介绍了自然拼读教学、单元整体教学、读写结合教学、百科阅读教学和名著阅读教学，为英语教育工作者提供了英语阅读教学新思路。

2024 年 7 月 7—9 日，由北京师范大学外国语言文学学院、外语教学与研究出版社主办的“第七届英语教学与测评学术研讨会”在四川成都举行，会议吸引了 500 余位专家、学者和教师线下参会，近 6 万人次外语教师云端参会。会议围绕“教—学—评：创新评价，合作提质”的主题，通过主旨发言、专题发言、专题论坛等多种形式，深入探讨了评教融合的新方向、教学测评的新模式以及数智育人的新未来。

2024 年 7 月 19—22 日，由中国教育技术协会中小学外语教育信息化应用工作委员会主办的“第二十一届中小学骨干英语教师新课程教学高级研修班”在湖北宜昌举行。会议聚焦“新理念 · 新教材 · 新资源：数智时代的英语学科育人新路径”，面向小学、初中、高中三个学段开展主旨报告、专题论坛、课例展示及点评、应用成果交流、工作坊等多种形式的研讨活动，来自全国各地的近3,000名中小学英语教师参与研讨。

2024年7月25—28日，“2024国际英语教育中国大会”在广东省珠海市举行。大会以“文化交流 文明互鉴——推动人工智能时代全球外语教育高质量发展”为主题，设有8场主旨报告和30余场平行会议，来自20多个国家和地区的教育专家、学者和一线教师围绕16个分议题交流分享。

2024年8月7—8日，“2024年全国基础教育阶段多语种学科建设与教学发展研讨会暨中学德语、法语、西班牙语课标教材发布会”在北京召开。200余位外语教育专家、中学校长、多语种学科教研员和一线教师齐聚一堂，以推进教育高质量发展为主线，共商全国基础教育阶段多语种学科建设与教学发展大计。

2024年11月7日，由中国英语阅读教育研究院、外语教学与研究出版社和北京师范大学外国语言文学学院共同主办的“第十届全国中小学英语阅读教学学术研讨会”在广东省深圳市举行。会议以“阅读启智，以辞抒意”为主题，旨在传播前沿的阅读教育理念，探索通过英语阅读教学培养学生学会阅读、学会思考、学会表达的有效途径。活动期间，来自全国各地的近千名骨干教师及教育研究人员汇聚深圳，共同参与了一场为期三天的知识盛宴。研讨会精心设置了会前工作坊、主旨演讲、专题报告、经验分享、课例展示等五个精彩环节，为与会者搭建了一个深入交流、共同提升的平台。

2024年，由外语教学与研究出版社主办的“中小学英语教师教学实践与研究能力提升研修班”分寒、暑假两期在线上进行。1月22—24日寒假研修班主题为“课例研究与论文发表——以听说教学为例”，由杨鲁新教授等领衔设计并主讲；8月1—4日的暑假研修班聚焦“中小学英语教师小课题研究”。两期研修班均邀请了来自全国17个省、自治区、直辖市的众多中小学英语教师参与，通过专家讲座、小组讨论、经验分享等多种形式，助力教师提升教学实践与研究能力。

二、热点问题剖析

1. 人工智能与外语教育的深度融合

随着生成式人工智能技术的快速发展，其在教学资源、教学模式、教学评价等方面给中小学外语教学的各个环节带来了深远影响。目前学界对教师数字素养的构成已有相对统一的认知，也有学者专门阐述了教师数字素养在外语教学活动设计和实施中的具体呈现。[1] 面对人工智能浪潮，外语教师首先应积极参加各类信息技术培训，熟悉常见的智能教学工具；其次，应培养信息筛选与整合能力，在繁杂的网络资源中甄别优质内容，为教学所用；再次，应树立终身学习理念，持续关注人工智能与英语教学融合的前沿动态，不断探索创新教学方法。此外，外语教师教育相关学者也探讨了大语言模型在外语教师教育与发展研究中的具体应用，例如课堂话语分析、教学支架功能分析等。[2]

2. 新教材的使用与挑战

2024 年 9 月，根据《义务教育英语课程标准（2022 年版）》修订的义务教育英语新教材在全国中小学投入使用。新教材工具性和人文性并重，贯穿培养学生的思维发展；突出单元主题引领，融合语言和文化；通过循环递进的意义探究活动，激发学生的探索欲和批判性思维能力；寓评价于教与学过程之中，促进评价的动态化、情景化。[3]

可见，新教材的使用不仅是教材内容的更新，也对基础外语教师的教学方式、教学策略和教学评价的提出了更高要求。在多种复杂因素的影响下，其过程往往伴随着一系列挑战和问题，因此，寻求更为系统化的解决方案变得尤为迫切。而强化基础外语教师的“课程意识”，则是应对这些系统性问题的一项有效策略。具体来说，在教学实施中，教师首先需要明确区域内和校内国家课程实施的具体目标，避免教学的随意性；其次，应紧密结合具体学情，将长期目标细化为阶段性目标和单元目标，以保证教学过程的连贯性和系统性；此外，还可以充分挖掘和利用不同课程参与者可能带来的积极因素，以形成良好的教育生态。[4]

3. 跨文化交流与全球胜任力的培养

跨文化交流与全球胜任力的培养对于拓宽国际视野、促进国际合作至关重要，而外语课堂作为语言与文化的桥梁，是培养这些能力的重要平台。将培养学生全球胜任力明确纳入课程目标的外语教学，要求教师巧妙地将全球胜任力培养融入日常教学的每一个环节，遵循立体化、多模态的设计理念，并融入跨学科知识。具体实施时，可通过项目式学习等创新方法推动英语融合课程的开展，注重多维度成果导向，并实施多元化评价体系以确保培养效果。[5]

三、部分论文文献信息[1]

程晓堂，2024，英语教师思维品质漫谈 [J]，《中小学外语教学》（中学篇）（1）：1-7。

刘宏刚、吴若希、刘宝臣，2024，英语教师心理韧性与情绪调节的关系研究 [J]，《北京第二外国语学院学报》（5）：86-101。

孙二军，2024，中小学英语教师语言能力发展的多项度框架分析 [J]，《西安外国语大学学报》（1）：59-63。

徐锦芬、杨嘉琪，2024，外语教育学视域下教师语言综合素养的多维度探析 [J]，《外语教学》（6）：42-47。

杨鲁新、李琛、张琳涛、王凯伦、范厉杨、余荣，2024，中小学英语教师书面纠正反馈信念与实践研究 [J]，《西安外国语大学学报》（1）：53-58。

张莲，2024，大语言模型在外语教师教育与发展研究中的应用探索 [J]，《外语界》（5）：25-32。

1　请于本书附录查看相关文献的详细摘要。

[1] 赖春、吕伯宁、龚阳，2023，外语教学活动设计中的教师数字素养框架 [J]，《外语界》（3）：31-38。

[2] 张莲，2024，大语言模型在外语教师教育与发展研究中的应用探索 [J]，《外语界》（5）：25-32。

[3] 王蔷、钱小芳、陈易孜，2024，融合语言文化·发展思维品质：义务教育英语新教材的变化与使用 [J]，《中小学管理》（8）：25-28。

[4] 徐浩，2024，在新教材使用中提升课程意识 [J]，《英语学习》（7）：1。

[5] 王雪梅，2023，全球胜任力指向的中学英语融合式课程框架与实施路径 [J]，《教学月刊·中学版（外语教学）》（6）：3-9+16。

第三节 职教外语教师[1]

一、年度情况概述

2024年，《中共中央 国务院关于弘扬教育家精神加强新时代高素质专业化教师队伍建设的意见》（本节简称《意见》）发布，对职业教师培养培训提出了明确要求；全国职业教育科（教）研工作会议提出了15个重点研究领域，可作为职教外语教师的选题参考。除参加各种类型的学术会议外，职教外语教师还通过参与各种研修班提升自己的教学和科研能力。在多项教学能力比赛中，职教外语教师表现精彩，取得了多项成果。教育部职业院校外指委、中国职业技术教育学会等学术机构和外语教学与研究出版社等出版机构联合发布了数个面向高职外语教育的专项课题，得到了广大职教外语教师的积极响应。

1. 教师教育政策

2024年8月6日发布的《意见》是在我国由教育大国向教育强国系统性跃升的关键历史节点上，中共中央、国务院对弘扬教育家精神，打造支撑教育强国的高素质专业化教师队伍做出的全面系统部署，是新时代新征程强教强师的纲领性文件。《意见》明确了新时代教师队伍建设的总体要求，包括指导思想、工作重点、目标任务三个方面。《意见》就以教育家精神引领高素质专业化教师队伍建设提出了五方面重要举措，包括加强教师队伍思想政治建设、涵养高尚师德师风、提升教师专业素养、加强教师权益保障和弘扬尊师重教社会风尚。[1] 该文件明确提出“支持高水平大学与高等职业院校、企业联合开展职业教育教师一体化培养培训，优化实施职业院校教师素质提高计划”。借《意见》的东风，职业院校可与高水平大学

1 本节作者：常红梅，北京联合大学；马俊波，深圳职业技术大学；傅帅，北京联合大学。

和企业联合，为一线教师提供培训，提升职教外语教师的语言学素养和双师素养等。

2024 年全国职业教育科（教）研工作会议于 11 月 14—15 日在济南召开。教育部副部长吴岩指出，职业教育科研对职业教育发展至关重要，没有高水平的教育科研，就没有或者不大可能有高质量的教育发展。他强调，职业教育研究要转变范式、转变认识、转变方式、转变习惯，努力走出舒适圈，开启职业教育科研的自我革命。研究要想国家之所想、应国家之所需、急国家之所急。[2] 吴岩副部长列举了当前职业教育研究要重点关注的 15 个领域，包括立德树人研究，职业教育定位研究，产教融合研究，职普融通研究，职业院校的标准、适配性、培养规格研究，中等职业教育发展研究，综合高中研究，"新双高"研究，职业本科研究，"五金"（金专业、金课程、金师资、金基地、金教材）建设研究，职业教育数字化研究，鲁班工坊认证标准研究，职业教育发展中国模式研究，职教"走出去"研究，职业教育元研究，其中大部分都与职业外语教育有关。职教外语教师可以这些领域为研究切入点，在职业外语教育领域想国家之所想，共同推动职业教育的发展。

2. 教师研修

各大出版社是职教外语教师的培训主体，在 2024 年一如既往组织了内容丰富的培训班，在宣传、辅导各自教材的同时，客观上促进了职教外语教师素质的整体提升。这些培训班大致可分为公益培训和收费培训两种类型，公益培训又分为暑期教师培训和部分出版社不定期举办的网上教师培训，培训内容涉及职教外语教学当前的各个热点，也有些培训涉及信息化素养提升。职教外语教材的主要出版社如外语教学与研究出版社、上海外语教育出版社、高等教育出版社等在 2024 年组织了多个研修班，聚焦职教外语教育当前的一些热点和重点领域。相关公益研修班如表 5.1 所示。

表 5.1 2024 年高职外语教育研修班

时间	研修班名称	主题	概况	主办单位
2024 年 7 月 15 日—8 月 9 日	2024 年全国高等职业学校英语教学发展与创新研修班	敢为，善为，有为	主办方回应“教育强国，外语何为”的时代命题，系统规划、精心设计全国高等职业学校英语教学发展与创新研修班，以“敢为，善为，有为”为主题，以线下、线上研修和“教学之星”大赛为平台，汇聚全国各地的职业教育专家、学者及一线教师。线下、线上累计逾 3 万人次参班，以研启智，以知促行，共谋数智化创新育人新模式，共探外语教育高质量发展新路径。	外语教学与研究出版社
2024 年 11 月 1—3 日	2024 年职业教育外语教师技能提升研讨会	教育革新，数字赋能	研讨会旨在为职教外语教师提供一个交流经验、分享成果、探讨问题的平台，共同推动职教外语教学事业的发展。广东省职业本科、高职院校负责外语教学相关院系领导、学科负责人、一线骨干教师等 50 余人参会。	上海外语教育出版社、中国外语教材与教法研究中心、中国高校外语教师发展研究院

3. 教学能力比赛

截至本节撰写时，“2024 全国职业院校技能大赛教学能力比赛”省级比赛均已完成，但全国总决赛尚未出结果。“‘外教社杯’全国高校外语教学大赛”2024 年为普通教育英语专业组比赛，不面向职业院校。职业院校外语教师参加的教学能力比赛还包括外研社“教学之星”大赛、外语课程思政优秀教学案例现场交流活动以及外语微课优秀作品现场交流活动，相关赛事总结如下。

1）2024 外研社“教学之星”大赛（高职组）

“外研社‘教学之星’大赛”创办于 2013 年，由北京外国语大学中国职业外语教育发展研究中心、北京外国语大学中国外语与教育研究中心、北京外国语大学中国外语教材研究中心、北京外国语大学中国外语测评中心、外语教学与研究出版社等机构联合举办。2024 年的赛题为“外语教材的有效使用：数智融合，创新育人”，比赛分为初赛、全国复赛、全国半决赛、全国总决赛四个阶段，全国 120 组外语教师团队、近 600 名教师参赛。全国总决赛获奖名单见表 5.2。[3]

表 5.2 2024 年外研社“教学之星”大赛（高职组）全国总决赛获奖名单

姓名	学校	奖项
李华、李文卓、李娟	晋中师范高等专科学校	冠军
乔杉、徐明星、王姣	江苏航空职业技术学院	亚军
王维国、姜梦元 张陵莉 刘柳盈	湖北三峡职业技术学院	季军
张欣、赵馨柔、高燕超、袁羽、孙觐	宝鸡职业技术学院	一等奖
刘入莹、胡妍、林洁、甘莉	四川西南航空职业学院	
牛璐芳、李梦莹、靳艳	西安汽车职业大学	

2）2024 年外语课程思政优秀教学案例现场交流活动

该活动创办于 2020 年。“2024 年外语课程思政优秀教学案例现场交流活动”由教育部大外教指委、高等教育出版社、全国高校教师网络培训中心和《中国外语》编辑部主办，共收到来自全国 29 个省、自治区、直辖市 580 所院校的 998 件参赛作品，其中 699 件作品入选省级优秀教学案例，136 件作品进入全国活动环节。高职院校获奖名单如表 5.3 所示。[4]

表 5.3 “2024 年外语课程思政优秀教学案例现场交流活动”高职院校获奖名单

姓名	团队成员	学校	奖项
李燕	张莹、程卫、周婧悦、舒迪	雅安职业技术学院	特等奖

（待续）

（续表）

姓名	团队成员	学校	奖项
魏娜	常思、邓诗妍、黄璐佳、林清澈	成都工贸职业技术学院	特等奖
杨钰	韩欣桂、曾凤丽、何嘉琪、孙米莉	南充文化旅游职业学院	
张婕	罗俊鸿、宋坤	贵州民用航空职业学院	
周瑜	唐薇、李春慧、冯婉莎、陈新宇	泸州职业技术学院	
郭巧棉	逯海霞、孔晓立、赵彦娜、李芳	石家庄医学高等专科学校	一等奖
黄锦珊	李杏、王欢、贺毅夫、伍敏毓	益阳职业技术学院	
匡露	徐黄丽	武汉职业技术学院	
唐慧盈	吴冬琦	广东环境保护工程职业学院	
王丽	安妮、唐雪岩、王禹冬、史清臣	兴安职业技术学院	
王晴	徐睿、李婧、周玮	安徽职业技术学院	
吴扬	刘家华、徐正东、张崎静、潘妍	扬州工业职业技术学院	
杨瑞	许阳、毛嘉岳、耿莉莉、王峰	黑龙江农业工程职业学院	
元静	张瑶、于嘉琪、李佳楠	河南职业技术学院	
赵敏科	陈琳、樊一波、张宝龙、赵馨柔	宝鸡职业技术学院	
傅于芮	李妍妍、方洁、翁海婷	四川财经职业学院	二等奖
郝艳萍	张薇、冉爱华、李清清、王丹	四川城市职业学院	
刘林林	管文娟、胡小秋、刘炎铭	宜宾职业技术学院	

（待续）

（续表）

姓名	团队成员	学校	奖项
唐素洁	姜军、李下、唐义丹	成都职业技术学院	二等奖
王希		郑州旅游职业学院	
张璐	陆飏、雷琛	杭州萧山技师学院	

3）2024 年外语微课优秀作品征集与交流活动

“2024 年外语微课优秀作品征集与交流活动”由高等教育出版社、全国高校教师网络培训中心与《中国外语》编辑部共同组织，共征集到来自全国 509 所院校的 1,272 件微课作品。经专家评审，共有 166 件作品进入全国活动环节。其中 32 件职教英语组作品获得一、二、三等奖，获奖名单如表 5.4 所示。[5]

表 5.4　“2024 年外语微课优秀作品征集与交流活动”职教英语组获奖名单

姓名	团队成员	学校	奖项
翟艳	鲁宵昳、侯硕、邵杰、秦一鸣	河南工业职业技术学院	一等奖
邸芸菲	王婷婷、岑金千	海南经贸职业技术学院	
刘城锋		广东东软学院	
吴一敏	朱颖丽	成都外国语学院	
肖艳丽	贾晓雯、秦宏展、季延赏、芮春红	沧州职业技术学院	
杨茜	谢承凤、徐俊杰、葛靓、牛培	武汉学院	
李金书	许阳、张筠、任凤凤、王峰	黑龙江农业工程职业学院	二等奖
刘晴雯	黎桑、刘苏瓦、夏倩、冯页	岳阳职业技术学院	
刘晓春	黄薇	天津商务职业学院	
逯斌	孙建华	大连东软信息学院	
任丹	孟帆、王柯瑾、张龙彦	云南工商学院	
宋枫		福建卫生职业技术学院	
温泽慧	王爱苓、吕有萍、史伟	烟台黄金职业学院	

（待续）

（续表）

姓名	团队成员	学校	奖项
武峰	赵荣改、许艳敏、智文静、张璇	石家庄邮电职业技术学院	二等奖
尹海燕	黄玲、王丹丹、冷宁、张艳华	河北旅游职业学院	
张继辉	冯赫、包涵芳、李景慧、郭庆竹	兴安职业技术学院	
张胜	马莉、刘万生、朱泾	南通职业大学	
邹翠萍	宋婷婷、赵晓琴、马银花、徐诚信	巴音郭楞职业技术学院	
何苗苗	朱伊颖、程扬帆	温州科技职业学院	三等奖
黄锦珊	李杏、贺毅夫、赵昭仪、罗怿哲	益阳职业技术学院	
李宁	杨璐、傅跃芳	西安职业技术学院	
梁雪蓉	乔涵、钟蜀玲、徐新民、张竹莉	克拉玛依职业技术学院	
林爱华	边婧、孙茜	重庆电子工程职业学院	
孟彦娜	边防、郑帅、王桂林、王瑞芳	濮阳职业技术学院	
裴秀萍	代士雯、赵颂梅、李少伟	河北政法职业学院	
邱欣	谢海玲、张燕燕、黄湘、孔晶	江苏旅游职业学院	
桑冬艳	郑加、刘默然、毕婧、李雪	沧州幼儿师范高等专科学校	
王丹丹		重庆工商职业学院	
辛迪	孙治国、赵苗苗、刘会然	青岛工程职业学院	
张笛	王建红、张聪、王琳	伊春职业学院	
张娜娜	王璐、李霞	烟台南山学院	
张哲	路宇琦、秦婉婷	河北资源环境职业技术学院	

4. 教研和科研

2024年，职教外语教师在高水平、标志性项目（教育部人文社科规划项目、全国教育科学规划项目和国家社科基金项目）的申报仍然没有突破，但在其他教研项目的申请中仍然展现出极大的热情。教育部职业院校外指委、有关学术机构及多家出版社设立了多个针对职教外语教师的课题，相关项目如表5.5所示。

表5.5　职业院校外语教育教研课题

项目名称	发布单位	概况
第十二批“中国外语教育基金”项目	教育部人文社科重点研究基地北京外国语大学中国外语与教育研究中心、教育部大外教指委、教育部外指委、外语教学与研究出版社	2024年3月面向全国招标，8月发布中标通知，共立项235个课题，其中职业院校教师共中标22项
中国职业技术教育学会外语教育工作委员会2024年度职业院校外语教育改革专项课题	中国职业技术教育学会、外语教学与研究出版社	2024年4月发布通知，12月发布立项通知，共有101个项目立项
2023年度“世界语言与文化研究”课题	国家语委科研基地暨国家语言文字智库上海外国语大学中国外语战略研究中心	2023年10月发布申报通知，2024年3月发布立项名单，共立项136个，其中职业院校教师共中标10项
2024年“三融”外语教学改革专项课题	教育部职业院校外指委、北京语言大学出版社	2024年4月发布通知，7月公布立项结果，共111个项目立项

二、热点问题剖析

在过去30年中，“双师型”教师政策在概念上逐步清晰，在措施上逐步到位，但也存在一些需要改善的地方。职教外语教师“双师型”教师政策的落地难度更大，需要针对性更强的措施。职业院校教学能力比赛经过十余年的发展，发挥了“以赛促教”的反拨作用，但近些年逐步出现功利化的倾向，应引起组织者和管理者的注意。

1.“双师型”教师政策落地反思

“双师型”教师的概念最早出现在原国家教委于 1995 年印发的《关于开展建设示范性职业大学工作的通知》，至今已有近 30 年的历史。在此期间，其内涵不断发展和完善，从“兼有教师资格和其他专业技术职务”发展到“同时具备理论教学和实践教学能力”。[6] 教育部于 2022 年颁布《职业教育“双师型”教师基本标准》，在随后的两年中，各省先后发布了本省的职业教育“双师型”教师认定标准并开始首批认定工作。回顾“双师型”教师政策 30 年的发展历程，成效还是非常明显的，除了概念逐步明晰和措施逐步到位外，在落地效果方面主要表现在“双师型”教师专业实践能力提升、企业实践基地增多等方面。有关统计资料显示，2021 年职业院校“双师”型专任教师占专业（技能）课程专任教师比例超过了 55.5%。[7]

“双师型”教师政策在取得一系列成绩的同时，也存在不少有待改善的地方，例如“双师型”教师队伍的机构和能力存在不足，对“双师型”教师队伍建设的物质、情感及信息支持不够，“双师型”教师队伍建设的配套政策和相应制度不健全等。[8] 职教外语教师在落实“双师型”教师政策的过程中，由于先天性的不足，在政策落地效果方面的问题可能更加突出。职教外语教师大致可分为公共外语教师和外语专业教师两个群体，总体都是语言学科出身，除翻译专业可以考取翻译职业资格证书外，其他外语类专业都需要跨专业考取职业资格证书，这对外语教师来说相当有挑战性。现阶段可采用的过渡性策略包括：组建“双师”结构的教师团队借力企业导师的力量、组建国际化“双师”结构教师团队突出国际化特色等。长远来看，则需要根据外语教师群体的特点采取针对性更强的措施。

2. 教学能力比赛反拨作用反思

职业院校技能大赛是我国职业教育的一项制度创新，是促进教育链、人才链和产业链、创新链贯通的重要媒介，也是深化产教融合、校企合作的重要载体。[9] 按参赛对象划分，该赛事大致可分为学生参加的技能比赛、教师参加的教学能力比赛，也有师生联合组队参加的比赛。设立教学能力大赛的初衷是利用教学比赛的反拨作用达到“以赛促教”的效果，打造教师发展共同体，发挥大赛的引领示范作用。以其中最重要的全国职业院校技能大赛教学能力比赛为例，该比赛经过十余年的发展，已成为广大职业院校教师更新教育理念、提升教学能力、运用数字技术资源、提高教育质量的重要平台。[10] 职业院校外语教师除积极参加全国职业院校技能大赛教学能力比赛外，还积极参加外研社“教学之星”大赛、“外教社杯”全国高校外语教学大赛等，取得了贯彻国家教学标准、锻炼教师团队的效果。

与此同时，随着职教教师教学竞赛的赛事种类逐渐增多、赛事体系逐渐完善，各类竞赛排行榜陆续建立，职教教师教学竞赛获奖的价值越来越得到各方的重视，部分竞赛还被纳入职业院校竞争力、教师发展指数等考核指标，职业院校遂逐渐陷入追逐奖项的锦标赛中，参赛教师也开始受绩效考核和获奖激励的双重刺激，在这种情况下教师教学能力比赛开始有功利化、异化的倾向。这些违背竞赛宗旨的现象表现为：职教教师教学竞赛的高速发展攫取了他们正常的教学时间，竞赛结果的过度价值化窄化了教学竞赛的育人功能，参与动机的功利违背了教师能力培养的规律。[11] 这些异化现象在职教外语教师参加的教师教学能力比赛中也或多或少地存在，也需要引起各级赛事组织者及院系领导的重视，在鼓励更多职教外语教师参赛、继续实现“以赛促教”初衷的同时，需要通过赛制、管理制度的完善有效管控大赛的不利影响。

[1] 中华人民共和国国务院新闻办公室，2024，国新办举行新闻发布会介绍《中共中央 国务院关于弘扬教育家精神加强新时代高素质专业化教师队伍建设的意见》有关情况 [OL],http://www.scio.gov.cn/live/2024/34581/（2025 年 1 月 12 日读取）。

[2] 教育部职业教育发展中心，2024，2024年全国职业教育科（教）研工作会议召开 [OL]，https://www.civte.edu.cn/info/1012/3598.htm（2025年1月13日读取）。

[3] 大学生英语竞赛，2024，【获奖名单】2024年外研社“教学之星”大赛（高职组）全国总决赛获奖名单 [OL]，https://mp.weixin.qq.com/s?__biz=Mzg3NDU5MTg4Nw==&mid=2247489078&idx=1&sn=36210b94c873894adb491346bc138ab7&chksm=cf8592ec670f21368d1235877bfa64babdd1ba5359cf55ad2a7fcc269ef32c1b5860ad1a479c&scene=27（2025年5月15日读取）。

[4] ISmart外语赛事活动网，2024，关于公布2024年外语课程思政优秀教学案例全国交流活动结果的通知 [OL]，https://icontest.hep.com.cn/Sub/Notice/NewsDetails?newsid=918&datatype=42（2025年1月15日读取）。

[5] 中国外语微课网，2024，关于公布2024年外语微课优秀作品征集与交流活动全国优秀作品名单的通知 [OL]，https://weike.hep.com.cn/news/info/799（2025年1月16日读取）。

[6] 罗殿宏、田翠英，2024，职业教育“双师型”教师资格认定的“结”与“解”[J]，《职业技术教育》（24）：30-35。

[7] 常小勇，2024，高质量发展背景下职业院校“双师型”教师队伍建设：进展、困境及突破路径 [J]，《职业技术教育》（7）：58-64。

[8] 袁晓华、徐涵，2025，社会支持理论视域下“双师型”教师队伍建设的现时之困与疏解之道 [J]，《教育与职业》（1）：84-91。

[9] 唐春霞、雷翔霄、卿晶晶，2024，区域经济发展视角下省域职业院校技能竞赛问题与对策——基于湖南省相关竞赛数据的分析 [J]，《职业技术教育》（6）：49-56。

[10] 曾天山、唐以志、汤霓、宋阳，2023，“以赛促教”锤炼良匠之师——2023年全国职业院校技能大赛教学能力比赛述评 [J]，《中国职业技术教育》（35）：3-13。

[11] 钟斌、许琼燕、何焱、周小平，2023，高职教师教学竞赛的异化隐忧、逻辑根源及改善策略 [J]，《职教论坛》（3）：76-82。

第六章　信息技术与外语教育教学

第一节　信息技术应用[1]

2024 年 12 月，“2024 世界慕课与在线教育大会”在英国伦敦隆重举行。大会以“智能时代下的未来高等教育重构”为主题，首次提出全球高等教育迈入“智慧教育元年”的重要概念，并展示了智慧教育的典型应用场景和教育数字化的前沿成果，全面展现了各国在教育数字化转型中的最新探索与实践。[1] 回顾 2024 年，我国在智慧教育领域积极部署，紧跟教育数字化转型趋势，推动技术在外语教育教学中的深入应用与创新发展。

一、年度情况概述

本部分将围绕学科创新、研究成果、课题立项、学术活动及相关事件，梳理 2024 年度外语教育信息化的发展现状，重点分析在教育数字化转型背景下，我国外语教育教学改革与创新的特征及趋势，旨在为相关从业者和研究人员提供实践指导与启示。

1. 技术赋能与跨学科融合

技术赋能加速了外语类专业的创新发展，传统外语类专业所面临的生存挑战促使各高校主动寻求转型与创新机遇，为跨学科人才培养开辟新路径。尤其是在新文科建设背景下，各类高校立足自身优势学科，积极拓展学科边界，推动学科交叉融合与协同创新，为外语学科创新发展提供了新思路。例如，北京邮电大学人文学院在外国语言文学及翻译硕士学科建设中，充分发挥学校的专业特色与优势，构建了以语言智能为核心特色的学科发展新格

1　本节作者：张帅，北京外国语大学。

局。[2] 该校的举措充分彰显了外语学科在技术赋能背景下的创新发展方向，为跨学科融合与应用型人才培养树立了重要典范。

此外，外语学科与理工学科的深度协同创新具有广阔的发展空间。例如，北京语言大学在培养卓越复合型国际化人才方面积极探索，创新实施“语言＋工程”跨学科人才培养模式。该校与国内多所高校联合开展“阿拉伯语＋石油工程”等学士学位培养项目，坚持课程讲授与专业实践相结合，构建跨校、跨学科融合的“新文科”与“新工科”协同发展路径，培养兼具外语能力与工程知识的创新型、复合型国际化高端人才。[3] 通过跨学科课程设计与实践项目，该校致力于培养既精通语言又掌握技术工具的复合型人才，以满足智能时代对多领域协作与创新能力的需求。跨学科视角的引入，不仅丰富了外语教育的内涵，也为学生应对全球化背景下的复杂问题与挑战提供了更广阔的视野与能力支撑。

2. 智能技术赋能外语教育

人工智能、大数据、虚拟现实等技术的深度应用，不仅革新了教学模式，丰富了开放教育资源（Open Educational Resources，简称 OER），还为语言学习提供了更多个性化、智能化的解决方案。技术融合推动外语教育学科建设向更加互联、开放和共享的教育生态系统迈进，带来了积极且可持续的深远影响。[4] [5] 当前，外语教育数字化研究正从单纯的技术工具探索，逐步深入教学内容优化、学习行为分析以及多模态交互等领域，推动外语教育研究向更加系统化和精细化的方向发展。

尤其是大语言模型在外语教学中的应用潜力已引起关注，成为热点研究与实践领域。它能够在教学实践中担任语言顾问、语伴和语言测评专家的角色，能够有效提升学习者听、说、读、写、译等语言技能，为外语教育的创新发展提供了有力的技术支持。[6] 作为教师和学生之外的重要智能实体，大语言模型正在对教学内容和教学模式产生深远影响，潜移默化地改变着传统教育格局。[7] 这一趋势也促使我国外语教育与时俱进，积极构建多种智能技术支持的新型教育框架，以适应不断变化的教育需求和学习环境。大语言模型的引入为个性化教学和自主学习带来了全新思路。通过实时反馈、精准评估和多样化语言交互，它不仅能够帮助教师优化教学设计，还能为学生创造沉浸式、互动化的学习环境。人机协同的教学设计方式有效提升了教学效率，推动以学习者为中心的教育模式转型，为外语教育的创新发展注入了强大动力。[8]

3. 教育数字化转型中的课题研究

技术赋能教学成为课题研究的热点领域，聚焦人工智能、大数据等技术在教育中的深度应用，推动教学模式创新与教育质量提升。根据全国哲学社会科学工作办公室公布的 2024 年国家社会科学基金年度项目立项结果，语言学学科的一般项目呈现出显著的技术赋能特征，紧扣教育数字化转型的时代脉搏。[9] 这些项目关注语言学与技术深度融合的前沿领域，涵盖诸多创新性课题，如"数智时代大学生外语学习收获多维度动态评价模型及其实践应用研究""基于自然语言处理技术的学术英语写作评价研究""基于人工智能技术和语言特征分析的英文文本质量评估系统研究""数字化赋能英语语音个体差异教学方法的行为及脑电研究"等。这些研究课题聚焦人工智能、大数据与自然语言处理等新兴技术在外语教育中的创新应用，深入探讨其在教学、学习与评价中的赋能作用，体现出突出的学术前瞻性。

根据教育部社科司公布的 2024 年度教育部人文社会科学研究一般项目立项结果，语言学学科的研究课题同样凸显出数字化与技术赋能的鲜明趋势。[10] 例如，"数智时代高校新形态外语教材有效使用研究""基于全球图景的我国高校外语教师数字素养框架构建研究""生成式人工智能视域下的二语协作写作研究""人工智能背景下计算机辅助同声传译人机交互研究""基于虚拟现实的二语词汇习得与认知机制研究"等课题，集中展现了外语教育领域对人工智能、虚拟现实等技术的深度探索。这些课题紧密围绕教育数字化转型的需求，聚焦智能技术在教学资源优化与教学改进中的应用，同时注重提升师生数字素养。对生成式人工智能与虚拟现实赋能教育教学实践的关注契合当前研究趋势，为语言学习场景的构建与语言习得认知机制的探索提供了新的视角，从而推动了外语教育教学模式的创新。

4. 学术活动与相关事件摘录

2024 年 8 月 23—25 日，由中国英汉语比较研究会语言智能教学专业委员会（ChinaCALL）主办、北京外国语大学及多家机构联合承办、香港教育大学等高校协办的“2024（第 20 届）语言智能教学国际会议暨 2024 英语教育及应用语言学国际大会”在北京外国语大学举行。会议聚焦语言智能教学与教育数字化转型的前沿议题，深入探讨人工智能、大数据等技术对外语教育的深远影响，吸引了来自国内 68 所高校、全球 11 个国家的近 200 名学者参会。通过多样化的学术交流，大会探讨了技术赋能语言教学的理论与实践路径，为构建智能化、个性化、多元化的教育生态提供了重要启示。大会的成功举办进一步推动了外语教育的数字化发展，为国际学术合作与教育创新搭建了重要平台。[11]

2024 年 12 月 7—8 日，“第十届创新外语教育在中国学术论坛暨教育部多语种教学改革虚拟教研室线下见面会”在北京举行。本次论坛以“虚拟教研室建设与产出导向法创新应用”为主题，吸引了近 200 位国内外专家学者及教育部多语种教学改革虚拟教研室成员线下参会，在线观看量达 2 万人次。论坛主要围绕虚拟教研室教师教育者素养及其发展展开深入研讨，内容契合当前教师教育改革的核心趋势。[12] 虚拟教研室作为一种新型教研模式，突破了传统教研的时空限制，为教师提供了跨区域、跨学科的交流与学习平台，显著促进了教师专业素养的提升。[13] 在外语教育领域，虚拟教研室通过资源共享与协作交流，为解决教学难点、提升教学质量提供了高效机制，推动了外语教师教育的数字化与协作化发展。

2024 年 12 月 11—13 日，由世界慕课与在线教育联盟和联合国教科文组织教育信息技术研究所主办，清华大学、伦敦玛丽女王大学和北京邮电大学联合承办的“2024 世界慕课与在线教育大会”在英国伦敦召开。会议吸引了来自全球 32 个国家和地区的 135 家高校、在线教育平台、国际组织及政府机构的 340 余位专家学者参会。中国教育部副部长吴岩出席，中国高校外语慕课联盟（CMFS）连续第五年受邀参会，展示了中国在在线教育领域的实践与创新。大会聚焦全球教育数字化转型，探讨慕课与在线教育在促进教育公平、提升教学质量和推动国际合作中的关键作用。作为数字化教育的典型实践，慕课的发展拓宽了教育资源共享路径，推动了教学模式的深刻变革。大会的成功举办为全球教育数字化转型提供了新思路，彰显了中国在在线教育领域的探索与影响力。[14]

二、热点问题剖析

本部分聚焦2024年我国外语教育数字化进程中的核心议题，深入探讨外语教育学学科发展、教师数字素养提升以及开放教育资源的建设与应用。对这些关键问题的分析不仅可为外语教育的可持续发展提供重要支撑，还将推动构建更加开放、共享的教育生态体系，为外语教师、研究者和政策制定者提供有益的参考与启示。

1. 外语教育学学科发展

随着教育数字化转型的加速推进，外语教育学科建设正向智能化与多元化方向稳步发展。[5] 2024年1月，《研究生教育学科专业简介及其学位基本要求（试行版）》正式将“外语教育学”列为“外国语言文学”下设的二级学科。这一突破性进展标志着外语教育学科建设迈入新阶段，凸显了其在外语教育理论与实践中的独特价值。外语教育学致力于系统研究外语教育全过程及其相关影响因素，揭示外语教育的本质与规律，全面提升外语教育能力，从而增强国家外语能力。[15] [16]

在教育数字化转型背景下，外语教育学学科的发展方向愈加明晰，其中人工智能与外语教育关系的研究具有重要价值，应予以重视。[17] 一方面，人工智能、大数据、虚拟现实等技术的深度应用为外语教育研究提供了全新的方法和视角。例如，学习行为数据分析能够揭示语言学习规律，智能化教学工具则能够显著优化教学设计和学习体验。另一方面，外语教育学注重质性研究、量化研究与混合研究方法的结合，通过多模态数据采集与分析，深入探讨外语教育中的关键问题，推动跨学科交叉融合发展。[4] [5] 外语教育学可以聚焦新兴技术对教学模式、学习方式和教育评价产生的变革性影响，积极探索智能化教学与个性化学习新路径，为提升国家语言能力和推进教育数字化提供学术支持与实践指导。

2. 教师数字素养发展

教师数字素养是外语教师专业素养的重要维度，也是实现技术与教学深度融合的关键因素。[18][19] 教师数字素养强调其在教学设计、课堂管理、资源开发和学习评价等环节中有效应用信息技术的能力。随着人工智能、大数据和虚拟现实等技术的广泛应用，外语教师须具备多元化能力，包括熟练掌握技术工具操作的能力，例如利用数据分析工具追踪学生学习行为，精准诊断学习问题并调整教学策略；[20] 须具备评估与筛选数字化教育资源的能力，以确保教学内容的科学性与适切性；同时还须具备创新意识，能够设计基于技术的互动式、沉浸式和个性化教学模式，营造真实的语言学习环境等。[21][22] 外语教师数字素养的提升直接影响技术赋能教学的效果，关系到外语教育数字化转型的成效。

然而，外语教师数字素养发展仍可能面临诸多挑战，主要包括数字资源分布不均，城乡与区域之间或存在显著差距；教师培训难以真正落到实处，部分培训形式化、实效性不足；部分教师对技术应用的接受度和适应性较低，缺乏主动性与信心。为此，教育管理部门可以通过加强政策支持、组织专项培训、提供实践指导等多种举措，积极构建智能教育环境，提升教师智能素养，推动教师发展模式创新，并优化教师数据管理机制。[23] 具体而言，可以依托虚拟教研室，促进跨区域协作与资源共享，搭建数字化教学平台；围绕外语教学实际需求，开展人工智能教育应用专题培训；通过教育管理部门、高校、科研机构等多方协作，建立教师教育技术应用的评估与激励机制，提供系统化、持续性的专业发展支持。[24]

3. 开放教育资源建设与应用

在外语教育领域，以慕课为代表的开放教育资源的建设与有效应用是教育数字化转型的重要组成部分，显著推动了教育公平，为教学模式创新提供了新的契机。[4] 在教育公平方面，开放教育资源通过免费或低成本的优质内容共享，打破了地域和经济条件的限制，使更多学习者能够平等获取高质量的教育资源，缩小了教育鸿沟。在教学模式创新方面，开放教育资源为个性化学习、自主学习和混合式教学提供了坚实的基础。例如，教师可以灵活整合开放教育资源，设计更贴合学生需求的教学内容；学生则可根据自身学习节奏和兴趣，自主选择适合的学习材料，同时有效提升学习体验。[25]

在教育数字化转型背景下，开放教育资源的作用愈加突出。然而，我国学界对以慕课为代表的开放教育资源重视程度略显不足，亟须充分挖掘数字化转型趋势下的新议题，探索基于人工智能、大数据等技术的资源研发与高效利用。[4] 通过对学习者学习行为数据的深入分析，开放教育资源可以实现动态更新与优化，通过智能化的个性化推荐，更精准地对接学习者的需求。这种基于数据驱动的分析与资源整合方法，不仅支持个性化学习路径的动态优化和学习内容的智能调整，还能有效提升开放教育资源的利用效率，从而更科学地满足不同学习者的个性化需求。此外，依托互联网的泛在性与可及性优势，数字移动技术在外语学习中的广泛应用极大地丰富了教育资源的形式与内容。其中应用较为广泛的是社交媒体平台（如微信）和多语言学习平台，这类平台为学习者提供了更加灵活便捷的学习方式，成为推动教学改革与创新的重要技术手段。[26] [27]

开放教育资源还推动了教育生态的开放与共享，促进了跨校、跨区域的教育合作与资源整合，为构建全球化教育共同体奠定了基础。特别值得关注的是，“2024 世界慕课与在线教育大会”为我国外语教育资源建设带来了重要启示，其中传递的关键信息之一是：通过虚拟仿真技术与人工智能技术的深度融合，构建虚拟仿真实验课程群，开展外语专项大模型研发，率先将大语言模型技术应用于外语教学，推动生成式人工智能在教育领域向专业化和学科化方向发展。[14] 开放教育资源建设应结合外语教育的特点，注重内容的质量与适用性，同时强化技术支持与平台建设，确保资源的可持续发展与有效应用。例如，数字化资源的视觉呈现应契合外语学习规律，增强学习者的临场感。[28] 借助虚实融合的技术手段，开放教育资源能够为外语教育提供多样化、个性化的学习支持，围绕“以人为本”的教育发展目标，从技术与人文融合的视角推动外语教育教学关键要素的转型与创新。[29] [30]

三、部分论文文摘信息 [1]

本部分精选了 8 篇发表在 CSSCI（含扩展版）期刊和北大核心期刊上的学术论文。这些文献聚焦数智时代教育变革趋势、技术赋能教学与评价实践、大语言模型的应用、云教研共同体中的教师发展、以慕课为代表的开放教育资源研究进展，以及跨学科视域中的外语教师教育等前沿议题，深入分析了技术赋能外语教育的实践路径与发展方向，具有重要的学术价值和实践意义。

陈则航、王蔷、孙引，2024，信息技术支持的英语“评—学—教”一体化探究 [J]，《天津师范大学学报（基础教育版）》（1）：13-18。

李冬青，2024，ChatGPT 支持下的人机协同产出导向法教学设计 [J]，《外语教育研究前沿》（4）：58-64，95-96。

文秋芳，2024，人工智能时代的外语教育会产生颠覆性革命吗？ [J]，《现代外语》（5）：722-731。

文秋芳、梁茂成，2024，人机互动协商能力：ChatGPT 与外语教育 [J]，《外语教学与研究》（2）：286-296，321。

许家金、赵冲，2024，大语言模型在英语教学中的角色 [J]，《外语教育研究前沿》（1）：3-10，90。

曾艳钰，2024，跨学科发展背景下高校外语教育与教师发展 [J]，《外语与外语教学》（3）：11-19，145。

张帅、董哲，2024，云教研共同体中的高校外语教师知识共享实践——一项

1　请于本书附录查看相关文献的详细摘要。

个案研究 [J]，《外语与外语教学》（5）：93-101，149。

张帅、唐锦兰，2024，教育数字化转型背景下我国外语类慕课研究现状与前瞻 [J]，《外语教育研究前沿》（4）：51-57，95。

---

[1] 中华人民共和国教育部，2024，2024 世界慕课与在线教育大会在英国举办 [OL]，http://www.moe.gov.cn/jyb_xwfb/gzdt_gzdt/moe_1485/202412/t20241213_1166952.html（2024 年 12 月 31 日读取）。

[2] 中华人民共和国教育部,2024，北京语言大学发挥自身优势 大力推进教育对外开放 [OL]，http://www.moe.gov.cn/jyb_xwfb/s6192/s133/s140/202409/t20240925_1153038.html（2024 年 12 月 31 日读取）。

[3] 北京邮电大学人文学院，2024，人文学院外国语言文学、翻译硕士学位授权点周期性合格评估同行专家评审会顺利召开 [OL]，https://sh.bupt.edu.cn/info/1037/3747.htm（2024 年 12 月 31 日读取）。

[4] 张帅、唐锦兰，2024，教育数字化转型背景下我国外语类慕课研究现状与前瞻 [J]，《外语教育研究前沿》（4）：51-57，95。

[5] 张帅、唐锦兰、王琦，2022，教育技术在外语教育学中的内涵、定位及作用 [J]，《外语教学》（4）：56-61。

[6] 许家金、赵冲，2024，大语言模型在英语教学中的角色 [J]，《外语教育研究前沿》（1）：3-10，90。

[7] 孔蕾，2024，生成式人工智能在外语专业教学中的应用：以《大学思辨英语教程・精读》教学为例 [J]，《外语教育研究前沿》（1）：11-18，90。

[8] 李冬青，2024，ChatGPT 支持下的人机协同产出导向法教学设计 [J]，《外语教育研究前沿》（4）：58-64，95-96。

[9] 全国哲学社会科学工作办公室，2024，2024 年国家社会科学基金年度项目立项结果公布 [OL]，http://www.nopss.gov.cn/n1/2024/1015/c431027-40339832.html（2024 年 12 月 31 日读取）。

[10] 中华人民共和国教育部，2024，教育部社科司关于 2024 年度教育部人文社会科学研究一般项目立项的通知 [OL]，http://www.moe.gov.cn/s78/A13/tongzhi/202409/t20240913_1150871.html（2024 年 12 月 31 日读取）。

[11] 北京外国语大学，2024，2024（第 20 届）语言智能教学国际会议暨 2024 英语教育及应用语言学国际大会在北外举行 [OL]，https://news.bfsu.edu.cn/archives/307159（2024 年 12 月 31 日读取）。

[12] 外研社外语学术科研，2024，第十届创新外语教育在中国学术论坛暨教育部多

语种教学改革虚拟教研室2024线下见面会成功举办 [OL]，https://mp.weixin.qq.com/s/xRg-kWpmLtwYKsOrFhKZ8g（2024年12月31日读取）。

[13] 张帅、董哲，2024，云教研共同体中的高校外语教师知识共享实践——一项个案研究 [J]，《外语与外语教学》（5）：93-101，149。

[14] 北京外国语大学，2024，中国高校外语慕课联盟参加2024世界慕课与在线教育大会 [OL]，https://news.bfsu.edu.cn/archives/310146（2024年12月31日读取）。

[15] 中国学位与研究生教育学会，2024，《研究生教育学科专业简介及其学位基本要求（试行版）》[OL]，https://www.acge.org.cn/encyclopediaFront/enterEncyclopediaIndex（2024年12月31日读取）。

[16] 北京外国语大学中国外语与教育研究中心，2024，喜讯：外语教育学正式列为外国语言文学二级学科 [OL]，http://www.sinotefl.org.cn/info/1158/2161.htm（2024年12月31日读取）。

[17] 王文斌，2024，外语教育学的建构历程、意义与学科特点 [J]，《外语界》（5）：2-8。

[18] 张虹、徐浩，2024，《高校外语教师专业素养标准》的确立依据及其内涵解读 [J]，《外语教育研究前沿》（2）：20-28，92。

[19] 吴砥、桂徐君、周驰、陈敏，2023，教师数字素养：内涵、标准与评价 [J]，《电化教育研究》（8）：108-114，128。

[20] 单俊豪、闫寒冰，2023，学生数据赋能教师精准测评：问题、突破与发展路向 [J]，《现代教育技术》（5）：50-58。

[21] 刘沛鑫、骆雨萌、陈秀秀、顾曰国，2024，基于人工智能的非语言信息增强技术在虚拟仿真外语学习中的应用——以“跨文化交际视域下走进韩国”虚拟仿真外语教学系统为例 [J]，《外语电化教学》（2）：13-17，37，102。

[22] Tang, J., Zhai, Y., Li, L., Liu, P. & H. Deng. 2024. Mobile learning for less-commonly taught languages: Design and application [J]. *Journal of China Computer-Assisted Language Learning*. https://doi.org/10.1515/jccall-2024-0006.

[23] 孙有中、唐锦兰,2022，人工智能时代中国高校外语教师队伍建设路径探索：“四新”理念与“四轮”驱动模式 [J]，《外语电化教学》（3）：3-7，101。

[24] 金志杰、陈星，2024，数字化背景下中小学教师数字素养现状与提升路径 [J]，《教师教育研究》（5）：74-82。

[25] 杨林伟、胡杰辉，2024，基于STM的外语慕课学习者满意度及影响因素分析 [J]，《中国外语》（4）：58-68。

[26] Liu, W. 2024. A systematic review of the use of WeChat in teaching Chinese as a

foreign language [J]. *Journal of China Computer-Assisted Language Learning* 1: 198-224.

[27] 王英霞、赵先福，2024，利用微信设计小学英语有声作业的实践探索 [J]，《中小学英语教学与研究》（3）：2-5，18。

[28] 葛军、梁晓波，2018，外语数字化学习资源视觉呈现设计策略 [J]，《现代远距离教育》（5）：81-89。

[29] 俞洪亮，2024，智能时代高校外语教育教学范式的转向 [J]，《外语教学与研究》（6）：913-923，961。

[30] 张帅、唐锦兰、王琦，2022，教育技术在外语教育学中的内涵、定位及作用 [J]，《外语教学》（4）：56-61。

第二节　网络外语学历教育教学[1]

2024年，教育强国建设继续全面推进落实。党的二十届三中全会部署了关于教育综合改革的重大任务；9月，习近平总书记在全国教育大会上擘画了教育强国建设的战略图景，强调要建成具有强大的思政引领力、人才竞争力、科技支撑力等特质的中国特色社会主义教育强国，牢牢把握教育的政治属性、人民属性和战略属性。这也为本年度网络外语学历教育教学理论与实践发展提供了根本遵循。推进教育数字化是建设教育强国的重点任务之一，因此，进一步充分应用数字技术，探索数智赋能因材施教、创新性教学的有效途径，运用人工智能辅助课程思政教学，提升师生数字素养，成为网络外语学历教育教学的年度特征。

一、年度情况概述

本部分概述2024年高等学历继续教育领域的重要文件和瞩目事件，勾勒网络外语学历教育教学数字化发展的年度背景。

1. 重要文件

为深入贯彻党的二十大精神和落实教育部关于高等学历继续教育的相关规定，2023年12月，教育部发布《关于做好2024年度高等学历继续教育专业和校外教学点设置与管理工作的通知》（本节简称《通知》），明确要求高校加强对继续教育的管理和监督，规范管理学历继续教育专业和校外教学点，建立完善的质量保障体系，确保教育质量。在专业设置与管理上，《通知》指示高校须结合国家“十四五”规划和区域产业需求，优化专业定位，科学精准测算；鼓励高校将继续教育纳入学校发展规划，落实思政教育；鼓励打造具有示范引领作用的继续教育专业，压减“过热”专业；支持

1　本节作者：高春丽，北京外国语大学。

教学改革创新，探索新的教育模式；加强与行业的合作，推动职业教育、高等教育、继续教育协同发展。同时，高校须落实办学主体责任，推进校本部与线上教学结合，严格控制新增校外教学点，优化现有布局，确保规模稳中有降。[1] 2024 年 6 月，教育部备案并公布了 2024 年高等学历继续教育拟招生专业和校外教学点，其中高等学历继续教育拟招生专业 820 个（其中本科专业 411 个，专科专业 409 个），专业点 23,260 个（其中本科专业点 13,120 个，专科专业点 10,140 个）；校外教学点 7,099 个，其中地方高校省内设点 5,711 个，地方高校跨省设点 299 个，中央部门所属高校设点 1,089 个。[2] 教育部再次明确将以学历继续教育专业和校外教学点的设置和管理为重要抓手，不断提高学历继续教育人才培养质量和办学水平。

《通知》和备案明确了高等学历继续教育的发展方向。通过规范专业设置与校外教学点管理，确保继续教育与社会实际需求紧密对接，增强服务社会发展的能力，强调思政教育和教学改革，推动育人模式创新，助力培养德才兼备的高素质人才。通过压减“过热”专业和严格控制新增校外教学点，促进教育资源合理分布。此外，备案公布的具体数据为高校提供了清晰的参考依据，进一步推动学历继续教育从规模发展向质量提升转型。

2. 瞩目事件

1）语言智能教学国际会议

2024 年 8 月 24—25 日，由中国英汉语比较研究会语言智能教学专业委员会主办，北京外国语大学网络教育学院和人工智能与人类语言重点实验室及北京高校高精尖学科“外语教育学”建设项目组、*Journal of China Computer-Assisted Language Learning*（JCCALL，中文刊名《语言智能教学》）期刊编辑部以及北京外研在线数字科技有限公司联合承办，香港教育大学、广东外语外贸大学、华南师范大学和澳门城市大学联合协办的“2024（第 20 届）语言智能教学国际会议暨 2024 英语教育及应用语言学国际大会”在北京举行。会议聚焦“人工智能与数字化语言教学”主题，来自 11 个国家、68 所高校的专家学者及教师近 200 人围绕计算机辅助外语教学的最新理论研究、新兴技术在外语教学中的应用、技术赋能外语教学及学习与测评研究、计算机辅助学习资源和环境建构、计算机辅助外语教师教育等多个专题论坛，深入探讨语言教育领域的技术革新，分享新技术与外语教学融合的设计理念和实践经验，共同推动全球外语教育的数字化进程。[3]

2）中国远程教育大会

2024 年 11 月 7 日，由中国教育学会、中国高等教育学会、中国职业技术教育学会、中国成人教育协会、中国教育技术协会、国家开放大学指导，《中国远程教育》杂志社主办，华为技术有限公司协办的“2024（第二十三届）中国远程教育大会”在北京举行。会议以“数字赋能终身教育，加快教育强国建设”为主题，立足国家战略，从顶层设计、科学理念、实践探索等多个维度，围绕教育数字化与终身教育的主题，进行多领域、跨学科、专题性的研讨与交流，推动中国终身学习、在线教育发展，传播教育新理念、新成果，助力教育数字化转型与学习型大国建设。来自全国各高校继续教育、成人教育学院，开放大学体系，职业院校以及行业企业的嘉宾与会。[4]

3）中国远程与继续教育大会

2024 年 10 月 31 日—11 月 1 日，由中国成人教育协会、全国高校现代远程教育协作组指导，中教全媒体主办，《现代教育技术》杂志、《继续教育研究》杂志作为会议学术支持的“2024（第十届）中国远程与继续教育大会”在北京举行。会议以“加快教育数智化转型升级，推动教育高质量发展”为主题，探讨教育向数智化转型的相关路径与实施举措。开幕式上还举行了“2024 中国高校远程与继续教育优秀案例库评选活动”等颁奖典礼。来自全国普通高校、高校继续教育学院、高职院校、高职继续教育学院、开放大学、企业大学、教育企业的近千位嘉宾和代表参会。[5]

4）开放大学学生英语口语大赛

“2024 年国家开放大学学生英语口语大赛”于 2024 年 5 月启动、12 月结束，历时七个月，历经报名、备赛、初赛、复赛、决赛五个阶段。大赛旨在提升学生对智能教学手段的应用意识和使用习惯，激发其充分利用智能手段进行语言学习的积极性。比赛采用依托 FiF 口语训练系统、线上线下相融合的形式，面向国家开放大学开放教育学历教育在籍学生，分英语类专业专科组、英语类专业本科组、非英语专业专科组和非英语专业本科组共四个组别进行，吸引了来自 45 家分部、学院的 3,000 余名学生参与。[6][7]

二、热点问题剖析

本部分重点剖析 2024 年度我国网络外语学历教育教学在课程思政、智慧教学、数字素养等三方面的热点问题，以期为新时期网络外语学历教育教学理论和实践发展提供参考。

1. 课程思政

继教育部发出《高等学校课程思政建设指导纲要》通知后，将思想政治教育融入外语人才培养和专业课程教学，探索具有网络教育特色、满足成人培养需要的外语课程思政模式的研究和实践便随之展开。2024 年是继续深入开展之年，解决外语课程教学内容与思政教育脱节的“两张皮”问题成为热点之一。

外语类课程自身的跨文化融合特点决定了开展课程思政的重要性，但教学实践发现，外语课程思政教学面临思政教育与课程内容之间缺乏科学精准的融入点，思政元素融入方式较生硬，难以产生明显的教育效果。[8][9] 此外，网络教育学生以在职学习者为主体，其人生阅历、工作经历、学习动机、知识结构和普通高校的全职学生有显著差异，其心理机制较成熟，对事物的认知基本形成，已建立自己的三观，对外界输入的新思想有较强的认知抵抗。[10] 对网络教育外语成人学生开展有效的课程思政教育极具挑战性。

从设计层面看，解决路径涉及顶层和微观设计两个维度。在做顶层设计时须对接学校人才培养特色，寻找国家战略与学校人才培养定位之间的融合点，确定外语课程思政教学系统总体目标；在实施层面则进行微观设计，将思政元素与课程要素进行深度融合，规避“两张皮”与“融入困难”等问题。[8] 张美娟等以开放教育英语文化类课例研究的方式，提出了具体的思政课程设计和实施思路，其中梳理思政元素、明确思政重点是关键，在此基础上重构课程体系，整合教学内容，优化教学设计，并改进教学实施，完善教学评价，针对课程思政教学效果制定动态的评价体系。[9] 赵爱华以某英语课程单元为例，阐述了如何挖掘教材中的德育因素，如何以学习网为主平台，以直播软件、微信或 QQ 教学群为移动辅助教学手段，打造立体的课程思政模式，在线上互动中渗透思政元素，实现全过程开展课程思政的渗透式教育。[11] 武艳则针对大学英语教学中存在的“中国文化失语”现象，为解决现有英语课程中中国文化融入在培养目标、内容编写、活动设计和评价方式上出现的问题，基于知识社会学理论在课程知识融入上的分析应用，提出了实现中国文化融入英语课程的具体路径，分为培养目标、生产场域、再脉络化场域、再生产场域和课程评价等五个步骤，旨在帮助学生不仅能掌握英语语言知识和能力，还有望掌握讲好中国故事、阐述中国文化的初步能力。[12]

当今，在数智技术飞速发展的大背景下，外语思政教学面临新机遇、新挑战和新课题，而从实践操作视角进行人工智能赋能网络外语思政教学的实证研究还凤毛麟角，未来还需要加大研究及关注力度。人工智能可以赋能教、学、评全过程，在构建外语课程思政教学系统、在总体目标的宏观设计以及对接课程内容要素的微观设计时，须考虑如何充分利用人工智能辅助课程思政教学系统的设计与实施，深度匹配学习内容，整合多元学习资源，改革和创新教学模式、学习模式及评价模式，从而实现外语学习与思政教育的有机结合，提升外语课程的教学效果及思政教育的实效性。[8]

2. 智慧教学

2022 年，教育部启动实施教育数字化战略行动，加快推进教育数字转型和智能升级。自此，运用虚拟现实、增强现实、人工智能等信息技术创新教学、促进更加有效和个性化的深度学习的智慧教学全面展开。2024 年，网络外语学历教育进行智慧教学的探索与实践如火如荼，不仅有路径及策略建议，也有实证研究成果。

李雪梅结合一些开放大学的探索与实践，概括阐述了实现人工智能赋能开放大学公共英语教学模式创新的四条路径及可行性，即借助多人远程虚拟现实教学实训系统、人工智能口语训练系统、自适应学习系统和人工智能虚拟教师系统等，以此满足学生个性化学习需求、整合教学资源以及促进教育信息化的发展，推动开放大学公共英语教育教学的全面改革。[13] 兰希等依据建构主义学习理论尝试构建一个基于智慧学习空间的开放大学英语混合式教学模式，其整体结构包括技术支持、教学方式、教学评价和教学目标四个方面，并基于该模式对某英语课程进行教学设计，最后从强化主体意识、优化教学资源、创新教学方法、厚植教学反思等四个方面提出实施策略。[14] 高尚从深度融合数字信息技术与专门用途英语教学模式的视角，提出以需求分析为基础、以学习者为中心、以成果为导向的开放教育专门用途英语教学模式构建原则。[15] 徐文荟应用现代信息技术进行了程序教学法教学设计与实践，该教学模式融合录播和直播网上教学特点，将单元内容的重难点内容做“碎而有序”的细分后录制成简短的、讲解画面有动感的微课视频，直播课设计则侧重能激发学生积极参与并实践应用微课所学知识点的内容。[16] 张健提出基于成果导向教育（Outcomes-Based Education，简称 OBE）理念的开放教育学位英语混合式教学模式，建议根据培养目标和学位要求，以学习成果为出发点，聚焦目标和结果，实施更加精准的教与学。[17] 此外，山西开放大学学位英语团队通过三年的教学实践，探索出任务驱动教学法与成人英语学习过程相结合而形成的 STEP 教学模式，为成人英语教学研究提供新思路。[18]

在教学实践方面，苏理华等以学位英语课程为抓手，采用学位英语自适应系统、小鱼易连直播系统、自主研发的在线练习题库以及 QQ 社交媒体为学生开展学术与非学术的支持服务，构建了 DEEP 智慧教学模式，以促进学生深度学习。经过一年的项目试点，在学位英语课程智慧教学上获得了经验。[19] 潘国军等基于情感目标分类学理论，将英语口语教学模式构建为一个新的 SIR 教学模式，将之应用于大学英语本科系列课程，通过人工智能讯飞口语软件对外语口语教学进行赋能。该实证研究成效斐然，学生英语口语能力显著提升，在英语能力挑战赛中斩获佳绩。[20] 申志华等采用 OPEN 模式，以英语口语为突破口，借助人工智能技术（科大讯飞公司的 FiF 口语训练系统和批改网）、移动设备和国家开放大学学习网平台的公共英语精品课，开展了两学期的教学创新实践研究，学生英语学习成绩显著提高。[21]

以 ChatGPT 为代表的生成式人工智能在教育领域的广泛应用加速助推了教育数字化转型的进程，对个性化学习体验、自动化内容创作、高效的知识迭代等赋予巨大潜力，为提升远程教育质量带来新机遇，正深刻影响甚至可能改变网络外语教育模式。与此同时，我们须高度重视生成式人工智能带来的挑战与风险，如生成的质量与可靠性、数据偏见与歧视。因此，如何充分发挥（生成式）人工智能辅助外语教学的优势，同时梳理界定其应用边界，深度了解人工智能可以帮助外语教学做什么、不能做什么，规避其潜在的风险，是网络外语教育智慧教学须进一步探索与实践的议题。

3. 数字素养

智慧教学为网络外语教学提供了新的思路和方法，也对教师、学生的数字胜任力提出了新要求。教育部已明确指示要多层次开展教师数字化能力培训工作，努力提升教师数字素养，提高教师的多媒体互动交互教学能力。[22] 2024 年 9 月，联合国教科文组织（UNESCO）推出分别面向教师和学生的人工智能能力框架，定义了在人工智能时代教师和学生各自所需具备的知识、技能和价值观，同时提出了一系列应用建议。[23] 提升教师和学生数字素养势在必行。

由此，有学者从顶层设计层面出发，建议国家和教育机构规划与实施综合的职前课程改革方法，构建新型的人工智能教育教师培养体系，培养合格的人工智能教师，重视人工智能工具与学科深度互融，形成人机协同的教师智能素养新生态。[24] 对在职教师而言，他们是教学活动的主体之一，要适应数字化教育的要求，就需要转变传统教学模式，深入理解智慧教学的概念和意义，积极探索新教法，多渠道、多方式提升自己的数字化素养和数字技能。例如掌握与教学相关的数字化工具，定期参加数字化教育的专业培训、智慧教学手段应用培训、专家主题讲座和智慧教学工作研讨会议，了解最新的教育技术趋势和案例经验，与同行交流并分享教学实践，建立和分享数字化教学经验，形成良好的教师学习共同体等。[25]

对学生群体而言，他们需要有应对数字化课堂和信息化学习、考试模式的基本素养，因此要有意识地培养自己的信息搜索和评估能力，学会独立获取并判断信息的可信度，提高信息获取和利用的有效性，以确保智慧课堂的顺利进行。[25] 文秋芳等基于实践研究发现，人机互动协商能力是影响人工智能应用效果的关键因素，提议在外语教育中融入人机互动协商能力的教学，以“实践导向、循序渐进、及时反馈”为教学原则，对学生进行系统培养，提高其对人工智能的理解和驾驭能力，以避免学生的学习成效差异不但不会缩小反而会扩大、教育公平问题会变得更加突出等现象。[26] 兰国帅等则建议将人工智能学习目标纳入学校正式课程，培养学生人工智能能力，包括学生对人工智能的批判性思维方法、消除人工智能能解决一切问题的误解、成为有意识的人工智能决策者等。[24]

目前，关于教师和学生数字素养提升的研究尚集中于偏宏观的献计献策层面，有待落实到具体的微观层面进行探索和研究，例如数字化能力培训模式的构建与实践，教师与学生在数字素质提升中的协同作用，包括师生共同参与数字化学习生态系统的构建及在技术支持下实现师生角色的动态转变等。总之，网络外语教育教学面临技术与教育深度融合的转型契机，提升教师和学生的数字素养是提高其在网络外语教育中的适应能力与创新能力的不二途径。

三、部分论文文献信息[1]

兰国帅、肖琪、宋帆、杜水莲、丁琳琳，2024，培养人工智能时代负责任和有创造力的公民——联合国教科文组织《学生人工智能能力框架》报告要点与思考 [J]，《开放教育研究》（5）：17-26。

1　请于本书附录查看相关文献的详细摘要。

骆佳林，2024，数字化时代背景下英语教师智慧教学的探索 [J]，《河北开放大学学报》（4）：24-29。

潘国军、马丹，2024，基于情感目标分类学理论的人工智能赋能英语口语教学改革实践研究——以海南开放大学为例 [J]，《山东开放大学学报》（3）：27-31。

苏理华、刘永权，2024，人工智能赋能英语智慧教学的 DEEP 模式构建——基于四川开放大学学位英语课程教改的实践 [J]，《河北开放大学学报》（4）：18-23。

谢竞贤，2024，AI 辅助外语课程思政教学系统的设计与实践 [J]，《外语电化教学》（3）：76-81。

张美娟、蒋霞，2024，开放教育英语文化类课程思政的设计与实施——以英语国家社会与文化课程为例 [J]，《云南开放大学学报》（1）：30-35。

[1] 教育部职业教育与成人教育司，2023，关于做好 2024 年度高等学历继续教育专业和校外教学点设置与管理工作的通知 [OL]，http://www.moe.gov.cn/s78/A07/A07_sjhj/202312/t20231218_1095054.html（2024 年 12 月 28 日读取）。

[2] 中华人民共和国教育部，2024，教育部关于公布 2024 年高等学历继续教育拟招生专业备案结果和校外教学点设置备案结果的通知 [OL]，http://www.moe.gov.cn/srcsite/A07/moe_743/202406/t20240625_1137790.html(2024 年 12 月 28 日读取)。

[3] 北京外国语大学北外新闻网，2024，2024（第 20 届）语言智能教学国际会议暨 2024 英语教育及应用语言学国际大会在北外举行 [OL]，https://news.bfsu.edu.cn/article/307159/cate/4（2025 年 1 月 5 日读取）。

[4] 中国网，2024，2024（第二十三届）中国远程教育大会在京成功启幕 [OL]，http://edu.china.com.cn/2024-11/11/content_117538415.shtml（2025 年 1 月 3 日 读取）。

[5] 中教全媒体，2024，2024（第十届）中国远程与继续教育大会在京盛大召开 [OL]，http://www.cedumedia.com/i/45435.html（2025 年 1 月 5 日读取）。

[6] 国家开放大学时讯网，2024，3000 名学生线上口语角逐 智慧英语教学应用突显成效 [OL]，https://www.ouchn.edu.cn/News/zbxw/f4511f89226f4406b02f42ccd648b45e.htm(2025 年 1 月 12 日读取)。

[7] 南京开放大学开放教育，2024，关于开展 2024 年国家开放大学学生英语口语大

赛的通知 [OL]，https://jwc.njou.edu.cn/2024/0523/c4999a52427/page.htm（2025 年 1 月 12 日读取）。

[8] 谢竞贤，2024，AI 辅助外语课程思政教学系统的设计与实践 [J]，《外语电化教学》（3）：76-81。

[9] 张美娟、蒋霞，2024，开放教育英语文化类课程思政的设计与实施——以英语国家社会与文化课程为例 [J]，《云南开放大学学报》（1）：30-35。

[10] 王爱，2022，“大思政”视域下“课程思政”融入成人英语教学策略 [J]，《湖北开放职业学院学报》(19)：190-192。

[11] 赵爱华，2024，基于混合式教学的开放教育英语课程思政的研究与实践 [J]，《河南开放大学学报》（2）：109-112。

[12] 武艳，中国文化融入英语课程的路径分析与探索——以国家开放大学公共英语课程为例 [J]，《山东开放大学学报》（1）：9-15。

[13] 李雪梅，2024，人工智能赋能开放大学公共英语教学模式创新研究 [J]，《广西开放大学学报》（4）：16-20。

[14] 兰希、杨永芳，2024，基于智慧学习空间的开放大学英语混合式教学设计与实施策略 [J]，《广西开放大学学报》（1）：55-61。

[15] 高尚，2024，数字时代开放教育 ESP 教学模式构建与实践研究 [J]，《湖北开放大学学报》（2）：23-29。

[16] 徐文荟，2024，程序教学法在成人在线教学中的实践研究——以大学英语教学为例 [J]，《甘肃开放大学学报》（3）：14-20。

[17] 张健，2024，基于 OBE 理念的开放教育学位英语混合式教学模式探 [J]，《新疆开放大学学报》（3）：18-22。

[18] 刘秀琴、冯洁，2024，开放大学英语任务驱动 STEP 教学模式的构建——基于山西开放大学学位英语教学实践 [J]，《山西开放大学学报》（3）：93-96。

[19] 苏理华、刘永权，2024，人工智能赋能英语智慧教学的 DEEP 模式构建——基于四川开放大学学位英语课程教改的实践 [J]，《河北开放大学学报》（4）：18-23。

[20] 潘国军、马丹，2024，基于情感目标分类学理论的人工智能赋能英语口语教学改革实践研究——以海南开放大学为例 [J]，《山东开放大学学报》（3）：27-31。

[21] 申志华、米海敏、赵慧霞、李琪，2024，人工智能技术赋能开放教育大学英语教学创新实践研究 [J]，《广东开放大学学报》（3）：7-14。

[22] 中华人民共和国教育部，2022，加快推进教育数字化建设教育强国 [OL]，http://www.moe.gov.cn/jyb_xwfb/s5148/202212/t20221209_1028299.html（2025 年 1 月 3 日读取）。

[23] 刘天乐，2024，联合国教科文组织发布师生人工智能能力框架 [OL]，《中国教育报》2024 年 09 月 26 日 第 09 版，http://www.jyb.cn/rmtzgjyb/202409/t20240926_2111250370.html (2025 年 1 月 5 日读取)。

[24] 兰国帅、肖琪、宋帆、杜水莲、丁琳琳，2024，培养人工智能时代负责任和有创造力的公民——联合国教科文组织《学生人工智能能力框架》报告要点与思考 [J]，《开放教育研究》（5）：17-26。

[25] 骆佳林，2024，数字化时代背景下英语教师智慧教学的探索 [J]，《河北开放大学学报》（4）：24-29。

[26] 文秋芳、梁茂成，2024，人机互动协商能力：ChatGPT 与外语教育 [J]，《外语教学与研究》（2）：286-296。

附录 2024年度重要成果

2.1.1 大学英语

在强国建设中彰显大外作为

何莲珍

摘要： 人才培养在中华民族伟大复兴进程中占据突出地位，也是建设中国特色社会主义教育强国的核心议题。本文从落实立德树人根本任务、重构大学外语课程体系、推进人工智能赋能大学外语教学三个方面论述大学外语教育在强国建设中的担当作为。

来源：《外语教育研究前沿》，2024 年第 2 期，第 6—10，91 页

大语言模型在语言测评中的应用

何莲珍

摘要： 本文从语言测评的研发、实施、评分与反馈三方面梳理大语言模型在语言测评领域的应用前景，指出大语言模型应用于语言测评所面临的四大挑战，即大语言模型的“幻觉”问题、不可解释性问题、概化问题和相关伦理问题。本文提出，语言测评领域应主动迎接挑战，从理论和实践两方面对语言测评的效度以及测评结果的解释和使用进行深入研究，推动语言测评的内涵式高质量发展，确保教育公平。本文同时呼吁语言测评与人工智能领域专家学者应深入交流，密切合作，实现共赢。

来源：《外国教学与研究》，2024 年第 6 期，第 903—912，960 页

生成式人工智能在大学英语教学改革中的应用探究——以“通用学术英语写作”课程教学改革实践为例

王海啸

摘要：人工智能发展与应用的人本转向催生了“AI 赋能”理念的产生。本文结合笔者在“通用学术英语写作”课程中的教学改革实践，从课程大纲、教学计划、教学内容、教学资源、教学模式、教学方法、教学工具、教学评价等八个方面，探讨生成式人工智能赋能大学英语教学改革的实施路径。

来源：《外语教育研究前沿》，2024 年第 4 期，第 41—50，95 页

人工智能时代的英语教育：四要素新课程模式解析

文秋芳

摘要：随着人工智能技术，特别是 ChatGPT 的快速发展，英语教育正处于转型的关键时刻。本研究从传统的课程模式出发，详细解析了在人工智能这一要素融入教师、学生和教材三要素后，如何形成了四要素新课程模式。具体而言，本文通过实践案例，展示了 ChatGPT 如何提升英语教师的教学水平和学术论文发表能力，提高学生的英语学习效率及整体素质，增强教材质量和多样性。在分析这些积极影响的同时，本研究也探讨了人工智能给传统英语教育模式带来的挑战与应对挑战的建议。

来源：《中国外语》，2024 年第 3 期，第 1，11—18 页

数字化转型背景下的大学英语教学创新路径

张敬源　赵红艳

摘要：随着人工智能技术的快速迭代和“数字中国”战略的持续推进，数字化转型已成为新时代高等教育改革、发展与实践的核心议题。本文分析大学英语教学数字化转型的动因与内涵，聚焦我国大学英语教学中存在的突出问题，着重从教学理念转变、师生数字素养提升、数字资源供给、教学方式转变、教学评价重构等方面探讨了创新大学英语教学、提升大学英语育人

水平的实践路径。

来源：《外语学刊》，2024 年第 2 期，第 84—91 页

2.1.2 英语专业

大语言模型在语言测评中的应用

何莲珍

摘要：本文从语言测评的研发、实施、评分与反馈三方面梳理大语言模型在语言测评领域的应用前景，指出大语言模型应用于语言测评所面临的四大挑战，即大语言模型的“幻觉”问题、不可解释性问题、概化问题和相关伦理问题。本文提出，语言测评领域应主动迎接挑战，从理论和实践两方面对语言测评的效度以及测评结果的解释和使用进行深入研究，推动语言测评的内涵式高质量发展，确保教育公平。本文同时呼吁语言测评与人工智能领域专家学者应深入交流，密切合作，实现共赢。

来源：《外语教学与研究》，2024 年第 6 期，第 903—912，960 页

外语教师课程思政教学评价理念与实践策略

胡杰辉

摘要：教学评价是外语课程思政教学实践的难点和痛点。课程思政的高质量建设要求与外语促学评价理念高度一致。本文首先讨论外语课程思政促学评价的内涵，然后结合外语课程思政优秀教学案例征集与交流活动教案，分析外语教师课程思政教学评价活动中存在的典型问题，最后探讨课程思政促学评价实践的三个关键策略：明确思政评价目标，设计恰当任务工具，提供及时思政反馈。课程思政给外语教学评价赋予了新的内涵，外语教师需要努力提升课程思政教学评价素养。

来源：《中国外语》，2024 年第 1 期，第 20—27 页

语言态度、情绪与外语成绩的关系：基于结构方程模型的城乡对比研究

李成陈　李嵬

摘要：基于控制—价值理论，本研究构建语言态度如何影响外语学习情绪进而影响外语成绩这一中介模型，并在我国城乡初一、初二4个子样本（n1=588、n2=312、n3=617、n4=304）中加以验证。先后对各样本的问卷数据和英语期末考试成绩进行独立样本t检验与结构方程模型检验。结果表明，城乡中学生的语言态度和英语成绩差异显著，但态度—情绪对英语成绩的影响机制却无城乡差异。在4个样本中，外语课堂无聊情绪均在语言态度和英语成绩之间起部分中介作用，中介效应占模型总效应的30.77%—48.71%，而外语愉悦和焦虑均不发挥中介作用。结合研究发现，笔者为未来研究与实践指出具体方向。本研究是社会语言学、积极心理学、教育心理学与外语教育学学科融合的一次尝试，具有一定的跨学科意义。

来源：《外语与外语教学》，2024年第1期，第57—69，148页

外语教材学：研究目标、内容与方法

束定芳

摘要：国内外近年来外语教材研究呈现出专业化、学科化、多元化的加速发展态势，外语教材学呼之欲出。外语教材学的研究目标是探索外语教材建设规律，构建服务外语教育和立德树人根本任务的外语教材理论体系。外语教材学的研究内容包括外语教材性质和功能、外语教材史、外语教材编写、外语教材分析与评估、外语教材使用、外语教材与教师发展、外语教材管理、外语教材生态系统等。外语教材学建设需要外语教育生态体系中各参与方通力合作，培育专门人才，建设分类教材数据库，利用数据分析模型对教材进行全方位分析与评估等。外语教材学还应关注研究方法创新，使用定性研究、定量研究及混合研究等多元方法加强教材及其实际使用效果研究。

来源：《外语界》，2024年第4期，第33—41页

外语教育学的新理念和新格局

王文斌

摘要： 新时代，外语教育应有新的发展理念和新的发展格局。“外语教育学”作为一门学科，目前在国外虽尚无定论，但在我国，因应国家外语能力提升之需，其已作为“外国语言文学”的二级学科，得到国家认定。其学科定性已在外语界产生较大影响，也为全国近170万大中小学外语教师提供了一个具有学科属性、学科地位和学科身份的“安身立命”之所。该如何使我国外语教育事业乘势而上出新思，开新局，踵事增华向未来，这是摆在我们外语界面前的一项新使命，也是一项新担当。我们需要深度思考其立意，自主创生真正切合我国国情、教情、学情的外语教育学，培养国之外语大才。我们应依归初心，临在当下，授以未来，强化“教止于技，育行于魂”的理念，为国创设高效培养高质量外语人才的新格局。

来源：《中国外语》，2024 年第 5 期，第 1—4 页

2.2 俄语

以能力培养为导向的俄语专业教材课程思政内容建设原则探究——以《“东方”大学俄语（新版）学生用书》第三册修订版为例

林海　黄玫

摘要： 课程思政是构建中国特色外语教育体系的重要方式，它作为一种教育理念贯穿在教学实践活动的各个环节之中。教材是学校进行教育教学活动的基本依据，是育人育才思想的重要载体，也是教育学说与理念、人才培养目标与要求的集中体现。我国高校俄语专业教材的课程思政内容建设是培养与提升学生能力的有效保证。本文探讨了俄语专业教材中课程思政内容与人才能力培养之间的关系，明确了课程思政内容对于俄语专业教材的重要意义，并以作者的教材编写实践为依托总结了将课程思政内容与专业教学材料相融合的教材编写原则。

来源：《中国俄语教学》，2024 年第 2 期，第 81—88 页

语言安全视域下的国家语言主权和语言治理问题

彭文钊　朱辉

摘要：语言主权是国家主权不可分割的一部分，是国家语言安全的基础和国家语言治理的目标。本研究从国家主权出发界定国家语言主权的概念，分析国家语言主权的内涵及特征，探讨国家语言主权、国家语言安全、国家语言治理和国家语言能力建设之间的关系。研究表明，国家语言主权是国家在语言文字领域内拥有的最高权力，其内涵包括独立权、平等权、所有权、管辖权、解释权在内的五大基本权力，具有独立性、基础性、整体性、发展性等特性。国家语言主权、国家语言安全、国家语言治理和国家语言能力建设之间存在相互支撑、相互影响、相互促进的辩证关系，共同构成一个四位一体的综合理论分析框架。在此基础上，就当前中国在语言治理领域中存在的语言主权理论研究薄弱、语言主权保护意识不足等问题提出对策建议。

来源：《外语与外语教学》，2024 年第 5 期，第 34—45，146 页

新文科背景下俄语专业特色建设实践与探究
——以中国传媒大学俄语专业为例

徐洪征

摘要：新文科建设为外语学科和外语教育提出了新的任务和挑战。本文在新文科建设背景下，以中国传媒大学俄语专业特色建设为例，从培养目标、定位、课程设置、人才培养模式、师资和教育改革等方面，探究“俄语 + 传媒”特色专业建设发展路径，为培养服务国家战略的国际传媒人才提供实践经验参考，希冀对行业特色院校的“外语 +”专业建设有所启发。

来源：《中国俄语教学》，2024 年第 1 期，第 76—83 页

一流课程主题叙事模式改革与实践

徐莉

摘要：俄语专业一流课程在语言基础知识与技能教学方面积淀深厚。为积极响应讲好中国故事的时代召唤、落实新文科人才培养的要求，零起点基

础课教学面临宏观规划与微观设计的改革。课程改革从主题叙事切入，以问题引导为骨架，以熟练叙事为目标，探索文化引申、叙事升华的思政融合方法，借助线上、线下、混合式多元教学平台，采用权重计分与素质赋分结合的评价方式，形成了主题叙事模式，为一流课程的基础课教学持续优化提供了可借鉴方案。

来源：《中国俄语教学》，2024 年第 3 期，第 76—84 页

论新时代俄语专业教材建设的基本原则

张俊翔

摘要：俄语专业教材建设为培养新时代俄语人才提供基础保障。本文从教材编写的定位与逻辑、教材使用的取向与策略出发，讨论俄语专业教材建设的基本原则：第一，必须依托教材对学生进行价值塑造，通过在教材中有机融入课程思政元素强化其国家意识；第二，必须突出教材建设的科学性，系统反映相关学术研究和教学研究（尤其是教材研究）的最新成果；第三，必须以先进技术为引领，再塑俄语专业教材建设的思路与过程，以富含新内容的新形态教材体系赋能智慧教学。

来源：《中国俄语教学》，2024 年第 4 期，第 69—75 页

俄语学界智慧教学的概念维度及提升策略——基于俄语文献的扎根研究

郑广杰

摘要：本研究采用扎根理论研究范式，对有关智慧教学的俄语文献展开研究，考察俄语学界所表述的智慧教学的概念维度及提升策略，构建出一套智慧教学的概念模型，并对模型进行了阐释。研究发现，智能技术和教学资源作为智慧教学的“外部支撑”需要教育机构做好统筹供给和共享，在教学管理、教学策略、学习评价及学习方式层面做好教学的“内部规划”；教师转型和学生发展则是智慧教学的“整体效果”反馈。智慧教学需要“外部支撑”和“内部规划”合力助推教师转型和学生发展，促进最大化教学效果的生成，这也是智慧教学追求的终极目标。上述维度的揭示有助于深入理解俄

语学界智慧教学的多维意涵，为今后智慧教学的深入研究和实践设计提供理论指导和方向参考。

来源：《中国俄语教学》，2024 年第 3 期，第 85—95 页

《红楼梦》在俄罗斯的译介研究

左安飞

摘要：《红楼梦》在欧美国家流传的近两个世纪里，俄罗斯无论从欧洲首部《红楼梦》全译本的翻译与出版，还是到“列藏本”的发现与考证，都可谓独领风骚。俄罗斯一大批汉学家及相关领域的学者以其广博的学识、严谨的态度为《红楼梦》的俄译与研究工作贡献了重要力量，推动了“红学”在海外的发展与繁荣，使得《红楼梦》这部旷世奇书愈发厚重。对《红楼梦》在俄罗斯三个重要历史阶段的传播情况进行梳理和总结，对于了解和借鉴俄罗斯的“红学”研究成果，丰富我国“红学”研究体系以及促进中华优秀传统文化的在俄传播等具有重要的指导意义。

来源：《中国翻译》，2024 年第 4 期，第 46—53，192 页

2.4 法语

高考法语学科关键能力内涵与考查路径探究

孔德伦

摘要：随着高考内容与形式改革不断深入，高考法语学科关键能力内涵出现新的变化。在知识获取方面，高考法语学科关键能力涵盖听力理解和阅读理解；在实践操作方面，高考法语学科关键能力体现于书面表达、汉法互译、口语表达；在思维认知方面，高考法语学科关键能力涉及多元思维、批判性思维、创新思维。在传统的高考能力考查方式基础上，应从构建真实情境、增强思维能力考查、强化跨文化交际能力考查等方面完善高考法语学科关键能力考查。

来源：《中国考试》，2024 年第 3 期，第 98—102，110 页

三语句法习得中的二语迁移研究——来自汉—英—法三语者的ERP证据

李燕　卞京

摘要： 本文采用ERP技术考察汉—英—法三语者对法语数一致和性一致关系加工的神经认知机制，重点聚焦于三语（法语）习得中的二语（英语）迁移效应。实验发现：1）对于低水平法语学习者，数一致违反加工诱发了反映句法深加工的P600，而性一致违反加工则诱发了反映句法浅加工的N400；2）对于高水平法语学习者，无论数一致违反还是性一致违反加工均诱发了反映句法深加工的P600。结果表明：三语习得中存在二语迁移效应，英、法相似的数一致比法语独有的性一致诱发了加工程度更高的脑电成分；三语水平能够对二语迁移产生影响，只要法语水平足够高，性一致和数一致加工均能诱发反映句法深加工的P600，支持全迁移全通达模型。本研究发现可为三语习得理论和三语教学实践提供参考。

来源：《外语教学与研究》，2024年第5期，第729—741，800页

法语学习者作文词汇复杂度发展研究

陆安勤　鲍贵

摘要： 二语英语词汇复杂度的发展是二语习得研究的重点，但关于二语法语的纵向研究相对较少。本研究利用68名法语专业大三学生学期初和学期末的作文，探讨二语法语水平（低、中、高）和学习阶段（期初和期末）对整体词汇复杂度及其各个子指标（词汇密度、词汇多样性及词汇复杂性）的影响。重复测量稳健统计分析表明，二语法语水平和学习阶段对整体词汇复杂度均有显著主效应，但两者之间不存在交互效应。二语法语水平和学习阶段对词汇密度没有显著影响。高水平学习者在词汇多样性和词汇复杂性方面表现优于低水平学习者。学习者的词汇多样性在一个学期的学习后未能显著提升，词汇复杂性显著提高。研究结果表明，教师需要更加重视写作等语言输出活动，以提高学习者产出多样且复杂词汇的能力。

来源：《法语国家与地区研究（中法文）》，2024年第4期，第42—53页

读后续写中话题熟悉度与学习者创造力的交互效应

秦洁　吴王姣

摘要：本研究设计了两个不同话题熟悉度的读后续写任务，比较了80名中学法语学习者在完成两个任务时的续作准确性、复杂性和流利性，并考察了学习者的发散思维、聚合思维与创造性人格对话题熟悉度影响续作质量的调节作用。结果发现：1）引入熟悉话题能够促进续作的句式复杂性，但不利于语言准确性和词汇多样性；2）在续作准确性的无错小句比率指标上，话题熟悉度的负面影响只存在于创造性人格水平较低的学习者，人格水平越高者，所受影响越小；3）在续作复杂性的小句长度指标上，话题熟悉度的促进作用随学习者聚合思维水平提升而得以强化，思维能力越强，作用越显著。

来源：《现代外语》，2024 年第 2 期，第 222—233 页

中国大学生法语写作能力评价框架构建与应用研究

王仁雷

摘要：本文通过探索法语写作能力的组成要素，结合我国高校法语教学现状，从“写作知识”“写作技能”和写作者“与写作的关系”三个维度构建中国大学生的法语写作能力评价框架，并应用该框架对某高校法语专业学生的法语写作能力进行了初步调查和分析。结果发现，受试大学生表现出消极的法语写作认知与行为，其法语写作能力亟待提升。本研究可以为中国大学生法语写作能力的教学与评价提供一定的参考。

来源：《法语国家与地区研究（中法文）》，2024 年第 2 期，第 22—29，91 页

基于学习共同体的人工智能赋能法语教学模式初探——以《法语阅读》为例

颜虞丹

摘要：为响应教育部提出的人工智能加快推动人才培养模式改革号召，现代信息技术与外语课程深度融合已逐渐成为外语教学界的主流发展方向之一。在此背景下，本文基于人工智能和学习共同体理念，以《法语阅读》线

上线下混合式课程为例，从价值引领、知识探究、智能应用和数字素养四个维度出发，拟构建“MOOC + 线下三大课堂 + 智慧学习”的混合式学习共同体模式。该共同体模式，即利用线上 MOOC 搭建虚实结合的教学环境，导入数智化技术于线下三大课堂的多元教学活动，借助云班课创立移动性和实操性智慧学习社区，以此提高学生法语综合运用能力、数字技术和人工智能应用水平，为培养法语数智化人才提供参考。

来源：《创新教育研究》，2024 年第 11 期，第 197—204 页

面向国别与区域研究转型的法语教师能动性研究

周燕

摘要：本研究关注我国高校法语教师在国别与区域研究转型中的能动性表现及其影响因素，并基于生态视角，对 10 位法语教师进行半结构式访谈。研究发现：法语教师的能动性表现经历了从观念冲击到结构互动，再到转型友好环境构建的发展历程，并呈现出三种类型和趋势；教师的跨学科和跨文化经历以及未来专业学习共同体的建设对于教师能动性的发展具有重要作用。本研究为外语教师能动性研究提供了新视角，也为外语教师发展研究提供了现实参考和借鉴。

来源：《外语教育研究前沿》，2024 年第 3 期，第 25—30，94 页

2.5 西班牙语

“人类命运共同体”思想西语翻译与对外新闻传播研究

曹轩梓 何明星

摘要：2013 年习近平总书记提出的“人类命运共同体”思想不仅成为中国外交思想的核心理念，而且是中国主流媒体对外宣介的重点，对许多国家产生了重要影响。研究发现，由于翻译的差异，“人类命运共同体”思想在对外传播过程中产生了不同的效果。文章考察中国主流媒体“人类命运共同体”在西班牙文中经常使用的译名，以人民网西班牙文版的相关报道为例，

从翻译视角探讨当代中国话语核心术语翻译与对外传播之间的内在联系。

来源：《青年记者》，2024 年第 5 期，第 80—83 页

告别民族主义批评：博尔赫斯的中国书写及其世界主义文学思想研究

侯健

摘要：博尔赫斯是在中国影响力最大，也是公认与中国文化联系最密切的拉丁美洲作家之一。可是，在民族主义批评倾向的引导下，我国学界对博尔赫斯长期存在着三重误读：1）认为其对中国的了解都来自译文；2）认为其笔下的中国形象玄奥难解；3）认为其刻画的中国只是西方视角下的“他者”形象。侯建认为，关于中国的认识和理解，对博尔赫斯影响最大的是他亲自译成西班牙语的亨利·米修的《一个野蛮人在亚洲》，由译到写，他继承了米修对中国的理解，并试图在《小径分岔的花园》中通过人、景、物全景式地展现中国文化及思想，也借此凸显了其世界主义文学的思想理念。他笔下的中国是具有积极意义的“他者”。学界在后理论时代进行相关研究须改变上述误解。

来源：《西安外国语大学学报》，2024 年第 2 期，第 114—119 页

母语及二语语法体使用模式在三语写作中的迁移研究

孙玉良

摘要：该项研究基于 18 名不同水平的中国西班牙语学习者的引导性写作语料，考察在学习者的三语西班牙语动词语法体使用中，一语汉语和二语英语所表现出的迁移特征。研究结果表明：当三种语言的语法体在形式和语义层面上均有完成与未完成之别时，各水平组的中国学生与母语者之间不存在显著差异；而当三种语言的语法体在形式或语义层面上存在差异时，学习者会受到来自一语和二语的负迁移影响。另外还发现，形式层面的差异导致的负迁移效应主要体现在低水平组，而语义层面的差异引起的负迁移效应则持续到较高水平组。

来源：《外语教学与研究》，2024 年第 2 期，第 274—285 页

2.6 阿拉伯语

现代化视阈下中阿文明互鉴的理路与进路

韩建伟 丁俊

摘要：现代化是世界发展的历史潮流，实现现代化是近代以来世界各国人民的共同追求，是“全球南方”国家治理的重要目标。在百年变局背景下，“全球南方”国家在现代化道路上的探索体现出更强的主动性与主体自觉意识，而中国式现代化的成功打破了“现代化等于西方化”的神话，用事实证明了实现现代化道路的多样性，拓展了“全球南方”国家实现现代化的思路和途径，亦成为中阿文明对话、交流与互鉴的重要内容。在现代化视阈下，中国与阿拉伯国家文明对话、交流与互鉴具备深厚的历史基因、广泛的价值共识与有力的政治保障，且受到双方现代化发展的共同诉求、不断增强的经济联系及中国在中东和平大国角色等因素的推动。中国与阿拉伯国家应以现代化发展合作为目标，加强两大文明的积极价值观互鉴，具体内容包括：加强道德观互鉴可为双方合作注入东方特色的价值观准则；加强包容性互鉴是学习对方现代化成功经验的真正精神动力；加强和平观互鉴可为双方现代化进程营造友好的外部环境；加强创新性互鉴可增强各自现代化进程的道路自信；加强生态观互鉴有助于探索和谐共生的现代化发展方案等。总之，以现代化发展合作为主轴深化文明价值观互鉴，有助于为中阿命运共同体构建奠定稳固的共同身份基础。

来源：《西亚非洲》，2024 年第 6 期，3—29，155—156 页

携手推动构建人类命运共同体在中东的实践

李伟建　唐志超　吴磊　刘胜湘

摘要：在百年未有之大变局背景下，既需要以更广阔的国际视野考察全球的变化发展，更需要用全新眼光和思维看待和思考同样发生着重大变化的中东，进而抓住中国中东外交的新机遇。在重大变化方面，美国以战略竞争来定义中美关系，并将中东作为开展对华战略竞争的重点区域。美国在

中东的主要目标是阻止中国“填补权力真空”，将中国与中东国家的合作限制于低端层次。中国不认可美方关于战略竞争的定义，继续稳步推进既定中东政策，同时积极回应来自美方的围堵打压，维护自身利益。在外交新机遇方面，中国与中东国家以习近平总书记系列重要论述精神为指引加强能源合作，遵循“构建能源立体合作新格局”的战略构想，准确把握共建“一带一路”能源合作高质量发展的实践要求，促进全球能源可持续发展并推动构建能源命运共同体。中国作为正在崛起的大国承担着大国责任。中国共产党十八大以来，中国深度参与中东安全事务治理，习近平外交思想指导下的中国中东安全治理观逐渐成熟，中东安全治理进入新时期。

来源：《阿拉伯世界研究》，2024 年第 1 期，第 3—33，157 页

新时代中国参与中东安全治理的理念与实践

刘中民　徐张敏

摘要： 进入新时代以来，中国始终坚持共同、综合、合作、可持续的安全观，倡导构建中东安全新架构。在参与中东传统安全治理、化解地区冲突方面，中国始终推动对话协商，致力于公正合理解决中东热点问题，构筑兼顾各方合理关切的集体安全架构。在改善地区安全环境方面，中国抓住中东地区主要安全矛盾，顺应地区国家寻求缓和与发展的时代潮流，取得了促成沙特与伊朗复交的重大成果。在参与非传统安全治理方面，中国与中东国家共同提高应对非传统安全威胁的能力，共同维护发展中国家的权益。在参与中东安全治理的过程中，中国形成了以共同安全破解独享安全、以综合安全破解分割安全、以合作安全破解竞争安全等理念和经验，在中东安全事务中发挥了重要的建设性作用。

来源：《国际安全研究》，2024 年第 2 期，第 139—162，166 页

中东地区人工智能发展态势与挑战

佘纲正　房宇馨

摘要： 在全球数字化发展的大背景下，蓬勃发展的人工智能技术正成为

引领人类社会、经济与政治发展变革的新动能，也愈发受到转型中中东各国的关注。基于发展、安全与对冲的逻辑，中东国家制定了符合各自国情的人工智能发展战略规划，并通过设立专职管理部门、出台人工智能发展适用的法律和建立监管体系、大力资助技术研发与人才培养、积极参与国际与地区人工智能治理合作等举措付诸行动，取得了初步成效。当前，中东地区人工智能发展潜力巨大，但也面临一系列内生性障碍，还可能带来固化弱势群体地位、扰动就业市场、加剧极端思想扩散等方面的社会风险和非传统安全挑战，军事化开发运用对该地区带来的安全冲击也不容忽视。从“全球南方”视角来看，中东地区既拥有人工智能领域发展实践的先锋经验，也难以避免“全球南方”所共同面临的发展困境；中东地区在本土语境中找寻优化人工智能的路径探索，将为其他“全球南方”国家发展人工智能提供相应的启示与参考。

来源：《西亚非洲》，2024 年第 3 期，79—102，173—174 页

巴以冲突的治理难题与前景分析

孙德刚　马文媛

摘要：巴以问题是中东地区安全及国际关系的核心问题。2023 年 10 月，巴以冲突再度爆发并产生溢出效应，形成了四组矛盾：一是哈马斯等“抵抗联盟”成员与以色列的军事博弈，二是阿拉伯、伊斯兰国家以及“全球南方”左翼政府与以色列的政治博弈，三是国际社会与美以的外交博弈，四是全球亲巴力量与亲以势力的舆论博弈。围绕巴以问题的解决出路，国际社会提出了反恐怖主义论、反殖民主义论和共生关系论三种不同的治理路径，各种治理方案相互竞争，对巴以和平、中东国际关系和大国的中东战略产生了深远影响。中国站在推动构建人类命运共同体的高度，积极践行全球安全倡议，主张在“两国方案”和联合国相关决议的基础上实现阿以两大民族和平共处，为巴以冲突治理贡献安全和智力公共产品，与国际社会一道助力中东和平与发展事业。

来源：《和平与发展》，2024 年第 1 期，132—154，207—208 页

中国与阿拉伯国家合作的时代意义

王金岩　李伟建

摘要：2024 年是中阿合作论坛成立 20 周年。20 年来，论坛历经世界风云变幻和中东变局的严峻考验，取得了丰硕的成果，也积累了丰富的经验。在论坛机制的推动下，中阿合作全面深化，中阿关系提质升级。世界之变、时代之变、历史之变正在以前所未有的方式展开，国际秩序加速转型，国际关系分化重组。美西方霸权势力持续衰落，“全球南方”团结崛起。新形势下，阿拉伯国家的内部诉求和对外关系都发生了深刻变化，中国与阿拉伯国家相互形成新的认知，中阿合作也具有了全新的时代意义。

来源：《现代国际关系》，2024 年第 7 期，79—94，135—136 页

2.8 朝鲜语

浅议时政类翻译图书初审工作
——以《习近平新时代中国特色社会主义思想学习问答》朝鲜文版为例

文花

摘要：做好初审环节工作是保证图书质量和水平的前提。本文结合实际，主要就如何做好翻译稿件的初审工作提出几点建议：一是初审时编辑需要具备政治敏感性，深入解读政治内容；二是要精审政治术语；三是译文准确性是首要，要确保内容质量；四是核实引文需细致，避免遗漏和差错；五是要积极利用专业工具书助解原文；六是须关注关键细节，确保初审质量。

来源：《韩国语教学与研究》，2024 年第 3 期，第 154—160 页

朝鲜文学史课程思政的探索与实践

文慧

摘要：课程思政是高校开展思想政治教育工作的重要途径，能够实现教学改革创新，有效提升学生的综合素质，培养学生的家国情怀、文化自信、道德修养，使学生树立正确的价值观。朝鲜文学史课程作为朝鲜语专业的必修课

程，应发挥课程优势，挖掘课程中蕴藏的“思政”元素，促使思政教育与专业知识互相渗透、融合，培养有担当、有理想、有情怀、有道德的当代大学生。

来源：《韩国语教学与研究》，2024 年第 2 期，第 92—95 页

大学韩语教学中“中国文化失语”现象探索

谢范范

摘要：外语教学是中外文化碰撞交织的主要舞台，也是中外文化交流的重要方式，更是国家语言战略的支持力量。在各类外语教学过程中，“中国文化失语”现象一直是一个难以避免的问题。随着全球化的深入发展和中国文化“走出去”的倡议，中国大学生肩负着用外语讲好中国故事、弘扬中国文化的重任。克服大学韩语教学中学生“中国文化失语”现象，刻不容缓。

来源：《韩国语教学与研究》，2024 年第 2 期，第 87—91 页

2.9 欧洲非通用语

Can GPT-4 learn to analyse moves in research article abstracts?

Danni Yu, Marina Bondi & Ken Hyland

Abstract: One of the most powerful and enduring ideas in written discourse analysis is that genres can be described in terms of the moves which structure a writer's purpose. Considerable research has sought to identify these distinct communicative acts, but analyses have been beset by problems of subjectivity, reliability, and the time-consuming need for multiple coders to confirm analyses. In this article, we employ the affordances of Generative Pre-trained Transformer 4 (GPT-4) to automate the annotation process by using natural language prompts. Focusing on abstracts from articles in four applied linguistics journals, we devise prompts which enable the model to identify moves effectively. The annotated outputs of these prompts were evaluated by two assessors with a third addressing disagreements. The results show that an eight-shot prompt was more effective than one using two, confirming that the inclusion of examples illustrating areas of variability can enhance GPT-4's ability to recognize multiple moves in a single sentence and reduce bias related to textual position. We suggest that GPT-4 offers considerable potential in automating this annotation process, when human actors with domain-specific linguistic expertise inform the prompting process.

来 源： *Applied Linguistic*, 2024: amae071, https://doi.org/10.1093/applin/amae071

Regular selves produced through genres: A socio-cognitive approach to the study of positioning acts in Italian rectors' inaugural speeches

Danni Yu & Carla Vergaro

Abstract: This study aims to provide a socio-cognitive approach to understand how the identity associated with a social category is constructed through regular positioning acts in conventionalized genres. Using genre-based positioning analysis, we analyzed a corpus of 30 Italian rectors' inaugural speeches and identified six rhetorical moves regularly used in the genre, which revealed three underlying positionings – representative of the university, value disseminator, and advocate – associated with the social role of university rectors in the Italian higher education context. Drawing on the Entrenchment and Conventionalization Model (hereafter ECModel), we analyzed how these positionings are conventionalized through shared conformity profiles of the genre in the onomasiological, semasiological, syntagmatic, and contextual dimensions. This study implies that genres can be important mediums through which the cognitive entrenchment and social conventionalization of positionings contribute to constructing our regular selves to be performed in the social domain.

来源： *Discourse & Society*, 2024: 36(1), DOI:10.1177/09579265241252995

Representation of cultures in local Italian language textbooks for Chinese universities: A diachronic content analysis

Ru Gao, Shijin Cai & Zheng Wen

Abstract：This study explores the evolving landscape of cultural representations within locally produced Italian as a foreign language (IFL) textbooks in the Chinese educational context. Employing a diachronic content analysis, three distinct textbooks spanning different chronological periods (1972, 1991, 2022) were scrutinised to discern the nuanced evolution of cultural representations. Findings reveal a notable transformation in emphasis, shifting from an initial spotlight on source culture towards an increasing prominence of target culture across successive textbooks. What is more, a consistent emphasis on cultural products, cultural practices, and cultural persons (this latter following Moran, 2009), with an emergence of cultural perspectives in the latest textbook, aligns with an evolving understanding of culture in the domain of foreign language teaching. The observed dynamics, evident through both explicit and implicit representations, underscore the multifaceted relationship between educational priorities, socio-historical contexts, and cultural representations in language textbooks.

来源： *Italian Studies*, 202479(3): 318-337

旅意华侨学生的教育融入困境——基于田野调查的分析

高如

摘要： 本文通过对旅意华侨学生的教育融入进行田野调查，发现其辍学率高，融入困难，主要因意大利移民学生教育政策功能失调。该政策以“包容”和“跨文化”为指导，需政府、学校及第三方协作，但常遇资源短缺和协作问题。此外，政策融入路径与华侨家庭实际路径冲突。意大利应制定明确详尽的移民融入政策，统筹移民学生教育融入，防止低融入度代际传递。

来源：《华侨华人历史研究》，2024 年第 2 期，第 60—72 页

20世纪意大利史学演进路径探析

李雪

摘要： 与17、18世纪繁荣发展的法德史学相较，后文艺复兴时代的意大利史学陷入了虽有进步却创新性不足的客观迟滞状态。进入19世纪后半叶，以克罗齐为代表的史学家发展了“意大利历史主义”。以葛兰西为代表的学者在对克罗齐史学观的批判性反思中，发展了马克思主义的历史文化维度。战后马克思主义史学在新的社会政治环境中不断演化，推动了历史观“自上而下”的转向。20世纪意大利史学在历史主义、马克思主义、微观史学等多种史学思潮的碰撞、融合之中反思其史学实践、重塑了意大利史学精神。

来源：《史学月刊》，2024年第2期，第117—131页

从民族觉醒到主体自由——鲁迅与波兰文艺界跨越时空的对话

李怡楠

摘要： 20世纪初，鲁迅开启波兰文学在中国译介之滥觞，并在其启发下创作出一众经典作品。20世纪50年代至今，波兰文坛虽历经动荡，然而鲁迅作品在波译介未曾中断。近年来，波兰戏剧界对鲁迅作品创造性地跨文化阐释，表达对主体性的现代追求，在广阔的当代艺术天地发掘出鲁迅作品人本主义精神的更大价值。

来源：《中国文学研究》，2024年第2期，第169—178页

克服欧洲：塞尔维亚知识分子的文化探索

彭裕超

摘要： 今天的巴尔干虽然硝烟散去，地区冲突似乎被和平的大潮所掩盖，但谈不上“一切都好”。边界争端、族裔冲突、宗教纷争频发，内外部地缘政治博弈激烈，使巴尔干国家融入欧洲一体化的进程充满变数，而“回归欧洲”的紧迫感又进一步加剧了这些国家由来已久的文化焦虑。

来源：《读书》，2024年第1期，第152—159页

从“民间舞”“民族舞”到“传统舞”：希腊基础教育中的传统舞与民族意识构建

阙建容

摘要：1914 年希腊民间舞进入基础教育之后，经历了“民族舞”起步阶段、“民族舞”强化阶段和“传统舞”阶段三个时期。体育课教学对希腊传统舞的挑选和呈现，反映了自 18 世纪以来调和两种意识取向、构建统一民族意识的努力，统一的舞蹈语言强化了民族身份认同。尽管 20 世纪末开始希腊传统舞教学逐渐淡化民族意识，但民族舞教学历史对于形成统一的民族意识产生了不可忽略的重要影响。

来源：《北京舞蹈学院学报》，2024 年第 4 期，第 148—157 页

安全文化退化、北约威慑东扩与欧洲安全结构转型——来自中东欧国家的动力

王弘毅

摘要：随着北约东扩，北约与俄罗斯互动生成的友谊文化逐渐被竞争文化所取代。克里米亚危机和乌克兰危机的爆发，北约与俄罗斯之间的竞争文化逐渐让位于敌意文化。安全文化退化导致北约对俄战略定位随之调整。北约改变了冷战后在中东欧地区的延伸威慑战略，开始转向前沿威慑。本文以安全文化作为解释变量，重点讨论中东欧国家何以影响北约与俄罗斯之间的安全文化，使北约威慑东扩不断强化，从而加速了欧洲安全结构的转型。

来源：《欧洲研究》2024 年第 5 期，第 63—87 页

卡尔维诺晚期创作的“物”书写及其本质

许金菁

摘要：本文以卡尔维诺晚期（1980—1986）创作为基础，以欧洲思想界的“物转向”思潮为语境，在海德格尔的“物论”以及“新物质主义”的关照下，探讨卡尔维诺“物”书写的特点及其本质，探析这种“物”书写在文学史和思想史之维的意义。

来源：《外国文学》，2024 年第 1 期，第 144—155 页

语言安全视角下全球语言民族主义新动向探析

张耀军　杜晓雪　高晶一

摘要：全球语言民族主义新动向是：语言保护主义复现、语言政治化持续蔓延、语言武器化趋势加重、语言去殖民化兴起。中国参与全球语言安全治理要密切关注语言民族主义动向，化解全球语言安全风险；各国应从全球语言交流合作中寻求自我语言价值和文化认同，努力为本国语言传承和发展注入新的活力；国际社会要关注剥离语言背后的殖民话语，推动构建包容多元的“语言命运共同体”。

来源：《世界社会科学》，2024 年第 5 期，第 211—223 页

3.1 基础英语

义务教育英语课程语言能力目标落实之路径

程晓堂　姚铄姿　谢诗语

摘要：本文基于《义务教育英语课程标准（2022 年版）》对语言能力的界定及其提出的语言能力目标要求，结合英语教学的现状及未来发展趋势，就如何落实课程标准规定的语言能力目标提出以下建议：加强和优化显性语言知识的教学；在课堂教学中开展语言实践活动；将语言能力与其他核心素养的培养紧密融合；优化英语语言能力的评价方式。

来源：《外语教育研究前沿》，2024 年第 7 期，第 19—24 页

主题引领下英语课程育人的内涵与策略

苗壮

摘要：《义务教育英语课程标准（2022 年版）》提出培根铸魂、启智增慧的育人原则，并且全新建构了以主题为引领的课程内容结构。主题引领下的英语课程育人具有三大内涵：人与自我主题聚焦于铸强健自立之魂，增善思明辨之慧；人与社会主题聚焦于铸心系家国之魂，增博识洽闻之慧；人与

自然主题聚焦于铸天人合一之魂，增避害探新之慧。人与自然主题聚焦于铸天人合一之魂，增避害探新之慧。教师应领会新课标课程理念，在课程育人中充分发挥主题的引领作用，鼓励学生关爱自我成长，锚定英语课程育人核心；引导学生思接社会百态，活化英语课程育人情境；启发学生探究自然奥秘，提升英语课程的育人格局。

来源：《中小学外语教学》（中学篇），2024 年第 5 期，第 16—20 页

义务教育英语新教材的分析与使用——基于生态给养理论

钱小芳　陈易孜　高健敏

摘要：在义务教育英语新教材正式启用的背景下，新教材的研读与使用成为教育工作者重点研究的课题。为更好地帮助教育工作者分析与使用新教材，文章基于生态给养理论，深度挖掘新教材的编写特点和蕴含的给养潜势，并以三版义务教育初中英语新教材的同一主题单元为例，探讨课堂教学如何将教材的给养潜势转化为学生的学习成果，提出新教材的使用建议，为教师有效使用新教材提供理论支持和实践指导。

来源：《中小学课堂教学研究》，2024 年第 12 期，第 16—21 页

融合语言文化·发展思维品质：义务教育英语新教材的变化与使用

王蔷　钱小芳　陈易孜

摘要：2024 年版义务教育英语新教材建设实行“监管 - 创作 - 实践”密切结合的三角机制，以保障教材质量。新教材在编写理念、内容安排、活动设计、评价设计等方面都发生了较大变化。建议中小学教师一方面要通过细致深入地研究挖掘教材价值，积极适应新教材的要求并尝试进行教学创新；另一方面要充分用好各类资源，创造性地研究和使用新教材，同时注重发挥教研的引领作用。

来源：《中小学管理》，2024 年第 8 期，第 25—28 页

教材使用研究新框架：透明度、饱和度、连续性

徐浩

摘要：目前的外语教材使用研究更多关注教材使用或与教材使用密切关联的现象本身，缺乏对现象背后规律性的深入分析和解释。本文尝试提出一个新的研究框架，旨在揭示和解释教材使用现象的深层次问题和规律。该框架包括三个核心概念：透明度、饱和度和连续性。透明度关注教材内容的清晰度和可理解性；饱和度评估教材资源在教学中的填充能力；连续性则考察教材内容顺序与教学顺序的一致性。基于这个框架，本文提出对教材编写、教材使用和教师培训的实践建议。

来源：《基础外语教育》，2024 年第 6 期，第 3—8 页

3.2 基础日语

高中美术生选考日语的内外部动机及影响因素研究

卢燕

摘要：研究发现高中美术生选考日语的内外部动机及课堂参与现状如下：(1) 从学习兴趣维度来看，高中美术生对日语语言学习兴趣不高，但是对日本的传统文化和生活方式兴趣较高。(2) 从学习态度维度来看，高中美术生学习日语态度较为积极，在日本文化、教材和课程上表现出积极的态度。(3) 从认知需要维度来看，高中美术生愿意在课堂上付出努力。(4) 从自我效能感维度来看，高中美术生日语学习缺乏自信，归因有偏差。(5) 从奖励或惩罚维度来看，高中美术生选考日语主要是为获得奖励而非避免被惩罚。(6) 从压力维度来看，高中美术生选考日语主要受到来自于高考的压力。(7) 从工具价值维度来看，高中美术生选考日语以工具型动机为主，希望对高考有帮助。(8) 从群体态度维度来看，高中美术生日语学习容易受到同伴行为的影响。研究认为影响内部动机的因素包括：个人兴趣与发展需要、学习参与状况、总结成败的方式。影响外部动机的因素包括：教师支持状况、家庭支持状况、同伴群体状况、学校支持状况和国家政策支持。针对

高中美术生选考日语动机的现状及影响因素，提出如下对策建议来提升高中美术生日语学习内驱力：(1) 积极开展日语课外活动；(2) 给学生充分参与课堂的机会；(3) 培养学生的独立自主和积极归因；(4) 改善教师、家庭和学校支持；(5) 引导积极的同伴影响。

来源：硕士学位论文，2024 年，青岛大学

中学日语教科书中的中国形象研究——以人教版初、高中《日语》为例

徐微洁　丁锐昀

摘要：本研究以人教社出版的初、高中《日语》教科书为对象，基于孙有中对国家形象的划分，总结中学日语教科书中构建的中国形象内涵，并结合费尔克拉夫的三维话语框架，从文本、话语实践和社会实践出发探索中学日语教科书的中国形象建构路径。研究发现，中学日语教科书所建构的国家形象在文化维度上较为完整，社会、地理维度上存在内容少、浮于表面等问题。在建构路径上，从话语实践出发的形象建构路径存在环节设计上的问题，难以让学生形成价值认同。

来源：《日语教育与日本学》第 22 辑，2024 年，第 41—51 页

3.3 基础德语

Negativer syntaktischer Transfer im Schriftdeutschen als Tertiärsprache von chinesischen Lernenden: Eine korpusbasierte Querschnittstudie

Yuan Li & Xinwen Zhang

Abstract: In this study, a contrastive analysis was conducted to address two research questions: First, what are the prevalent forms of negative syntactic transfer observed in the written German of Chinese learners? Second, how do these forms evolve as the learners' progress in their German proficiency? To address these two questions, the study analyzed a total of 135 learners' writing outputs from the "Chinese German Learner Corpus" (CDLK). Both qualitative and quantitative analyses were conducted. In conclusion, this study revealed that the trilingual system in learners exhibited active interactions among each other, and the development of negative syntactic transfers in the written German of Chinese learners was complex. Although the overall number of transfers tended to increase with extended exposure to German learning, each transfer category demonstrated distinct developmental patterns.

来源： *Muttersprache*，2024 年第 3 期，第 227—250 页

Gebrauch deutscher Präpositionen bei chinesischen Deutschlerner/-innen im Rahmen der konzeptuellen Metapherntheorie – am Beispiel von um und in im Vergleich zu deutschen Muttersprachler/-innen und Deutschlerner/-innen mit anderen Erstsprachen

Yuan Li & Jieyi Zhao

Abstract: In this article, Chinese German learners' use of the prepositions um and in is analyzed in the context of conceptual metaphor theory using the CDLK corpus and Falko corpus. The study reveals that the error rate of the preposition in is significantly higher than that of the preposition um, which is ultimately due to the differences in cultural and conceptual systems between Germany and China. Chinese German learners use the spatial and temporal meanings of the prepositions more frequently, while they use the metaphorical meanings less frequently. Furthermore, there is no clear correlation between the learning time of Chinese German learners and the number of errors. The conclusions of this study could provide insights for improvements in teaching.

来源： *Revista de Lenguas para Fines Específicos*，2024 年第 1 期，第 62—83 页

拖延与学业成绩的关系：Grit 的调节作用
——以西南地区中学德语学习者为例

陈姿锟

摘要：本研究以 553 名以德语为第一外语的中学生为被试，探究 Grit、拖延与三门学科学业成绩之间的关系，以及 Grit 的调节作用。本研究主要分为两个部分，第一部分是理论部分，第二部分是实证部分。理论部分主要进行国内外有关文献梳理。实证部分涉及四项分研究：首先运用统计软件 SPSS 26.0 和 AMOS 26.0 对达克沃斯等编制的简版坚毅量表和心理学家斯蒂尔（Steel）编制的非理性拖延量表进行修订，通过验证性因子分析和内部一致性系数来检验两个量表的结构和信度。第二项研究通过独立样本 T 检验以及方差分析考察 Grit 和拖延的性别、年级差异。第三项研究通过相关分析考察三个变量之间的相关性。第四项研究通过 PROCESS 4.0 对 Grit 的调节作用进行检验。本研究得出下列结论：（1）验证了 Grit 的二维性和拖延的单维性，修订后的两个量表都能作为检验德语中学生的有效工具。（2）不懈努力和一致兴趣在三门学科中的年级差异显著，不懈努力在数学学科存在显著性别差异。拖延年级差异显著，性别差异不显著。（3）不懈努力和一致兴趣与拖延都呈负相关，不懈努力与一致兴趣与学业成绩呈正相关，拖延与学业成绩呈负相关。（4）一致兴趣在德语学科存在调节作用。本研究的创新之处在于：（1）对 Grit 量表进行了文化适应性检验，在国内首次修订了非理性拖延量表。（2）在国内首次以德语中学生为被试考察了 Grit 和拖延的性别和年级差异。（3）首次考察了 Grit 在拖延与学业成绩关系中的调节作用。

来源：硕士学位论文，2024 年，西南大学

学业拖延与成绩的关系：自我调节学习的中介效应
——以西南地区中学德语学习者为例

陶娇沁

摘要：本文以西南地区 849 名中学德语学习者为研究对象，对他们的学业拖延和自我调节学习进行现状调查及性别差异和年级差异分析，探究学业

拖延、自我调节学习、学业成绩三者之间的关系，尤其考察自我调节学习在学业拖延与学业成绩之间的中介效应。本文主要关注中学德语学习者的整体学习情况以及他们的3门核心课程，即德语、语文、数学。本文的研究结果表明：(1) 修订后的非理性拖延量表和自我调节量表具有良好的信效度，可以作为测量我国中学生学业拖延行为和自我调节学习能力的有效工具；(2) 我国中学德语学习者的学业拖延处于中等偏下水平，自我调节学习处于中等偏上水平；(3) 数学学业拖延、数学自我调节学习、数学学业成就、语文学业成就存在显著性别差异；(4) 学业拖延、自我调节学习、学业成绩均存在显著年级差异；(5) 学业拖延与学业成就呈显著负相关，自我调节学习与学业成就呈显著正相关，学业拖延与自我调节学习呈显著负相关；(6) 自我调节学习在学业拖延和学业成就之间起部分中介作用，间接效应占总效应的比例分别为德语56.52%、语文33.33%、数学47.83%、整体学习情况31.58%。

来源：硕士学位论文，2024年，西南大学

What makes Chinese secondary school German teachers feel bad: A qualitative study of teachers' emotions

Fei Chen & Lian Fei

Abstract: Since the year 2000, and particularly since the formal introduction of German language as a subject in secondary schools in China in 2018, the popularity of German language learning has been on the rise in China. The need for German teachers is increasing but little is known about the feelings that they experience. This study centers on Chinese secondary school German teachers, employing qualitative interviews to probe the types and causes of their negative emotions. The results imply that three main causes of teachers' negative emotions are unpleasant teaching experiences, burdensome management responsibilities, and bleak career prospects. We also examine the institutional and human factors that led to these unfavorable feelings, and offer recommendations for the professional development of secondary school German teachers in China.

来源： *The Proceedings of 2023 Youth Academic Forum on Linguistic, Literature, Translation and Culture*，2024 年，第 16—22 页

基于表现性任务评价的初中德语听说课实践研究

李晓

摘要： 文章针对当前初中德语听说课的问题，结合课例探讨了基于单元主题设计表现性任务的教学活动和评价方法，即确立单元基本问题和目标，细化课时教学目标；将教学目标转化为表现性评价设计，确立评价标准；基于表现性评价任务进行教学活动设计，开展教学评一体化，以增强听说教学活动的整体性和关联性，从而实现培育学生核心素养的目的。

来源：《教育参考》，2024 年第 6 期，第 67—72 页

4.1 公共英语

《实用英语交际职业技能等级标准》的研制与验证——背景、过程与特色

宾科　杨敏迎　张启然　张放

摘要： 研制《实用英语交际职业技能等级标准》（简称《职业标准》）是贯彻落实《关于在院校实施“学历证书 + 若干职业技能等级证书”制度试点方案》的重要实践，也是专门用途英语量表开发研究的新成果。本文详细阐述了《职业标准》研制和验证的过程，包括目的与原则、框架和描述语的构建，以及两个阶段验证的结果。本文指出，《职业标准》的研制具有以下三大特点：对标真实职场，贯彻产教融合理念；执行科学方法，探索本土化专门用途英语量表的研制路径；确保表述准确，提升其在职业英语教学中的适用性。标准的研制与验证，可为健全职业英语测评体系提供参考。

来源：《外语教育研究前沿》，2024 年第 4 期，第 18—24，94 页

职业教育外语教材中的中华文化融入与呈现研究

常红梅　樊星

摘要：本研究分析了两套职业教育外语教材中的中华文化融入与呈现的内容和方式。研究发现：一是虽然每套教材各册的编写理念与单元结构一致，但是每套教材各册中融入与呈现的中华文化内容的频次和分布却不一致；二是职业教育外语教材融入与呈现的内容主要涵盖中华传统文化和现代文化，对革命文化的关注度有待进一步提高；三是职业教育外语教材中的中华文化融入与呈现的方式以隐性呈现为主，具体方式有阅读理解、选词填空、汉译英和写作练习；四是职业教育外语教材中，融入与呈现的与职业教育相关的现代文化的频次很低，且均为隐性的融入和呈现。本研究系统论述了职业教育外语教材中应该融入与呈现的文化内容和方式，对于探索职业教育外语教材如何充分发挥其文化使命和在我国外语教育改革创新中的积极作用具有重要意义。

来源：《北京联合大学学报（人文社会科学版）》，2024 年第 2 期，第 89—99 页

“一带一路”建设背景下的高职院校跨文化教育

高宝立　王琪　金东贤

摘要：加强跨文化教育、培养跨文化人才，对于高职教育高水平对外开放，服务“一带一路”建设高质量发展，具有重要的现实意义。随着“一带一路”建设的持续推进，高职院校将深度参与到跨境教育、国际产能合作等跨文化实践活动中去，培养更多具有家国情怀和国际视野的高素质技术技能人才。为此，高职院校要解决资源供给不充分、教师跨文化教育能力不足等问题，加强跨文化教育的顶层设计，将跨文化教育融入人才培养体系，强化跨文化教育项目的质量保障，不断提升跨文化教育质量。

来源：《清华大学教育研究》，2024 年第 3 期，第 104—110 页

职教本科公共英语课程定位与课程标准建设研究

凌来芳

摘要：公共英语课程作为职业本科通识教育体系的关键一环，其课程标准的制定对于提升职教本科英语教育质量起着重要的作用。在分析当前职教本科公共英语教学现状的基础上，从职教本科公共英语课程的定位出发，探讨职教本科公共英语课程标准建设的实施路径，强调标准应体现职教本科英语课程的高阶性和职业性特点，以期为职教本科公共英语课程标准的制定提供参考，为培养具有较高外语应用能力和国际化素养的高技能复合型职业人才提供有力支撑。

来源：《天津职业大学学报》，2024 年第 6 期，第 62—66 页

基于公共英语教学体系重构的城市轨道交通专业学生职业英语能力培养研究

孟文涛 潘能超 庞夏雯 郑阳美 李丹

摘要：高校轨道交通专业以智能化转型为导向、以企业岗位需求为依据、以科技进步为后盾，改革单一专业教学模式，重构新的专业课程体系，积极探索跨专业、跨学科的人才培养模式，加速完成学科型向应用型人才培养的转变。在此背景下，亟需围绕专业建设及时代发展之需，探索以基础课程为先导、以职业英语课程模块为核心、以技能等级证书为小结的公共英语教学体系改革。

来源：《城市轨道交通研究》，2024 年第 5 期，第 222—223 页

《实用英语交际职业技能等级标准》的确立依据与内涵解读

曾用强　胡淼　王维芳　张放

摘要：为落实教育部“学历证书＋若干职业技能等级证书”制度，北京外研在线数字科技有限公司于 2019 年启动《实用英语交际职业技能等级标准》（简称《职业标准》）项目。《职业标准》基于国家制度文件和综合职业能力测评模型，依照科学流程，完成研制与验证，涵盖五大工作领域，每个领域包含若干典型任务。各任务细分为初级、中级、高级，对应不同能力与

内容要求，体现职业发展逻辑。其内涵包括：培养家国情怀和国际视野，提升多元文化交流素养；强调真实职场，提升职场涉外沟通素养；注重学用结合，提升英语语言思维；促进自主学习，实现终身发展。《职业标准》广泛适用于教学及“岗课赛证”融通与评价体系的构建。

来源：《外语教育研究前沿》，2024 年第 4 期，第 25—32，94 页

4.2 英语专业

职业教育外语类专业国际传播能力培养内涵与路径研究

常红梅 穆洁华

摘要：随着全球化进程的不断加速，国际传播在国家形象塑造、文化交流和信息传递等方面发挥着越来越重要的作用。研究职业教育外语类专业国际传播能力培养的内涵与路径，以期为职业教育领域外语教育的发展提供新的理论指导和实践参考，为提高外语教育质量、培养具有国际竞争力的外语人才贡献力量。

来源：《北京教育（高教）》，2024 年第 5 期，第 77—79 页

工程教育认证背景下高职院校专业英语教学改革研究

吴鹏　张洋

摘要：在工程教育认证背景下，高职院校专业英语教学改革的核心在于实现课程设置、师资配备与学生能力培养的紧密结合，同时建立持续改进的教学机制。根据工程教育认证对高职院校专业英语教学的要求，可以从重构课程体系、创新教学方法和建立评价体系等方面进行改革。课程设置上，专业英语课程应与国际工程教育的最新发展同步，融入行业需求；教学方法上，可以采用项目驱动教学、情境＋案例化教学和“专业＋双创”实践教学；评价体系上，结合过程性评价和终结性评价，综合运用多元化评价指标和方法，从而更好地培养学生良好的专业英语应用能力和国际视野。

来源：《教育理论与实践》，2024 年第 30 期，第 61—64 页

5.1 高校外语教师

En route to becoming researcher-teachers? Chinese university EFL teachers' boundary crossing in professional doctoral programs

Jie Bao, Guangwei Hu & Dezheng Feng

Abstract: Drawing upon the theoretical framework of learning and identity work through boundary crossing, this study examined how Chinese university English-as-a-foreign-language (EFL) teachers negotiated their researcher-teacher identities through attending professional doctoral programs in education and applied linguistics. Adopting a case study design, data were collected through narrative frames and follow-up interviews with eight participants, with journal entries and other documents drawn on as additional data. Analysis of the data revealed four distinctive trajectories of identity development: from intuitive teacher to rigorous teacher, from passive follower to critical inquirer, from idealistic researcher-teacher to qualified researcher first, and from EFL teacher to EFL academic. In general, while boundary crossing in professional doctoral programs facilitated the participants' progression towards a researcher-teacher identity, the construction of the teaching-research nexus in the participants' professional work followed a non-linear route and took variegated forms. The study thus yielded insights into the complexities of teachers' navigation of the teaching-research nexus through doctoral education. Based on the findings, research-mindset-informed practice is proposed as an alternative approach to the teaching-research nexus that complements previous approaches such as evidence-based practice and practice-based research.

来源： *System*, 2024, 127, article no. 103514

Exploring EFL university teachers' beliefs in integrating ChatGPT and other large language models in language education: A study in China

Yang Gao, Qikai Wang & Xiaochen Wang

Abstract: Nowadays, the prevalence of ChatGPT and other Large Language Models (LLMs) has posed significant challenges into the education field, particularly in English education. In response, this study aimed to investigate the beliefs of 95 EFL university teachers from Chinese universities regarding the integration of LLMs in language education, as well as the relationships between their beliefs and other factors. The study yielded several findings: (1) According to the quantitative and qualitative results, we revealed several concerns among Chinese EFL university teachers regarding LLMs integration, such as neglection of traditional learning resources, academic integrity, and excessive reliance. (2) Previous experiences with LLMs, frequency of LLMs use, and self-evaluation on stages of LLMs integration all played vital roles in shaping university teachers' beliefs in integrating LLMs in language education. (3) No significant correlation was observed between university teachers' beliefs in integrating LLMs in language education and the availability of IT personnel. (4) No significant correlation was observed between university teachers' beliefs in integrating LLMs in language education their evaluation on IT infrastructure. This research has provided some insights into university teachers' beliefs in ChatGPT and other LLMs to promote effective policies and strategies in the digital era.

来源： *Asia Pacific Journal of Education*, 2024, 1: 29-44

Exploring the influence of teachers' motivation, self-efficacy, and institutional support on their research engagement: A study of Chinese university EFL teachers

Yanping Li & Linlin Xu

Abstract: Teachers' research engagement is vital for the quality and quantity of their research outputs, but there is a lack of investigation into the influence of individual and institutional factors on their research engagement. To address this issue, this study draws from the Research Capacity Model to investigate the predictive effects of intrinsic and extrinsic research motivation, research self-efficacy, and institutional support on teachers' research engagement. 536 Chinese university EFL teachers were recruited voluntarily to complete an online questionnaire. Factor analysis and Structural Equation Modeling were used to analyze the data. The results show that while the EFL teachers' research self-efficacy and intrinsic motivation had little impact on their research engagement, their extrinsic motivation and institutional support had negative and positive effects, respectively. Findings suggest that offering adequate research mentorship and fostering a supportive working environment may effectively improve the EFL teachers' research skills and confidence, thereby promoting their research engagement. Particularly, establishing and maintaining a research mentorship community with institutional support may create a learning and modeling space wherein EFL teachers can gain access to knowledge, experiences, and resources for conducting research, engaging with research activities, and handling negative emotions and other problems and issues they may encounter while researching.

来源： *System*, 2024, 121, article no. 103272

Task-based language teaching in a local EFL context: Chinese university teachers' beliefs and practices

Liu Yuying & Wei Ren

Abstract: This study examines university teachers' beliefs and practices related to task-based language teaching while teaching English as a foreign language. Task-based language teaching (TBLT) has become a prominent topic for researchers and practitioners in recent decades. It is also advocated by the Chinese Ministry of Education for college English teaching. However, few studies have investigated local EFL (English as a foreign language) teachers' perceptions of and difficulties in implementing TBLT. This study aims to fill this gap. Data were collected via 12 semi-structured interviews, and the results revealed that the Chinese EFL teachers employed a weak version of the approach, i.e. the task-supported language teaching approach. They tended towards a student-centred teacher–student relationship. These findings suggest that the role of traditional Chinese values in influencing the implementation of TBLT has been overemphasized. Implications for the sustainable development of teaching pedagogy and professional learning are discussed.

来源： *Language Teaching Research*, 2024, 6: 2234-2250

Teachers' perceptions of implementing digital multimodal composing in tertiary classrooms: Voices from Chinese EFL teachers

Yu Zhang, Jing Peng & Yao Zheng

Abstract: In language education, digital multimodal composing (DMC) pertains to a new literacy practice in which students use digital tools to produce texts incorporating multiple semiotic modes. Despite that many scholars advocate for implementing DMC in language classrooms, it remains marginal in mainstream classrooms, with scant attention being paid to teachers' perceptions concerning the use of DMC. Situated in Chinese universities, this research probes into the perspectives of five English teachers on implementing DMC as a pedagogical innovation. The analysis of data collected from multiple sources reveals that the teachers perceived DMC positively due to its affordances for students, namely, cultivating digital and multimodal literacies, improving speaking and writing abilities, fostering collaboration and communication skills, and enhancing learning interest and motivation. Teachers themselves harvested benefits regarding deeper insights into students' learning potentials, enhanced digital literacies, a novel avenue for academic research, and an innovative teaching method. Nonetheless, the teachers expressed concerns about time constraints, students' engagement in group work, potential plagiarism, assessment of students' videos, and the long-term effect of DMC on students' writing performance. Based on the findings, this research provides implications for integrating curriculum innovations like DMC into conventional curricula.

来源： *International Journal of Applied Linguistics*, 2024, 4: 1265-1282

大学英语教师学术发展中的信念与实践探究：基于教师访谈的质性分析

满静 战菊

摘要： 本研究采用半结构式访谈，以教师学术信念和实践为核心，探究七位大学英语教师的学术发展，即他们的教学和科研发展。教师学术信念是教师的学术观点和看法，会影响其学术实践。研究发现，教师学术信念从缺失和懵懂发展到信念建构，再到信念确立。关键事件 / 人物在弥补信念缺失和破解学术实践中的困境时至关重要，它们可以是内驱力，但更多是外推力，二者合力帮助教师增强学术信念。信念赋予一些教师毅力和使命感，为他人提供具有传递性的关键事件，以实现学术传承。信念与实践互相影响，实践中的积极反馈和消极反馈并存，对教师学术发展起调节作用，使发展过程呈现非线性、螺旋式上升趋势。教师学术发展的主要途径是教学和科研相融合。

来源：《外语教育研究前沿》，2024 年第 3 期，第 60—67 页

高校外语教师数智素养：内涵、框架与发展路径

王雪梅 周茂杰

摘要： 数字化转型背景下，提升教师数智素养是构建外语智慧教育新生态的基本要求，也是推进外语教师专业发展的关键依托。本文参照《教师数字素养》教育行业标准，从数智信念与伦理意识、数智思维与外语能力、数智知识与技能、数智实践应用四个维度构建高校外语教师数智素养框架。在此基础上，文章从完善顶层设计、开展定制式培训、加强价值内化、强化实践应用等维度提出高校外语教师数智素养发展路径。

来源：《外语界》，2024 年第 5 期，第 33—40 页

我国高校外语教师队伍结构与教学现状调研报告

张虹　王文斌　刘伟

摘要：为了解我国高校外语教师的队伍结构与教学现状，北京外国语大学中国外语与教育研究中心于2022年4—5月组织了覆盖全国31个省份22,258名教师的在线问卷调研。调研结果显示：1）我国高校外语教师队伍的年龄和教龄结构较为均衡、专业背景与聘任岗位匹配度较高，但仍存在性别比例失衡、高学历和高职称教师比例不足等问题；2）外语教师总体对外语教育政策文件的熟悉程度和对教学的重视程度较高，教学合作频率较高，对教学创新持积极态度，但教师的教学工作负荷较重，部分教师教学合作与创新有待加强，且仍有三成以上教师对外语教育政策文件的熟悉度有待提高。基于调研结果，本研究进一步分析了造成以上结果的原因，并提出针对性建议。

来源：《外语教学与研究》，2024年第5期，第755—766页

《高校外语教师专业素养标准》的确立依据及其内涵解读

张虹　徐浩

摘要：高校外语教师专业素养包括育人素养、学科素养、教学素养、科研素养、数字素养和学习素养。这六个素养既相互联系、相互促进，又相互区别，构成外语教师素养的具体指标。本文介绍了高校外语教师专业素养确立的依据及其相互之间的关系，并着重从正确价值观、核心知识、关键能力、必备品格四个构成要素视角阐释了专业素养的内涵。最后，我们对教师专业素养标准的使用提出建议。

来源：《外语教育研究前沿》，2024年第2期，第20—28页

跨学科发展背景下高校外语教育与教师发展

曾艳钰

摘要：在推动中国式现代化和外语教育高质量发展的大背景下，高校外语教育正处于转型与发展的关键时期。面对跨学科发展和数字化转型带来

的挑战与机遇，高校外语教育及其教师队伍亟需适应时代变革。本文通过分析外语学科发展的历史轨迹，指出高校外语教育为了响应全球化和信息技术的发展需求，应强化跨学科整合，并积极采用现代技术手段来创新教学与研究方法，以培育既具备全球视野又能进行跨文化交流的实战型外语人才。本文还结合案例分析，讨论了高校外语教师在提升个人专业素养、扩展知识领域，以及探索新的教学和研究方向方面的路径，强调了教师在推动外语教育创新和发展中的重要性。

来源：《外语与外语教学》，2024 年第 3 期，第 11—19 页

5.2 基础外语教师

英语教师思维品质漫谈

程晓堂

摘要： 发展学生思维品质是英语课程的重要目标之一。为实现此目标，英语教师首先需要提升自身的思维品质。本文分析了英语教师思维品质缺失的表现、英语教学对教师思维品质的诉求以及教师思维品质的特点，讨论了英语教师提升自身思维品质的意义以及需要提升的思维品质，并就英语教师如何提升思维品质提出了建议。

来源：《中小学外语教学》，2024 年第 1 期，第 1—7 页

英语教师心理韧性与情绪调节的关系研究

刘宏刚　吴若希　刘宝臣

摘要： 教师心理韧性与情绪调节研究是近年来外语教育领域研究的新热点。目前，对于二者相关性的研究还有较大的探索空间。本文聚焦我国高中英语教师，通过混合研究方法对教师心理韧性和情绪调节的相关性进行了实证研究。研究结果发现，英语教师心理韧性和情绪调节总体上处于中等偏高水平，各内在维度的水平均在中等之上，但也存在一定差异。心理韧性与情绪调节总体上呈现中度正相关。基于研究结果，本文提出应当关注教师情

绪，构建有助于教师心理韧性和情绪调节发展的积极生态环境。

来源：《北京第二外国语学院学报》，2024 年第 5 期，第 86—101 页

中小学英语教师语言能力发展的多项度框架分析

孙二军

摘要：中小学英语教师的语言能力发展需要顺应英语学科核心素养的发展趋向，在语言学习者和教学者的身份转换中，实现知识、能力、文化与思维的内在契合。作为一般英语学习者、专业英语学习者和英语教学者，中小学英语教师会有不同的语言能力等级或参照性标准，但需要始终围绕“教给谁”“教什么”“怎么教”的语言能力发展主线。本文构建的中小学英语教师“两层面、四向度、六领域”的语言能力发展框架，既反映了不同身份特征的专业性，也体现了基础教育英语课程改革的风向标，同时对英语教师职前培养具有现实的指导性，有利于造就高素质、专业化、创新型的中小学优秀英语师资。

来源：《西安外国语大学学报》，2024 年第 1 期，第 59—63 页

外语教育学视域下教师语言综合素养的多维度探析

徐锦芬　杨嘉琪

摘要：外语教师的语言综合素养是实现外语教育教学目标的重要保障，素养的高低直接影响到外语教学的效果以及学生语言能力和跨文化交际能力的发展。本文聚焦外语教育学中的教师语言综合素养，首先从母语 / 外语知识和技能、跨文化交际能力、语言意识、外语教学能力以及学术读写能力等方面界定其内涵，强调这些素养相互关联、相互作用，共同构成教师语言综合素养的整体框架。然后，从多维度分析当前外语教师语言综合素养的现状及其存在的问题，并剖析其原因。最后，从多视角提出相应的提升策略和建议，旨在为外语教师的专业发展提供参考，同时也希望能够引起更多学者对外语教师语言综合素养的关注，从而更好地推动外语教育学这一新兴学科的创新性发展。

来源：《外语教学》，2024 年第 6 期，第 42—47 页

中小学英语教师书面纠正反馈信念与实践研究

杨鲁新　李琛　张琳涛　王凯伦　范厉杨　余荣

摘要：教师的书面纠正反馈信念与实践在很大程度上影响着学生的外语写作能力发展。本研究对北京市 2012 名中小学英语教师的书面纠正反馈信念与实践现状展开调研，研究发现受教学目标、学习者特点、教学工作量等因素的影响，中小学英语教师在书面纠正反馈的范围划定、内容选择和方式采用上有不同的信念和实践表现。本研究建议相关部门应为职前和在职外语教师提供系统化写作评价培训，以提高中小学英语教师的写作教学水平、促进教师发展。

来源：《西安外国语大学学报》，2024 年第 1 期，第 53—58 页

大语言模型在外语教师教育与发展研究中的应用探索

张莲

摘要：随着生成式人工智能技术的快速迭代，大语言模型凭借强大的语言理解、生成和处理能力，在包括外语教师教育与发展研究在内的人文社科研究中的应用潜力和价值日益显现。本研究简要介绍大语言模型应用于自然语言处理任务的特点、优势和外语教师教育与发展研究的主要论题及特点，然后探讨大语言模型在外语教师教育与发展研究中的课堂话语分析、教学支架功能分析等方面的具体应用，最后讨论了大语言模型实际应用可能面临的挑战和问题。

来源：《外语界》，2024 年第 5 期，第 25—32 页

6.1 信息技术应用

信息技术支持的英语“评—学—教”一体化探究

陈则航　王蔷　孙引

摘要：教育目标转变与信息技术发展共同带来英语教学模式的变革。新课标背景下，如何借助信息技术有效提升学生核心素养受到持续的关注与探

讨。研究认为，以英语学科能力发展为核心的“评—学—教”一体化理念，通过建设学科能力导向的测评工具和学习资源库，能够依托信息技术为教与学提供个性化服务，推动学生核心素养发展。依托大数据服务平台，实施“评—学—教”一体化实践，能够精准评价学生核心素养、推动学生个性化自主学习、提升教师精准教学能力、深化线上线下融合教学。

来源：《天津师范大学学报（基础教育版）》，2024 年第 1 期，第 13—18 页

ChatGPT 支持下的人机协同产出导向法教学设计

李冬青

摘要：产出导向法（POA）对外语教师的教学设计能力提出了较高要求。教师需要应对产出场景设计、产出目标设定、促成活动设计和评价焦点挖掘等诸多挑战，以满足 POA 教学设计的各项质量指标，产出较为完善的 POA 教学设计。本文尝试以大语言模型赋能大学英语教学，使用 ChatGPT 开展人机协同的大学英语 POA 教学设计，为教师减负增效。基于 POA 教学设计过程，本文提出 COPILOTS 人机协同模式，勾勒出人机协同行动链，并阐释人机协同对教师素养的要求。在人机协同过程中，教师要不断加强自身素养，彰显人类教育者的主体性和独特性。

来源：《外语教育研究前沿》，2024 年第 4 期，第 58—64，95—96 页

人工智能时代的外语教育会产生颠覆性革命吗？

文秋芳

摘要：本文认为人工智能应继承教育优良传统，促进教育体系变革，而非导致颠覆性革命。文章首先探讨了技术变革的特点，指出每次工业革命都对经济和社会结构产生了深远影响，但这种影响在教育领域更多是促进了以人为本的发展，而非突破性的革命变化。教育具有延续性、稳定性和继承性，轻率的“教育革命”可能带来灾难性后果。外语教育属于教育范畴，同样应该逐步改革，稳中求进。本文进一步分析了人工智能在外语教育中的应

用可能面临的独特挑战，包括异化外语学习的本质属性和忽视文化多样性。最后，本文呼吁外语教育工作者积极拥抱人工智能技术，将其有机融入现有教育体系，产出优质成果，推动外语教育迈上改革的新高度，而不是盲目跟风，空喊“革命”口号，把外语教育发展引向错误方向。

来源：《现代外语》，2024 年第 5 期，第 722—731 页

人机互动协商能力：ChatGPT 与外语教育

文秋芳 梁茂成

摘要：当前，以 ChatGPT 为代表的生成式人工智能（AI）系统正在全球范围内得到广泛应用。大家的关注点已从“是否应使用 AI”转向“如何有效利用 AI”。在实践中，我们发现人机互动协商能力是影响 AI 应用效果的关键因素，对该能力的培养至关重要。通过对人机互动协商能力的研究，我们将其分解为五个构成要素：理解 AI、设定目标、发布指令、分析反馈和调整策略，这五个要素共同构成了人与 AI 互动协商的动态过程。此外，我们提出在外语教育中开设一门专门课程的建议，旨在达成两个主要目标：一是提高学生的人机互动协商能力；二是提高学生的英语学习效率。课程内容包括三个模块：AI 导论、案例教学和项目操作。最后，我们强调，在教学过程中应注重实践导向、循序渐进和及时反馈这三个教学原则。

来源：《外语教学与研究》，2024 年第 2 期，第 286—296，321 页

大语言模型在英语教学中的角色

许家金 赵冲

摘要：本文提炼了大语言模型在英语教学应用中扮演的三种角色，即语言顾问、语伴和语言测评专家。在语言顾问角色中，模型为师生提供语言知识，充当母语者或语言学家。在语伴角色中，模型协助用户完成语言交际任务，可以作为听说练习中的对话伙伴，也可以是读写练习中的小组讨论成员。在语言测评专家角色中，模型分析用户提供的语言材料，并对相关语言表现进行评价。本文主要展示了如何利用提示工程在听、说、读、写、译教

学中发挥大语言模型的三类角色作用。

来源：《外语教育研究前沿》，2024 年第 1 期，第 3—10，90 页

云教研共同体中的高校外语教师知识共享实践
——一项个案研究

张帅　董哲

摘要：本研究在实践共同体理论指导下，以多语种教学改革云教研共同体某团队为个案，收集教师反思日志、开放式问卷、教师访谈、研讨活动录像、网络聊天记录、教研活动文本资料等多元数据，探究高校外语教师的知识共享实践方式及影响因素。研究发现：教师知识共享具有三种实践方式，即个体层面的知识转移、团队层面的知识建构和组织层面的知识整合，并且这一共享过程受到教师个人特质、人际互动和组织机制影响。本研究能够为优化教师知识共享实践和完善云教研共同体建设提供一定启示。

来源：《外语与外语教学》，2024 年第 5 期，第 93—101，149 页

教育数字化转型背景下我国外语类慕课研究现状与前瞻

张帅　唐锦兰

摘要：本文回顾了 195 篇于 2012—2024 年刊发的我国外语类慕课研究论文，发现该领域的发展经历了爆发期、趋缓期和创新期三个阶段；研究主题聚焦教学模式与教学效果、慕课建设与应用现状、学习者因素、课程设计与质量评估、慕课教学能力等；然而，多数研究尚无明确的理论视角，且以量化研究为主，质性研究相对不足，导致对复杂教学过程和学习经验的理解缺乏深度。鉴于此，须结合教育数字化转型趋势，创新外语类慕课研究话题，重视慕课作为开放教育资源的价值；加强跨学科互鉴和理论对话，建构本土化的外语类慕课应用理论；采用多元研究方法，挖掘大数据、生成式人工智能等新兴技术潜能，从而更精细、深入地探究慕课资源供需匹配、学习发生机制、教师数字素养等核心问题，促进慕课资源转型升级与高效利用。

来源：《外语教育研究前沿》，2024 年第 4 期，第 51—57，95 页

跨学科发展背景下高校外语教育与教师发展

曾艳钰

摘要：在推动中国式现代化和外语教育高质量发展的大背景下，高校外语教育正处于转型与发展的关键时期。面对跨学科发展和数字化转型带来的挑战与机遇，高校外语教育及其教师队伍亟须适应时代变革。本文通过分析外语学科发展的历史轨迹，指出高校外语教育为了响应全球化和信息技术的发展需求，应强化跨学科整合，并积极采用现代技术手段来创新教学与研究方法，以培育既具备全球视野又能进行跨文化交流的实战型外语人才。本文还结合案例分析，讨论了高校外语教师在提升个人专业素养、扩展知识领域，以及探索新的教学和研究方向方面的路径，强调了教师在推动外语教育创新和发展中的重要性。

来源：《外语与外语教学》，2024 年第 3 期，第 1—19，145 页

6.2 网络外语学历教育教学

培养人工智能时代负责任和有创造力的公民

——联合国教科文组织《学生人工智能能力框架》报告要点与思考

兰国帅　肖琪　宋帆　杜水莲　丁琳琳

摘要：随着人工智能技术在教育教学中的广泛应用，将人工智能学习目标纳入学校正式课程，培养学生人工智能能力，对于学生安全、符合伦理地使用人工智能至关重要。联合国教科文组织制定的《学生人工智能能力框架》，定义了学生在人工智能时代必须掌握的知识、技能和价值观。该框架以增强人类能动性、遵循以人为本、促进可持续发展、确保包容性和促进终身学习为原则，采用二维矩阵的方法，构建了涵盖以人为本的思维方式、人工智能伦理、人工智能技术与应用以及人工智能系统设计四个能力维度，横跨理解、应用和创造三个能力等级的 12 个人工智能能力模块。文章提出，

我国应该研制以人为本的国家人工智能教育战略，创建支持人工智能教育的数字化环境；构建新型的人工智能教育教师培养体系，筑牢高水平的人工智能人才队伍基座；重视人工智能工具与学科深度互融，形成人机协同的教师智能素养新生态；研发符合伦理原则的能力评估工具，动态评估师生人工智能能力。

来源：《开放教育研究》，2024 年第 5 期，第 17—26 页

数字化时代背景下英语教师智慧教学的探索

骆佳林

摘要： 数字化时代下，各行各业都对数字化能力提出了新的要求，在教育领域，“智慧教育”模式随之产生，为教学带来不同于以往的学习环境。特别是对于语言教学，数字化技术提供了新型学习方式和学习工具，同时也对英语教师数字化素养提出了更高的要求。探索智慧教学新模式、提升教师数字化能力，既是顺应我国教育体制改革的必然要求，也是实现教育强国目标的重要基础。

来源：《河北开放大学学报》，2024 年第 4 期，第 24—29 页

基于情感目标分类学理论的人工智能赋能英语口语教学改革实践研究——以海南开放大学为例

潘国军　马丹

摘要： 当前大数据的发展和人工智能技术的应用有效地推进了外语教育的数字化发展及英语智慧教育的建设。作为人工智能赋能英语智慧教学改革试点之一，海南开放大学借鉴情感目标分类学理论，对现代信息技术和英语口语教学进行深度融合，通过人工智能英语口语训练系统等信息技术在教学中的应用，让学生在智能化学习中感受到老师的情感和温度，落实教育数字化战略行动，构建教育和信息技术深度融合英语智慧教学改革新模式。

来源：《山东开放大学学报》，2024 年第 3 期，第 27—31 页

人工智能赋能英语智慧教学的DEEP模式构建
——基于四川开放大学学位英语课程教改的实践

苏理华 刘永权

摘要：国家开放大学在2022年开展了人工智能赋能英语教学改革项目。作为参与试点工作的分部之一，四川开放大学对学位英语课程开展智慧教学改革，采用学位英语自适应系统、小鱼易连直播系统、自主研发的在线练习题库以及QQ社交媒体为学生开展学术与非学术的支持服务，构建了DEEP教学模式。试点项目团队教师利用前测、后测、访谈、问卷调查等方式对教学效果进行对比和研究。调查结果显示，大部分学生认为直播辅导是学术支持的重要手段，基于社交媒体QQ创建的学习辅导群为学生提供了有效的情感支持和教学支持，学生对自适应系统总体满意。研究显示，基于知识图谱建设自适应学习课程将是开放教育深化教学改革和课程资源建设的有力保障。

来源：《河北开放大学学报》，2024年第4期，第18—23页

AI辅助外语课程思政教学系统的设计与实施

谢竞贤

摘要：人工智能技术的飞速发展给外语思政教学带来新的机遇与挑战。针对外语课程思政教学中面临的“两张皮”（教学内容与思政教育脱节）、融入困难、特色缺乏等问题，本文以本校“英语口笔译”一流课程建设为例，旨在探讨如何构建外语课程思政教学系统，如何利用AI辅助该系统的设计与实施，实现外语学习与思政教育的有机结合。本文认为外语课程思政建设是一个根植于并有效拓展教学内容的完整系统，既包括对接国家战略及学校人才培养特色的顶层设计，也包含对接课程要素的微观设计。外语课程思政教学系统在进行微观设计时，可以借助人工智能技术，以人机协同为背景，以转换性创新为导向，通过实施5A教学策略，即学情分析、问题发现、策略改进、实践应用、成果反思等提升学生的学习兴趣、课堂参与度及学习成

效，进而推动教学模式、学习模式与评价模式的改革与创新，实现教学的提质增效。

来源:《外语电化教学》，2024 年第 3 期，第 76—81 页

开放教育英语文化类课程思政的设计与实施——以英语国家社会与文化课程为例

张美娟 蒋霞

摘要: 英语文化类课程是开放大学英语本科专业的必修课之一，具有重要的思政育人价值。在以江苏开放大学英语国家社会与文化课程为代表的思政教学实践中，出现了一些典型问题，如思政教育套路化，思政元素僵硬植入、与课程内容相关性不足等；同时，也面临着一些现实困境，具体表现为教学时长与教学内容不匹配、思政育人重点不突出、思政教学评价不合理等。基于此，在英语国家社会与文化课程教学中尝试以树立文化自信为重点，基于成人学生学情，从教学设计、教学实施和教学评价层面开展课程思政教学探索。

来源:《云南开放大学学报》，2024 年第 1 期，第 30—35 页